Broughton Coburn

Aama – Eine Pilgerreise in den Westen

BROUGHTON COBURN

AAMA

Eine Pilgerreise in den Westen

Aus dem Englischen
von Gabriele Kuby

Goldmann Verlag

Die amerikanische Originalausgabe erschien unter dem Titel
Aama in America
bei Doubleday, New York

Fotos von Eric Valli (Tafel 1),
William Thompson (Tafel 3)
und Broughton Coburn (alle übrigen)

Umwelthinweis:
Dieses Buch und der Schutzumschlag wurden auf
chlorfrei gebleichtem Papier gedruckt.
Die Einschrumpffolie (zum Schutz vor Verschmutzung)
ist aus umweltschonender und recyclingfähiger PE-Folie.

Der Goldmann Verlag
ist ein Unternehmen der Verlagsgruppe Bertelsmann

1. Auflage

Satz: Uhl + Massopust, Aalen
Druck: Graphischer Großbetrieb Pößneck
Printed in Germany
ISBN 3-442-30625-6

Für meine Eltern Alex und Lu

»Ganz allgemein ausgedrückt, stellt eine Pilgerfahrt die Reise eines Menschen von der Welt des Profanen oder Gewöhnlichen zur Welt des Heiligen dar und trägt als solche die Züge eines Übergangsritus, in dem sich der Teilnehmer dem Prozeß der Trennung, des Überschreitens der Schwelle und der Inkorporation unterzieht.«

David R. Kinsley in *Hinduism*

»*Hare Om*, bitte segne mich und meinen Dharma-Sohn und meine Schwiegertochter und die Piloten dieses Flugzeuges und all die Menschen, die uns auf dieser langen Reise begleiten, denn ich mache mich auf, ohne zu wissen, was mir bevorsteht...«

Aama

Kapitel 1

Die knorrigen Wurzeln eines Banyan-Feigenbaumes bildeten einen natürlichen Treppenaufgang zu einer grasbewachsenen Terrasse. Ich blieb stehen, um mich auszuruhen und auf meine Freundin Didi zu warten. In meinem Kopf pochte das Blut begierig nach Sauerstoff, obwohl wir uns in weniger als zweitausend Meter Höhe befanden.

Eine Frau aus dem Dorf in einem bunt bedruckten Sarong ging vorbei. Sie trug einen Korb mit raschelnden Maisblättern und Futtergras auf dem gebeugten Rücken. Die Augen unter dem Tragriemen, der quer über die Stirn lief, waren auf den Weg geheftet. Gesundheit strahlte aus dem braungebrannten, geröteten Gesicht. Sie trieb eine Kuh mit einer Weidenrute vor sich her, und dabei klimperten die Armreifen am Handgelenk aneinander. Am Rand der Terrasse bückte sie sich, um trokkene Kuhfladen aufzusammeln, die guten Brennstoff abgaben, und verstaute sie im Futterkorb. Hatte sie meine Jeans und meine ausländischen Turnschuhe bemerkt? Sie hob den Kopf und bedachte mich mit einem kurzen, abschätzenden Blick. War ich auf dem Weg zu dem Dörfchen oben auf dem Bergkamm, um dort die Kinder im Auftrag der nepalesischen Regierung zu impfen? Oder war ich möglicherweise der Schullehrer, der vor Jahren bei der alten Frau im Dorf gewohnt hatte, drüben am Hügel? Vielleicht war ich jemand, der für die Gurkha-Regimenter der britischen Armee Soldaten rekrutieren sollte, gefolgt von seiner Frau, die sich pflichttreu ein paar Schritte hinter ihm hielt.

»Oounhh«, sagte sie leise, ein Laut, der ihre Frage – welche es auch sein mochte – artikulierte und gleichzeitig beantwortete.

Sie drehte sich um und ging weiter; den Oberkörper hielt sie unter dem Druck der Last auf ihrem Rücken still, und ihre Füße, die in Gummischlappen steckten, fanden sicheren Halt beim Abstieg durch den Hohlweg. Sie bewegte sich im bergigen Gelände ebenso locker, wie Didi oder ich es auf den Bürgersteigen der Städte taten.

Didi mußte sich ausruhen. Im Schatten des Banyanbaums tranken wir Wasser und teilten uns ein Paket Crackers. Unser Blick schweifte über den kühlen Umriß des Annapurna-Gebirges, einen Teil des nepalesischen Himalaja. Der zerklüftete Rücken des Annapurna I, der an die siebentausend Meter hoch war und damit der zehnthöchste Berg der Erde, überragte drei kleinere Gipfel. Im Nordwesten türmten sich fünf Spitzen des Dhaulagiri übereinander. Der Machapucchare, der »Fischschwanz«, stand am Fuße dieser weiß gefrorenen Welle wie eine Verkündigung; seine Pyramidenform vermittelte eine hoffnungsfrohe Botschaft von Dauer und Loslösung. Getragen vom Aufwind aus der sengend heißen indischen Tiefebene, schwebte meine Phantasie im Norden hoch empor, über den Himalaja hinweg, zu der trockenen, kristallklaren Luft des tibetischen Hochlands.

Wir waren froh, der hektischen und verschmutzten Hauptstadt, Katmandu, wo wir arbeiteten, entkommen zu sein, um uns hier in den Bergen, dem geographischen Zentrum des Landes, zu regenerieren. Eine Terrassenlandschaft aus dunkler Erde umgab uns – ähnlich den Konturen einer topographischen Landkarte –, in die sich kleine Ansammlungen von grasgedeckten Lehmhäusern schmiegten. Die subtropische Szenerie machte einen friedlichen und stillen Eindruck, und nichts war zu hören außer dem entfernten Zwitschern von Hirtenstaren und dem Stakkato-Zirpen der Zikaden.

Ein langer, gewundener Weg hatte Didi hierher gebracht. Darauf erpicht, sechs Jahre Schule im Convent of the Sacred Heart bei San Diego möglichst rasch abzuschütteln, war sie Anfang der siebziger Jahre mit ihrer Schwester Teddi nach Europa aufgebrochen. Sie waren auf einer Mittelmeerinsel gelandet und dann auf dem Haschischpfad, der Seidenstraße der sechziger Jahre, quer durch den Mittleren Osten bis nach Asien weitergezogen. Als ihr Kleinbus in Afghanistan zusammenbrach, trampten sie weiter nach Indien und Nepal.

Didi und ich hatten beide schon mehr als ein Jahrzehnt am Fuß des Himalaja gelebt, bevor wir uns kennenlernten. Aus der Gerüchteküche der Ausländer war ihr zu Ohren gekommen, daß ich auf einem verschneiten Paß illegal die Grenze von Tibet nach Nepal überquert hatte, und sie hatte einem gemeinsamen Freund gesagt, daß sie mich kennenlernen wolle.

»Und was hast du in all diesen Jahren gemacht?« fragte ich Didi, als ich bei einer Party neben ihr stand und bedachtsam meinen Drink im Glas schwenkte.

»Ich habe die Kultur studiert und den Buddhismus.« Sie lächelte ironisch. »Und mit meinem Freund habe ich eine Trekkingfirma namens Humpayeti Tours aufgezogen. Wir haben Treks in abgelegene Gebiete geführt. Jetzt ist er allerdings mein Ex-Freund.« Ja, sie war die Frau mit Stiefeln und Barett, die ich auf einem roten Motorrad in der Stadt hatte herumfahren sehen beim Einkauf von Schmuck und Teppichen für den Export.

»Das war sicherlich lohnender, als für die Regierung zu arbeiten«, sagte ich steif und bemühte mich, sie nicht merken zu lassen, daß ich ihre weichen Gesichtszüge und ihre zurückhaltende Art sehr anziehend fand – was ich von einer Motorradfahrerin gar nicht erwartet hatte. Im Vergleich dazu klang meine Geschichte ziemlich langweilig. Ich erzählte ihr, daß ich die siebziger und den Beginn der achtziger Jahre in den Bergen als Schullehrer tätig gewesen war und an landwirtschaftlichen Entwicklungsprojekten von internationalen Hilfsorganisationen mitgearbeitet hatte.

Seit unserer Begegnung waren vier Jahre vergangen. Wir hatten in Didis Haus in Katmandu zusammengelebt und uns vor kurzem entschlossen, gemeinsam in die Vereinigten Staaten zu reisen. Wir wollten herausfinden, wie ernst wir es wirklich miteinander meinten, um es in Didis Worten auszudrücken. Ich sah diesen bevorstehenden Sommer als Test, ob unsere Beziehung dem Kulturwechsel standhalten würde.

Aber es gab noch jemanden, den ich besuchen wollte, bevor wir Nepal verließen.

Eine Stunde Fußmarsch trennte uns noch von unserem Ziel, einem aus zwanzig Häusern bestehenden Dorf, das von Subsistenzbauern des Gurungstammes bewohnt wurde. Die Gurung waren vor mehreren Jahrhunderten aus Tibet eingewandert und hatten sich in über hundert Dörfern auf der Südseite des Annapurna-Gebirges niedergelassen. Sie sind mongolischer Abstammung und Hindu-Buddhisten durch Geburt, leben jedoch einträchtig mit den Brahmanen und den unberührbaren Kasten zusammen, den unauffälligeren Hindu-Kaukasiern, die in späterer Zeit Dörfer in der Nachbarschaft gegründet hatten. Untereinander verständigen sich die Gurung meist in ihrer eigenen Stammessprache, aber sie beherrschen auch das Nepalesische, die Sprache der Regierung und des Erziehungssystems, die Didi und ich gelernt hatten.

Ich kannte die Gegend gut. Als frischer Absolvent eines Colleges an der Ostküste hatte ich in den frühen siebziger Jahren für das Peace Corps in einer höheren Schule hier in der Nähe naturwissenschaftliche Fächer unterrichtet. Mein Zuhause war der Heuschober über dem Stall eines Wasserbüffels, der an das Haus einer 69 Jahre alten Frau angebaut war. Meine Vermieterin, Vishnu Maya, wurde im Dorf allgemein Aama genannt, das nepalesische Wort für Mutter. Sie kochte für uns beide, wenn sie nicht gerade auf Bäume kletterte, um Futter für den Büffel zu schneiden, oder von tief unten aus dem Tal zusammen mit ihrer Tochter und ihren Enkelinnen Ernteprodukte heraufschleppte.

Aama war schon lange verwitwet und lebte allein. Enttäuscht, aber ohne Bitterkeit hatte sie aufgegeben, sich bei den Behörden um die Pension zu bemühen, die ihr, wie Verwandte meinten, zustand, weil ihr Mann beim Dienst in der indischen

Armee gestorben war. Aber sie zweifelte daran, ob sie von dem Geld je etwas gesehen hätte, selbst wenn ihr diese Pension zugesprochen worden wäre. Ihr Schwiegersohn und andere Verwandte hätten sich die monatlichen Zahlungen wahrscheinlich schon unter den Nagel gerissen, noch bevor sie überhaupt in die örtliche Auszahlungsstelle gelangt wären. Aama hatte eine Tochter, Sun Maya. Ein Sohn war ihr nie geboren worden, was in einer hinduistischen Gesellschaft als Stigma galt. Es bedeutete, daß die Frau nur teilweise fruchtbar war und im Alter niemanden haben würde, der sie unterstützt. Sun Maya wurde im Dorf verheiratet, damit sie in Reichweite blieb und der Mutter bei den schweren Arbeiten helfen konnte. Wenn ich nicht unterrichtete, machte ich mich bei den Alltagsarbeiten nützlich, die sich als erstaunlich mühsam erwiesen, wie Wasser zu schleppen und Holz zu spalten. Die Dorfbewohner amüsierten sich, und Aama protestierte, denn sie war überzeugt, daß körperliche Arbeit meine Würde als »master-sah'b« – als Schullehrer – beflecken würde. Mir schien, daß es mehr um *ihre* Würde ging, die Schaden nahm, wenn jemand sah, daß ihr Hausgast arbeitet. Aber sie sah in mir ihren Dharma-Sohn, den männlichen Nachkommen, der ihr vorenthalten blieb, bis er ihr nun von den Göttern geschickt worden war, so wie es ihr vom Schicksal schon lange vorherbestimmt gewesen sei.

Und – wie sich herausstellte – auch von meinem. Meine eigene Mutter war überraschend gestorben, als ich neunzehn war – drei Jahre vor meiner Ankunft in Aamas Dorf.

Didi und ich saßen auf der Terrasse, ohne miteinander zu reden, und ich gestand mir ein, daß ich mich Aama näher fühlte als meiner Lebensgefährtin. Das Leben in Aamas Dorf war meine zweite Jugend gewesen. Aama hatte mich aus dem Gefühl des Verlustes meiner Mutter herausgeführt und mich am steten Rhythmus ihres Familien- und Dorflebens teilhaben lassen.

Ob Aama wohl noch lebte? Es war zwei Jahre her, seit ich das letzte Mal hier heraufgekommen war, um sie zu besuchen, und ich hatte über ein Jahr lang keinen Brief von Sun Maya erhalten, die schreiben konnte. Der Ausdruck auf dem Gesicht der Frau, die uns mit dem Futterkorb begegnet war, verriet nichts, obwohl sie bestimmt Bescheid wußte. Die Menschen in diesem Bergland waren durch ein Netz von Klatsch und Intuition miteinander verbunden und bekamen auf diese Weise sofort mit, wenn in ihrer Umgebung etwas Einschneidendes geschah.

Die Gurung pflegen nicht zu schreiben, wenn es schlechte Nachrichten gibt, und halten damit sogar gegenüber Besuchern hinter dem Berg. Ich stellte mir vor, wie die Verwandten von Aama Didi und mich begrüßen würden. Sie würden sagen, Aama sei verreist oder holt gerade Wasser von der Quelle. Wenn sie dann nicht käme, würden sie mit gesenktem Blick weiterkochen oder Bambus für einen Korb spalten oder sich mit dem trocknenden Getreide zu schaffen machen, bis irgend jemand sich ein Herz faßte – vielleicht Sun Maya –, den Kopf hob und mit gespitzten Lippen zu einem kleinen Shivaschrein oben auf dem Gipfel des Bergrückens deutete. Ich war darauf vorbereitet, sie sagen zu hören: »Wir haben sie dort hinaufgebracht« – zu dem Platz, wo ich schon einige von Aamas Verwandten ein letztes Mal gesehen hatte: dem Verbrennungsplatz.

Ich schluckte den Rest der Crackers mühsam hinunter, als mir plötzlich einfiel, was Aamas Hoffnung gewesen war – ihr Wunsch, zu sterben, um ihrer Familie nicht zur Last zu fallen, wenn sie sich selbst nicht mehr versorgen konnte. Sie ging auf Mitte Achtzig zu, und sicherlich hatte jemand aus der Verwandtschaft ihre Felder mitbestellt. Ihre jüngste Enkelin würde inzwischen weggeheiratet haben, so daß Aama niemanden mehr an ihrer Seite hatte.

Wir stiegen weiter aufwärts. Unsere Schritte, die wir unserem Atemrhythmus anpaßten, wirbelten kleine Staubwolken auf. Didi kannte Aama aus meinen Erzählungen vom Dorfleben und schaute der Begegnung mit ihr gespannt entgegen. Sie wußte, daß ich es bedauerte, Aama nicht früher, als sie noch jünger war, mit nach Amerika genommen zu haben, um ihr mein Land und meine Familie zu zeigen, so wie sie das auch getan hatte.

Glücklicherweise wurde der Pfad weiter oben ebener, wo er in einen Weg mündete, der durch das jahrhundertelange Lastentragen mit bloßen Füßen fast mannshoch ausgehöhlt war. Vorwärts gelockt von immer neuen Ausblicken, wanderten wir unter Eichen, Pappeln und riesigen Weihnachtssternblumen entlang, welche die mit Hirsesetzlingen frisch bestellten Felder umsäumten. Der Sonnenuntergang überzog die Berghänge und die Gesichter der Bauern, an denen wir vorübergingen, mit goldenem Glanz.

Müde erreichten wir die Stelle, von der man auf Aamas Dorf hinunterschauen konnte – tausend Meter über dem Tal, von dem wir am Morgen aufgebrochen waren. Bambusgehölze, die diese zeitlose Ansammlung bescheidener Steinhäuser einrahmten, öffneten ihre Blätter wie ein Springbrunnen, Kinder spielten ihre rauhen Spiele auf brachliegenden Terrassen in unserer Nähe, ohne uns wahrzunehmen. Ich blieb nicht stehen, um ihnen zuzusehen oder mitzuspielen, wie ich das früher oft getan hatte.

Beklommen kletterte ich auf die Steinbrüstung hinter Aamas Haus. Der Schweiß, der mir über den sonnenverbrannten Nakken den Rücken hinuntergelaufen war, kühlte ab, und ich begann zu frösteln.

»Aama?« rief ich halblaut mit gepreßter Stimme, so wie ein Überlebender angstvoll nach den toten Gefährten ruft.

Aber da sah ich, daß sich Rauch durch das Strohdach in den Himmel kräuselte.

»Nani?« antwortete sie erwartungsfroh von drinnen. Sie benutzte einen Kosenamen für ein kleines Kind. Ihre Stimme klang gesund. Ein Seufzer der Erleichterung entrang sich meiner Brust, und ich trat in ihre enge Küche. Wie immer saß sie auf ihrem geschnitzten Holzklotz und hielt die Feuerzange in der Hand. Instinktiv streckte sie die Hand nach dem Teekessel aus, setzt ihn auf den Dreifuß und blies auf eine Handvoll glimmender Maiskolben darunter.

»Weißt du, ich halte seit einer Weile keine Hühner mehr...«, sagte sie, als würde sie einfach das Gespräch fortsetzen, das wir vor zwei Jahren unterbrochen hatten. Wieder blies sie ins Feuer. Ich lächelte und stellte meinen Rucksack ab.

»Ich habe nicht mehr die Kraft, hinter ihnen herzurennen, und der Habicht hat von der letzten Brut die meisten Küken geholt. Aber fürs Abendessen können wir einen Gockel von einer Nichte bekommen, die im Haus unter uns wohnt. Ich bin froh, daß du nicht zu spät gekommen bist... Wer ist das?« Sie drehte den Kopf zur Seite und schaute Didi an, deren Umriß sich im Kücheneingang gegen den Abendhimmel abzeichnete. Aamas glänzende, bronzefarbene Haut legte sich in Falten um die Augen.

»Du hast mir eine Schwiegertochter mitgebracht.«

Didi lachte, streifte ihren Schal ab und legte dann die Hände vor der Brust zusammen: »Namaste!« Aama erwiderte den Gruß.

Gebeugt von der jahrzehntelangen Feldarbeit, dem Lastentragen und Osteoporose, breitete Aama Gemüse aus dem Garten auf dem Küchenboden aus. Während sie sorgfältig einen Kürbis heraussuchte, berichtete sie von den Hagelstürmen im Frühling, welche die Bäume entlaubt hatten, und der Trockenheit, die fast das Keimen des Mais verhindert hatte. Sie erzählte, daß sie im Traum öfter meine Stimme gehört habe, wie ich vom Weg aus gerufen hätte – Träume, denen die Schulkinder Nahrung gaben, denn sie neckten Aama mit der Nachricht, sie hätten mich am Dorfeingang gesehen, um dann kichernd wegzurennen. Sie wischte sich Tränen aus den Augen, die die Erinnerung an alte Tage und verstorbene Familienangehörige aufsteigen ließ. Es machte ihr Sorgen, daß sie jetzt allein war. Alle drei Enkelinnen, die ihr abwechselnd geholfen hatten, hatten geheiratet und waren weggezogen. Eine von ihnen hatte einen Sohn geboren, Aamas ersten Urenkel.

Aama schenkte uns Tee ein, der leicht mit schwarzem Pfeffer gewürzt war, so wie man ihn schon vor Jahrzehnten getrunken hatte, als es nur wenig Zucker gab. Sun Maya kam mit ein paar

Maiskolben und einem großen Kupferkessel voll Wasser herein. Ihr Gesicht hatte noch mehr Falten bekommen von der trockenen Luft, der niemals endenden Arbeit und durch das Zusammenleben mit einem schwierigen Ehemann. Sie war jetzt um die fünfzig. Stillschweigend nahm sie Aama die Vorbereitungen für das Abendessen ab. In ihrer ruhigen und vertrauensvollen Art hatte sie Ähnlichkeit mit Didi. Beiden schien das Sprechen nicht besonders angenehm zu sein, allerdings drückten ihre Gesichter deutlich aus, was sie dachten. Ich fragte mich, ob Didi ihre Passivität und Festigkeit vielleicht asiatischen Frauen abgeschaut hatte.

Im Nebenzimmer der Küche hockten wir im Schneidersitz auf dem Boden und aßen. Aama sammelte die Teller ein, ließ sich auf der Matte neben uns nieder und stellte die Kerosin-Messinglampe so, daß sie Didi und mich im Licht ausgiebig betrachten konnte. Mit ihrem zahnlosen Mund lachte sie herzlich über mein verändertes Aussehen – vor allem sei ich älter geworden, meinte sie. Dann nahm sie Didi in Augenschein, lächelte sie offen an und betrachtete ihre einfache Korallenkette, ihr helles Haar und ihr scharf geschnittenes Profil. Immerhin ließ sie – entgegen meinen Befürchtungen – keine Mißbilligung erkennen, daß ich eine Frau außerhalb des Dorfes gewählt hatte. Eine Gurung-Schwiegertochter hätte Aama bei der täglichen Arbeit geholfen und mittels dieser Erleichterung vielleicht sogar ihr Leben verlängert.

Ich packte die Geschenke aus dem Rucksack aus: Bedruckten Stoff und eine Flasche Rum, die üblichen Mitbringsel, die man von einem Sohn erwartet, der von seinem Dienst bei der britischen oder indischen Armee nach Hause kam: den Gurkha-Regimentern, die überwiegend aus Gurung oder Angehörigen der mongolischen Bergstämme Nepals rekrutiert wurden. Ich hatte oft versucht, mit den Abenteuergeschichten der Söhne des Dorfes zu wetteifern, die sie erzählten, wenn sie Heimaturlaub von ihren Kasernen in London, Hongkong, Malaysia oder Nordindien machten – Geschichten, die das Bild der Gurung von der Welt prägten.

Aber jetzt hatte Aama Geschichten zu erzählen.

»Ich glaube, es hat dir jemand geschrieben, daß meine Kusine Tyauré Aapa letztes Jahr gestorben ist. Vor einem Monat haben wir die Sterbezeremonie abgehalten. Verwandte kamen von weit her, zwei Tagesreisen zu Fuß; sie hatten neue Kleider an, die aus etwas gemacht waren, das sie *Poly-ster* nennen. Aber das war nicht der letzte Todesfall – meine andere Kusine, deine Tante Chyaurey, ist hinübergegangen. Die Leute meiner Generation sterben vor mir und um mich herum, und ich kann sie nicht richtig verabschieden. Die Feldarbeit läßt mir keine Zeit für Besuche, und ich komme nicht mehr so gut die Berge hinauf. In unserem Dorf gibt es jetzt vier Menschen, die reif sind und bereit zu sterben, und ich bin als nächste dran!«

Aama hielt die Rumflasche mit ausgestrecktem Arm von sich und betrachtete sie eingehend, als würde sie das Etikett studieren, um sie dann vorsichtig zu öffnen. Sun Maya habe ihr meine Briefe vorgelesen, und jedes Jahr hätten sie gehofft, daß ich rechtzeitig zum Herbstfest eintreffen würde. Ich erklärte, daß mich meine Arbeit in der Entwicklungshilfe in Katmandu und in Amerika festgehalten und ich versucht hätte, ihrem Distrikt Projekte zur Verbesserung des Landlebens zuzuleiten. Wenn oberhalb des Dorfes eine Wasserquelle gefunden würde, dann könnten wir ein Schwerkraft-Trinkwassersystem installieren – das hatte ich den Dorfältesten mitgeteilt. Aama schaute mich skeptisch an; es amüsierte sie, daß ich mir anmaßte, die überkommene Vernachlässigung seitens der Regierung ändern zu wollen, die sie im Laufe der Zeit als Schicksal akzeptiert hatten.

Sie lehnte sich gegen die Wand, streckte die Beine aus, hob die Flasche hoch über ihren weit geöffneten Mund und schüttete den Rum in kleinen Kaskaden hinein.

»Das kann gute Medizin sein, aber man sollte nicht zuviel davon trinken«, warnte sie lächelnd. Sie leckte ihre Lippen und genoß sichtlich den Nachgeschmack auf der Zunge. Jugendliche Energie strahlte aus den Runzeln ihres Gesichts, die wie eigenartig attraktive Verzierungen wirkten.

»Anfang Frühjahr kamen sieben Brahmanenpriester, um in

meinem 84. Lebensjahr das Ritual des langen Lebens abzuhalten, das *nwaran*. Von jetzt an ist mir die Zeit also geschenkt – hah! Und wenn wir hundert werden, dann kehrt sich, so sagen die Priester, der Alterungsprozeß um, und wir werden wieder jünger, bekommen neue Zähne und sollten abermals heiraten; unsere Reinkarnation beginnt in diesem Leben von neuem.«

Tatsächlich hat dieses 84-Jahre-Ritual Ähnlichkeit mit der Hindutaufe, die auch *nwaran* heißt und elf Tage nach der Geburt des Säuglings abgehalten wird. Aama schwelgte in den Erinnerungen an die Zeremonie – die Musik, Räucherwerk, Opfergaben, Blumengirlanden, Ziegenopfer und Besuch von Verwandten, die Geschenke mitbrachten, die sie erwidern mußte. »Ich überließ eine Kuh meiner Tochter, eine meinem Schwager und gab jedem meiner Enkel Geschenke: Öl zum Kochen, Räucherwerk und Geld. Wir haben fast zwanzig Kilo Reis gekocht, und es gab für alle Linsen, Chutneys, gebratenes Brot und Schnaps für die Trinker.«

Am Tag des Rituals würde sie, wie ihr die Priester gesagt hatten, vielleicht 1008 Vollmonde sehen, die heilige Zahl der Mondmonate, die sie gelebt hatte, und dann käme jener Segen auf sie, den eine solche Vision mit sich bringt. Man glaubt, daß die Alten jenseits der 84 Jahre auf die Ebene der Götter erhoben werden, und daß es vorteilhaft für jüngere Menschen ist, ihr *darshan* zu erhalten, das heißt vor ihnen zu erscheinen und ihren Segen zu empfangen.

Die Brahmanen hatten im Hof vor dem Haus einen kleinen Graben ausgehoben als Symbol für den Fluß der Ewigkeit. Während die Priester sangen und rezitierten, packte Aama den Schwanz eines Kalbes, um sich auf die andere Seite des Grabens hinüberziehen zu lassen – als Initiation und Vorbereitung für das allerletzte Überschreiten des Flusses dieses Lebens.

Die Wasserscheide im 84. Lebensjahr markiert die Erfüllung der weltlichen Verantwortlichkeit. Hinduistischem Brauch zufolge soll man sich nach dieser Zeremonie in eine Hütte im Wald zur Meditation zurückziehen. Man kann aber auch zu einer religiösen Pilgerreise aufbrechen. So wie ein Kind an der

Mutterbrust genährt wird, so erhalten die Pilger eine Art geistiger Nahrung von heiligen Plätzen. Durch den Besuch von Kraftorten kann der ergebene Hindu die Schulden ausgleichen, die wir, wie die Priester sagen, aufgrund dessen ansammeln, daß wir die Milch unserer Mutter trinken. Aama hatte oft den Wunsch geäußert, in ihren letzten Lebensjahren eine solche Pilgerreise zu unternehmen und als Bettelnonne von einem heiligen Platz zum anderen zu ziehen.

Bujay, Aamas auch schon recht betagte Kusine, kletterte die Treppe vom Haus auf der unteren Terrasse hoch. Andere Verwandte kamen nach, breiteten sich auf den Strohmatten aus und hofften auf Zigaretten und die Möglichkeit, mich nach Didi zu fragen und wo ich gewesen sei. Das Dorf war wie eine große Kommune, voll mit Menschen, welche die Arbeiten gemeinsam verrichteten. Es gab nur wenige persönliche Grenzen, und Versuche, sich eine Privatsphäre zu schaffen, ließen die Leute nur noch neugieriger werden. Bujay zog lautstark an einer Zigarette, die sie in eine kurze Bambusspitze gestopft hatte, und um besser hören zu können, hielt sie ihren untertassengroßen, vergoldeten Ohrschmuck nach vorne, als könnte er die Funktion eines Hörrohrs erfüllen. Nicht nur habe Aama das Glück, noch am Leben zu sein, meinte Bujay mit ihrer rauhen Stimme, sondern sie sei auch mit einem Sohn gesegnet und nun sogar noch mit einer Schwiegertochter. Zwei von Bujays vier Kindern waren noch als Säuglinge gestorben.

Mit einem kräftigen »Uhnnh« stimmte Aama zu. Sie nahm noch einen Schluck aus der Flasche und begann zu erzählen, wie ich vor fast einer Generation im Dorf aufgetaucht sei. Mit ihrer Begeisterung und guten Laune steckte sie alle an. Aama und die anderen Gurung-Frauen hatten in all den Jahren der harten Arbeit mit Singen, Schwätzen und Geschichtenerzählen, die gar nicht phantasievoll genug sein konnten, ihren Geist frisch gehalten. Für sie waren Tatsache und Legende ziemlich einerlei, beides mußte in eine gute Geschichte eingewoben sein. Wir waren ganz Ohr.

»Vor vielen Jahren, im Monat Januar, war ich gerade mit

Wasser von der Quelle zurückgekommen. Mein Schwiegersohn – der Dorfvorsteher und oberste Halunke – hatte diesen Ausländer zu meinem Haus gebracht, und beide saßen am Eingang und erwarteten mich. Der Ausländer hatte in einem Nachbardorf den Posten des Schullehrers bekommen, und mein Schwiegersohn meinte, er könne doch bei mir wohnen und ich solle für ihn kochen. Ich dachte: ›Hoffentlich ist er nicht einer von diesen undankbaren nepalesischen Reisenden, die hier durchkommen, sich zum Dorfvorstand durchfragen und dann bei mir abgeladen werden.‹ Offensichtlich wollte er nicht in einer Basarstadt herumhängen und dort den Kindern der Kaufleute abends nach der Schule Englisch eintrichtern. Vermutlich war er auch kein Schurke, denn Leute, die faul sind oder Schwierigkeiten machen wollen, bleiben lieber in den Basarstädten. Der weiße Schullehrer legte die Hände zum Gruß zusammen und sagte ›Namaste‹, so wie es in Nepal üblich ist. Sah komisch aus bei einem Ausländer. Normalerweise sagen wir Gurung nicht ›Namaste‹ zueinander, nur zu Brahmanen und anderen Nepalesen, und so mußte ich einfach lachen.«

In Aamas Stimme schwangen die Ausdrucksweise und der Sprachrhythmus ihrer Vorfahren mit, und für Didi und mich war es ein Genuß, dem plätschernden Fluß ihrer Rede zuzuhören.

»Mein Schwiegersohn meinte, der Schullehrer könne auf dem Dachboden über meinem Wasserbüffel schlafen und jeden Morgen zu Fuß in die Schule gehen. Aber wer sollte sich um seine Versorgung kümmern? Sun Maya arbeitete den ganzen Tag auf dem Feld und kümmerte sich um die Tiere, und ich konnte kaum noch das Wasser tragen und das Holz zerhacken, das ich selbst brauchte. ›Der Ausländer wird dich dafür bezahlen, daß du für ihn kochst; dann kannst du jemanden anstellen, der dir hilft. Vielleicht verdienst du auf diese Weise sogar ein paar Rupien extra‹, meinte mein Schwiegersohn, offensichtlich in der Hoffnung, daß er bei diesem Handel ein paar zusätzliche Rupien abstauben könnte. Eh ich mich versah, war er in meinem Haus und schenkte dem neuen Schullehrer ein Glas

Schnaps ein, und natürlich auch sich selbst. Da wußte ich, daß er etwas im Schilde führte.«

Aama blühte auf bei soviel Aufmerksamkeit, unterstützt vom Rum, und sah jünger und lebendiger aus als bei unserer letzten Begegnung. Das Altersritual hatte ihrem Leben eine neue Perspektive eröffnet. Sie setzte die Rumflasche vorsichtig ab und betrachtete sie.

»Ich war mir nicht sicher, ob das eine gute Idee war, und fragte meinen Schwiegersohn: ›Was ißt denn der Herr Lehrer? Bestimmt lauter Dinge, die ich gar nicht zubereiten kann.‹ Selbst wenn Verwandte bei mir eingekehrt wären, hätte mich das in Verlegenheit gebracht – vor allem weil die Büffelkuh damals keine Milch gab. ›Und außerdem habe ich keine Tische und keine Stühle‹, fügte ich hinzu, ›und Englisch sprechen kann ich auch nicht.‹ Dann machte der Schulmeister den Mund auf und sprach Nepali, und zwar so langsam, daß ich ihn verstehen konnte. Er sei zufrieden, das zu essen, was ich auch aß, und er würde gerne in meinem Haus wohnen. ›Ich sehe‹, sagte er, ›daß Sie eine kultivierte Frau sind. Wohin sind Sie denn schon gereist, daß Sie sich so gut mit Ausländern auskennen und von Tischen und Stühlen wissen?‹ Ha! Darüber mußte ich lachen. Ich erklärte es ihm: ›In der indischen Armee habe ich vor mehr als fünfzig Jahren mit meinem Mann in Kasernen gewohnt.‹ Stellt euch nur diese Überraschung vor. Da sitzt hier vor meiner Haustür ein Ausländer ... einer von denen, die in großen Säkken schlafen, die mit dem Balg von toten Hühnern gefüllt sind, samt Federn und allem ...«

Didi warf einen Blick auf unsere Schlafsäcke und lachte, was Bujay dazu veranlaßte, ihren Ohrschmuck auszurichten und so, als habe sie verstanden, in das Gelächter einzustimmen.

»Ja, zwei Jahre lang hat er hier gelebt. Am Anfang hat er sich zurückgelehnt und sich beim Essen mit einem Arm abgestützt; einfach auf einer Strohmatte sitzen, das konnte er nicht. Und wenn er sich eine Handvoll Reis nahm, dann drehte er sein Handgelenk so, als wüßte er nicht, wo er mit dem Essen hin sollte. Was haben wir gelacht über ihn – wie er aß und sich bewegte. Er verströmte auch einen eigenartigen Geruch, als er hierherkam, nicht schlecht, aber einfach anders. Und er hat immer Dinge verlegt oder vergessen, seine Bücher oder seine Taschenlampe, und suchte dann stundenlang im Kreis herum. Einmal haben Sun Maya und ich ihn beobachtet, wie er einen Bleistift gesucht hat, der hinter seinem Ohr steckte.«

Aama lächelte mich unschuldig an. Mir fiel der Beiname ein, den man mir im College verpaßt hatte: »Langsam, aber chaotisch.« Ich glaubte, den Titel schon vor langer Zeit abgelegt zu haben, aber hier, in einem fremden Land mit einer anderen Sprache, lebte er wieder auf. Ich schaute Didi an und nickte zähneknirschend bei Aamas Bericht. Didi lächelte: Dieser linkische, naive, überhöfliche Junge entsprach wohl dem Bild, das sie sich davon gemacht hatte, wie ich einmal gewesen war und vielleicht teilweise immer noch war.

»... Aber dann begann er Wasser zu tragen und Feuerholz zu hacken. Er war sehr hilfsbereit. Das ist der Sohn, den ich in einem früheren Leben geboren habe und der gekommen ist, um in diesem Leben bei mir zu sein. Er war ein Sohn ohne Mutter, und ich war eine Mutter ohne Sohn.«

Sun Maya goß Tee in unsere Messingtassen und tauschte stillschweigend Aamas Rumflasche gegen eine Tasse aus. In mir stieg eine Welle von Dankbarkeit und Zuneigung auf, und mit einemmal begriff ich, warum ich in das Dorf zurückgekehrt war. Aama zu sehen, war, als hätte ich meine eigene Mutter vor mir – die Mutter, die meine Schwester und mich plötzlich allein gelassen hatte, als sie starb. Hier saß sie vor mir, wiedergeboren als vierundachtzigjährige, rituell befreite Gurung-Bergbäuerin. Vielleicht hatte ich mir dieses Bild zusammengebastelt, um die fehlenden Teile in meiner persönlichen Welt zu ersetzen – einer Welt, die während dieser langen Zeitspanne, die ich allein in einer fremden Kultur verbrachte, auseinandergefallen und neu zusammengefügt worden war. Aber Aamas Wärme und meine Zuneigung zu ihr waren keine Erfindung.

Sehnsucht nach meiner verstorbenen Mutter ergriff mich. In meiner Kindheit hatte ich meine Geheimnisse mit ihr geteilt.

Das hatte sich verändert, als ich heranwuchs und Sport, Mädchen und Gleichaltrige mich dazu brachten, Teile meines Lebens vor ihr zu verbergen und Ausreden zu erfinden. Als ich soweit war, das Haus zu verlassen und aufs College zu gehen, war ich rebellisch und voreingenommen und bildete mir ein, die Freiheit am Schwanz erwischt zu haben. Ich konnte meine Mutter nicht mehr so achten wie früher. Da starb sie völlig unerwartet im Schlaf.

Noch immer, obwohl sie schon so lange tot war, hielt mich ein Gespinst von verborgenen, zähen Schuldgefühlen in einer Scheinadoleszenz fest. Irgendwie mußte ich diese Schuld, die ich meiner Mutter gegenüber verspürte oder zu verspüren *glaubte*, abtragen – die Schuld für all die Jahre der Liebe und Fürsorge, für das Genährtwerden mit ihrer Milch. Ich konnte dieses Gefühl, dieses Bedürfnis, nicht ganz beschreiben und sah keine greifbare Möglichkeit, wie ich mich daraus lösen konnte.

Bis jetzt. Was als vage Ahnung in Katmandu begonnen hatte, erschien jetzt wie eine wilde Möglichkeit. Ich sah Didi an. Sie zog die Augenbrauen hoch in Erwartung einer meiner impulsiven Einfälle. Sollten wir Aama bei ihrer Pilgerreise am Ende ihres Lebens beistehen? Würde sie uns vielleicht in die Vereinigten Staaten begleiten? War sie überhaupt fähig zu reisen? Wir überlegten hin und her, was eine solche Reise mit sich bringen würde, und ob wir es wagen konnten.

Wir stimmten darin überein, daß Aama, wenn sie wollte, wahrscheinlich dazu in der Lage wäre. Sie war offensichtlich unternehmungslustig und hatte schon immer wissen wollen, wo ich herkäme und wer meine Verwandten seien. Natürlich würde sie ihre üblichen Entschuldigungen vorbringen: ihr Alter und ihre Schmerzen und die Tiere, die sie versorgen müsse, und daß sie uns nicht zur Last fallen wolle, so wenig wie ihren Töchtern und Enkelinnen. Aber die Aussicht auf eine Tour durch die Vereinigten Staaten würde gewiß ihre Lebensgeister wecken. Und auch ich könnte etwas dabei lernen. In meiner Collegezeit hatte ich Amerika ziellos durchfahren, aber der

Wert dieser Trips war mehr als fraglich – ich konnte froh sein, daß man mich nicht festgenommen hatte.

»Laß uns noch länger darüber sprechen«, sagte Didi. »Wir sollten uns gut überlegen, worauf wir uns einlassen, meinst du nicht auch?« Ich gab ihr keine Antwort, denn ich war mit Mutmaßungen darüber beschäftigt, daß mir Aama nach einer gemeinsamen Reise durch die USA wahrscheinlich würde sagen können, wie ich mich Didi gegenüber verhalten sollte – ob ich bei ihr bleiben oder weiterziehen sollte.

Aama war mitten in endlosen Erzählungen über meine komischen Eigenarten – ein guter Zeitpunkt, um sie zu fragen. »Aama, hättest du Lust, mit uns nach Amerika zu fahren?« Meine Worte standen klar im Raum, und ich bekam plötzlich einen Schreck, was ich ihr mir nichts dir nichts angeboten hatte – mehr als jemals einer anderen Person.

Sun Maya in der Küche war die erste, die reagierte. Sie schaute zwischen uns hin und her und lachte bei der Vorstellung, wie sich ihre Mutter wohl in einem modernen, fremden Land ausnehmen würde. Vielleicht hatte Didi doch recht gehabt damit, daß wir noch länger darüber hätten reden müssen.

Gestärkt von ihrer »Medizin«, antwortete Aama sofort: »Warum sollte ich keine Lust haben? Warum sollte ich nicht das Zuhause meines Dharma-Sohnes und meiner Schwiegertochter sehen wollen und ihre Verwandten kennenlernen?« Es schien, als hätte sie nur auf meine Frage gewartet, und als sei die Antwort selbstverständlich. Unsere Verwandten waren wahrscheinlich der einzige Aspekt von Amerika, den sie sich vorstellen konnte.

»Schau mich nur an, und dann weißt du, warum.« Sie öffnete ihre Hände und hob sie nach oben, um ihrer Aufrichtigkeit Nachdruck zu verleihen. Ihre Hände hatten Ähnlichkeit mit den Wurzeln der Feigenbäume. »Ich kann keine schwere Arbeit mehr verrichten und für mich selbst sorgen und falle meiner Tochter nur zur Last. Hier bin ich nutzlos. Außerdem habe ich meine 84-Jahre-Zeremonie hinter mir. Normalerweise dürfen die Leute während einer Sonnenfinsternis weder essen noch trinken, noch Stuhl und Urin ausscheiden, aber nach dem Altersritual spielen selbst diese ernsten Dinge keine Rolle mehr. Es heißt, wir sind beschützt und sammeln kein schlechtes Karma mehr an.«

Trotz des gottähnlichen Status, den die Zeremonie des langen Lebens verleiht, wußte Aama nur zu gut, daß alte Menschen im Alltag oft vernachlässigt wurden. Die Subsistenzbauern erachteten die Versorgung einer Gottheit, insbesondere wenn sie schwach oder pflegebedürftig war, als eine beschwerliche Pflicht. Die Zeremonie enthält Elemente einer Ruhestandsfeier, bei der dem Pensionär herzlich zugeprostet wird in unausgesprochener Dankbarkeit für sein Abtreten.

Sun Maya sammelte die Teetassen ein, während Didi und ich begannen, uns die Einzelheiten auszumalen. Bujay kicherte und parodierte mit erhobenem Haupt und zurückgezogenen Schultern die stolze Haltung, welche die Mütter mancher Gurung-Rekruten der britischen Armee einnehmen. Den Sohn im Ausland zu besuchen, wo er stationiert war, erhöhte den sozialen Status der heimkehrenden Mutter, und jeder Gurkha hoffte, das Geld aufzubringen, um seiner Familie eine Reise in seine Kaserne zu ermöglichen. Eine Fahrt nach Amerika kam da gerade recht – endlich ein Sohn im Auslandsdienst.

Aama aß normalerweise grob gemahlenen Hirsebrei. Ich beargwöhnte das amerikanische Essen, das selbst für den Geschmack von Didi und mir zu fetthaltig und zu weich war. Aber für jemanden ohne Zähne konnte die amerikanische Küche vielleicht die reinste Freude sein. Als ich Aama sagte, daß Zucker billig sei und man überall Fisch bekommen könne, versicherte sie uns, daß sie mit dem Essen bestimmt zurechtkomme.

»Aber was ist, wenn du Heimweh bekommst, Aama, oder gar in der Fremde sterben würdest?« Der Tod in Amerika würde vielleicht eine günstige Wiedergeburt vereiteln, denn weder wären Verwandte noch buddhistische Lamas und Hinduprlester da, um den Körper angemessen zu segnen und bis zur Verbrennung vor Verunreinigungen zu schützen.

»Es ist zwar gut, bald zu sterben, wenn du alt wirst; dennoch konnte ich es nicht, obwohl ich es versucht habe. Warum soll ich also nicht mit euch nach *Amrita* gehen?« gab sie lachend zurück. *Amrita* nannte sie unser Land nach dem legendären heiligen Elixier, das dem, der es findet, Unsterblichkeit verleiht.

Aber Aama schien kein *Amrita* zu brauchen. Sie hatte sich nie einen Knochen gebrochen, war allerdings fast an Malaria und Darminfektionen gestorben – Krankheiten, die von ihrem Vetter, dem Schamanen, diagnostiziert und behandelt worden waren. In Trance reiste er in die Unterwelt, um die Dämonen zu stellen, die ihr zusetzten, und ihnen zu erlauben, sich auf manchmal brutale Weise in seinem eigenen Körper zu manifestieren. In diesen Nachtsitzungen sahen Verwandte ruhig zu, wie der Doktor-Schamane, den man zur Heilung gerufen hatte, über seine Patientin herfiel und den Versuch unternahm, sie zu erwürgen, um ihr so in der unmittelbaren physischen Welt die Chance zu geben, die ansonsten unerreichbaren Dämonen zu verjagen. Im Widerstand gegen diesen Angriff würde sie sich entweder von der Krankheit befreien oder einen Rückfall erleiden. Aama schrieb ihre Langlebigkeit teilweise diesem Vetter zu, dessen besondere Fähigkeiten zum erstenmal erkannt wurden, als er beim Pflügen spontan in Trance fiel. Er war ein *bhuiphatta*, ein Schamane von Natur aus. Er sah, daß ihre Konstitution ihr zwar ein langes Leben erlauben würde, sie aber andererseits viele Hindernisse zu überwinden hatte.

Eine Pilgerreise nach Amerika würde einige dieser Hindernisse auftürmen, soviel ließ sich schon jetzt voraussehen. Didi und ich fragten uns auch, ob Amerika der Pilgerin überhaupt hinreichend heilige Plätze bieten konnte, um ihre Anstrengungen zu belohnen. Aber die Hindupriester sagen, daß es dem Seelenheil dient, überhaupt eine spirituelle Reise zu unternehmen, besonders wenn sie lang und beschwerlich ist.

Kichernd und hustend stand Bujay auf, streckte ihre steifen Glieder, so gut sie konnte, und lieh sich eine Taschenlampe aus, um dem Pfad zu ihrem Haus folgen zu können. Ich schlug ihr vor, sie solle ihren Ohrschmuck als Lichtreflektor benutzen. Sie lachte bellend und drohte mir spaßhaft mit dem Stock.

Aama zog sich auf ihr Holzbett über der Veranda zurück. Lange vor Sonnenaufgang würde sie schon wieder auf den Beinen sein und Getreide worfeln und mahlen. Didi und ich gingen durch die köstliche Nachtluft zu dem strohgefüllten Boden über dem Wasserbüffelstall. Unser Kichern ging allmählich in Gähnen über. Wir breiteten unsere Schlafsäcke aus und schlüpften hinein – zu Hause in den fernen Bergen.

Im Licht von Didis schwacher Taschenlampe zeichneten sich die Bambusstreifen ab, mit denen die Strohbündel auf dem Dach befestigt waren. Sie sprach leise und sann über ihren neuen Titel nach: Schwiegertochter. Es klinge nicht schlecht, meinte sie.

»Wir sollten darüber sprechen«, murmelte ich schlaftrunken, »aber am Morgen, wenn wir ausgeschlafen sind.«

Beim ersten Tageslicht rief Aama uns herunter zu einem Frühstück mit Tee und geröstetem Mais. Wir saßen auf der Veranda und schauten zu, wie die Sonne aufging und das Leben in einem Dorf erwachte, das sich über Generationen nicht verändert hatte. Aama hockte am Rand des Hofes und verrichtete ihre Morgenwaschungen. Aus einer Messingkanne schüttete sie Wasser in ihre rechte Hand und massierte es in ihre faltige Haut; dabei sang sie.

»Hare Om, ye Iswar Bhagwan, Krishna Bhagwan, Kailaspati, Baigundanath, Jagganath, Pasupatinath, Rameswor, Muktinath...« Die Namen von Gottheiten und heiligen Orten des indischen Subkontinents flossen ihr jeden Morgen spontan über die Lippen in einer Reihenfolge, an die sie sich während des Tages nicht erinnern konnte. Sie schloß ihr Mantra mit einem nachdrücklichen *»Om, Om, Om«* ab, stand langsam auf und wandte sich uns zu. In diesen kurzen Augenblicken, die sich fest und doch leicht anfühlten, wurde der Tag geweiht.

Auf jeden Fall würden Aamas Vitalität und ihre unerschöpfliche Neugier sie zu einer herausfordernden Reisegefährtin machen, deren Verhalten sich kaum vorhersehen ließ. »Was glaubst du«, fragte ich Didi, »wie es sein wird, mit Aama zu reisen?«

Didi spannte die Lippen an, als sei sie unsicher, und nickte dann langsam. »Wie Aamas Leben wird es voller Freude, Herzlichkeit und Humor sein, aber auch schwierig.«

Kapitel 2

Eine Frau, die im Dorf als Tutays Mutter bekannt war, blieb am Weg stehen und schaute zu Aama herunter, die sich gerade in ihrem Küchengarten zu schaffen machte. *»Phursailiii«*, rief sie und benutzte Aamas Familiennamen, jenen der drittältesten Schwester des Vaters. Die letzte Silbe dehnte sie in einem hohen, musikalischen Ton, der dazu diente, um jemanden aus weiter Ferne willkommen zu heißen. Sie streifte das Stirnband ab, setzte den Korb mit Zweigen und Gras ab und lehnte sich über die Mauer. Ein goldener Stecker saß locker am linken Nasenflügel und betonte die glatten, braunen Gesichtszüge, die von der Feldarbeit und vom Holzrauch glänzten.

»Ohhn«, rief Aama zurück und richtete sich auf. »Mein Garten gibt dieses Jahr nicht viel her. Die Bohnen und Gurken tragen weniger als letztes Jahr. Aber Nani und meine Schwiegertochter haben mir angeboten, mich mit in ihr Land zu nehmen.« In Aamas Lächeln spiegelte sich ihre eigene Überraschung über die unverhoffte Wendung von einer alten Bergbäuerin zu einer Weltreisenden. Tutays Mutter ließ die Zunge hervorschießen und preßte sie zwischen die Zähne vor ungläubigem Staunen. Didi und ich schauten vom Haus aus zu.

»Wenn mich mein Dharma-Sohn ruft, dann muß ich gehen«, fuhr Aama fort. »Aber wo finde ich jemanden, der sich um meinen Wasserbüffel kümmert? Deine und alle anderen Kinder im Dorf gehen ja heutzutage in die Schule. Es gibt so viel zu tun ... Das Haus braucht neues Stroh aufs Dach, der Hühnerstall fällt ein, und das Heu muß umgelagert werden, damit kein Regen hineinläuft und es nicht anfängt zu faulen. Die Büffelkuh kann tagtäglich ihr Kalb kriegen. Schon lange hatte ich vor zu reisen – eine Pilgerfahrt nach Süden, quer durch Indien –, doch ich fürchte, daß ich dann nicht mehr zurückkomme. Ich müßte ja alles verkaufen, was ich besitze, um die Reise bezahlen zu können. Vielleicht wäre es sowieso das beste, alles zu verkaufen – ich möchte nicht, daß mich Sorgen um mein Eigentum zurückhalten.«

Vielleicht lagen die heiligen Stätten Indiens ja auf dem Weg nach Amerika. »Nani«, erkundigte sie sich zutraulich, »in welche Richtung reist man, um nach *Amrita* zu kommen?« *Amrita*, der mythische Nektar der Unsterblichkeit, der Same der Götter. Einige Leute im Dorf behaupten zwar, daß Amrita aus dem Ozean hervorquelle, geben jedoch dann normalerweise zu, das Meer nie gesehen zu haben. Aama lächelte bei der verheißungsvollen Aussicht, im köstlichen Ambrosia des Landes ihres Dharma-Sohns baden zu können.

»Wir können nach Osten *oder* nach Westen reisen«, antwortete ich. »In beiden Richtungen kommen wir dorthin.« Aama lachte, und Tutays Mutter sah noch neugieriger aus; ihre Zunge schnellte wieder hervor und wurde von den Zähnen eingeklemmt.

Ich duckte mich unter dem niedrigen Sims der Haustür, trat auf den Hof und sprach so laut, daß mich beide hören konnten. »Aama, die Erde sieht aus wie ein Ball, so wie der Mond oder die Sonne.« Ich suchte nach Bildern oder Beispielen aus der Natur, nach etwas, das ihr vielleicht besser einleuchtete als meine Erklärungsversuche, die schon vor Jahren keine Wirkung gezeigt hatten, aber nichts durchdrang den Nebel, den mein Kater vom Vorabend in meinem Gehirn erzeugte. »Die Sonne geht im Osten auf und im Westen unter, nicht wahr?« Aama nickte erwartungsvoll, als sei das der Auftakt zu einem guten Witz. »In Amerika ist das auch so, nur dreht sich die Sonne nicht um uns, sondern sie steht fest, und die Erde umkreist die Sonne, Amerika liegt auf der anderen Seite der Erde, und deswegen ist es hier Tag, wenn sich in Amerika die Nacht ausbreitet.«

»Und wie arbeiten die Leute dort, wenn es immer dunkel

ist?« wandte Aama ein und brach mit Tutays Mutter in gackerndes Gekicher aus. Die beiden schienen an einer Antwort nicht interessiert zu sein, und so fuchtelte ich mit den Armen, damit sie mir ihre Aufmerksamkeit noch einmal zuwandten.

»Nein, in Amerika schlafen die Menschen jetzt. Wenn hier die Sonne versinkt, dann geht sie in Amerika auf, und die Leute dort wachen auf und beginnen ihren Tag.« Mit den Händen zeichnete ich große Kreise in die Luft und kleine Objekte und versuchte, mehr schlecht als recht ein Diagramm des Universums darzustellen. Die Augenbrauen von Tutays Mutter wanderten nach oben. Sie war nie weiter vom Dorf weggekommen als ein paar Stunden Fußmarsch. »Es wird alles verständlich, wenn ihr euch die Welt *rund* vorstellt wie einen Ball. Die Sterne ziehen in vollkommener Ordnung über den Himmel – Nacht für Nacht von Osten nach Westen –, in der gleichen Richtung wie die Sonne und der Mond, nicht wahr? Also sind doch wir diejenigen, die sich bewegen, und nicht sie, oder nicht?«

»Also, die Geschichte habe ich wirklich noch nie gehört«, gab Tutays Mutter zurück und lachte über meine gestikulierenden Hände. Aamas Terrasse war zu einer Art Tribunal geworden, und ich fühlte mich albern und verletzlich. Didi beobachtete meinen Auftritt, und ihr Gesicht reflektierte die Skepsis von Aama und Tutays Mutter. Mein Angebot, Aama mit nach Amerika zu nehmen, erschien mir jetzt wie ein kapriziöser Einfall, und mir wurde zweierlei beim Gedanken an seine Realisierung.

»Aber wenn du es sagst, dann glauben wir dir«, lenkte Aama ein. »Du bist mein Dharma-Sohn, und du bist gescheit – deswegen hat man dich als Lehrer hierhergeschickt. Du weißt etwas über diese Dinge, wahrscheinlich weil du es aus Büchern gelernt hast; es könnte also wahr sein.« Das Funktionieren eines mystischen Universums, in dem Götter fliegen, Schamanen Hagel abwenden und ein Elefantenkopf auf einen menschlichen Körper verpflanzt wurde, war in den Hindutexten, die sie kannten, voll und ganz erklärt. Doch meine Erläuterungen klangen ganz so wie die abwegigen Theorien, welche die Kinder aus der Schule mit nach Hause brachten.

»Unnh«, seufzte Tutays Mutter, was lakonische Zustimmung signalisierte, daß jemand über diese Dinge Bescheid wissen könnte. Sie wandte sich an Aama: »Er ist wirklich ein Sohn aus einem früheren Leben.«

Während die alten Frauen weiter miteinander schwatzten, gab mir Didi zu verstehen, daß es ein langwieriger Prozeß werden würde, von der Regierung von Nepal einen Paß für Aama zu bekommen und wahrscheinlich persönlicher Kontakt mit den Behörden notwendig sei, damit der Antrag nicht in einem großen Haufen Papier unterginge.

Doch vielleicht brauchte es am Ende gar nicht so weit zu kommen. Sun Maya erzählte mir, daß kürzlich ein Regierungstrupp von Beamten und Fotografen durchs Dorf gekommen sei anläßlich einer nationalen Kampagne, in deren Rahmen jedem Dorfbewohner Staatsangehörigkeitspapiere ausgestellt werden sollten. Solche Unterlagen würden die Anfertigung eines Passes beschleunigen. Bestimmt hatte man Aama fotografiert und ihr die Fingerabdrücke abgenommen. Ich fragte Sun Maya, ob ich die Dokumente sehen könnte. Nein, sie hatte keine. Die Beamten glaubten, daß eine Vierundachtzigjährige solche Papiere nicht mehr benötigte, und so war Aama in der Gegend die einzige Dorfbewohnerin, die man ausgelassen hatte. Es war ja auch nur logisch, daß ein Ritual zur Feier von 1008 Lebensmonden nicht nur von weltlichen, sondern auch von bürokratischen Pflichten entband.

Didi und ich mußten nach Katmandu zurückkehren. Ich hatte nur wenige Tage frei, und Didi mußte sich um ihr Haus und ihr Exportgeschäft kümmern. Sun Maya versicherte uns, daß sie helfen würde, Aamas Papiere im Distriktzentrum zu beantragen. Ich sagte ihnen, sie sollten direkt nach Katmandu kommen, wenn sie die Dokumente bekommen hätten, wobei ich im stillen daran zweifelte, daß sie es schaffen würden. Das Distriktzentrum verfügte über eine einzige Telefonleitung nach außen. Ich schrieb Didis Telefonnummer auf einen Zettel und gab ihn Sun Maya.

Bevor Didi und ich aufbrachen, besprachen Aama und Sun

Maya die Zukunft. Die Kuh gab keine Milch und würde einen schlechten Preis erzielen; aber Aama wollte, daß Sun Maya sie dennoch verkaufte, damit sie ihre Schulden bei einem Verwandten, dem Geldverleiher des Dorfes, begleichen konnte. »Bei all der Energie und Arbeit, die wir in sie reinsteckten, scheinen die Rinder und Wasserbüffel mehr von uns zu profitieren als umgekehrt«, sagte Sun Maya lächelnd. Ich hatte noch nie gehört, daß sie sich über etwas beschwerte, oder Sorgen auf ihrem Gesicht gesehen.

»Du kannst auch das meiste Gras fürs Dachdecken von meinem Stück Land im Wald verkaufen«, sagte Aama ruhig, »aber behalte ein paar trockene Bündel zurück, um das Loch im Dach zu flicken, wo es beim letzten Monsun hereingeregnet hat. Ich mache es, wenn ich wieder zurück bin.« Sun Maya lächelte über Aamas Selbstvertrauen.

Didi und ich verschlangen eine Mahlzeit aus Huhnresten, Reis und in Büffelbutter gebratenen Chilis. Bevor sie uns ziehen ließ, packte Aama Früchte und Gemüse aus ihrem Garten in unsere Rucksäcke, obwohl uns kein Träger zur Verfügung stand, der uns geholfen hätte, das übervolle Gepäck ins Tal zu schleppen, und wir uns nach dem Essen träge fühlten. Am Rande des Dorfes schauten wir noch einmal zurück und schenkten dann den Großteil von Aamas Gaben einer Familie der unberührbaren Schmiedkaste, die in einer abseits gelegenen Hütte wohnte. Aama hätte zugestimmt – allerdings nicht, wenn sie vorher von uns gefragt worden wäre.

Ein paar Tage später verließ Aama das Dorf so, wie es die Mütter von Gurkha-Rekruten zu tun pflegten. Als Symbol für den Beginn eines neuen Abenteuers hingen dünne *Dubo*-Grashalme – Haare von Vishnu – aus ihren Mundwinkeln; sie hielt sie mit den Lippen fest und war auf diese Weise am Sprechen gehindert. Abschiedsworte konnten nur unangemessen sein. Der Brauch verlangte, daß sie den Abschied nicht hinauszögerte und nicht mehr zurückschaute, wenn sie zum letztenmal aus ihrer Haustür getreten war.

Sun Maya blieb, wie ich vermutet hatte, im Dorf, um die anstehenden Arbeiten zu erledigen. An ihrer Stelle wurde Aama von ihrem ältesten Enkel Tagu, einem introvertierten Sechzehnjährigen, zum Distriktzentrum begleitet, das mehrere Fußstunden entfernt war. Dort kampierten sie fast eine Woche lang in der Wohnung eines entfernten Neffen. Tagtäglich gingen sie zu den Distriktbehörden, um ihr Anliegen vorzubringen.

*

Um sechs Uhr früh gegen Ende der folgenden Woche klingelte Didis Telefon. Vom Bett aus nahm sie den Telefonhörer ab, und ich hörte die Stimme eines jungen Mannes, der es offenbar nicht gewohnt war zu telefonieren und der sagte, er und Aama seien in Katmandu angekommen und müßten abgeholt werden. Es war Tagu. Er murmelte etwas und hängte ein, ohne Didi beschrieben zu haben, wo sie waren. Aber eine Rickschahupe und die Straßengeräusche im Hintergrund ließen vermuten, daß sie sich im Stadtzentrum befanden – vermutlich an der Busstation. Ich sprang aus dem Bett, schüttete eine Tasse Pulverkaffee hinunter und lief auf die Straße hinaus, um ein Taxi zu erwischen.

Das Taxi fegte in den internationalen Busbahnhof von Katmandu scharf an Verkaufswagen vorbei und schlaftrunkenen Reisenden vom Land, die ihre Habseligkeiten zusammenklaubten. Eine Frau mit einem Baby auf der Hüfte konnte gerade noch zur Seite springen. Da sah ich Aama und Tagu, die erschöpft und orientierungslos an einer Teebude standen. Sie hatten einen der Nachtbusse genommen, jenen »Luxus-Mini-Super-Express«, der über Bergstraßen rast, vollgepackt mit einander rempelnden, sich übergebenden Passagieren, die sich bei grellem Licht und gröhlendem Radio auf Sechserbänken zusammendrücken.

Aama paßte mit ihrer Größe von anderthalb Metern zu dem Haus, in dem sie lebte – aber hier, vor dem Hintergrund der Stadt, sah sie winzig aus. »Unh, da bist du ja, Nani«, sagte sie erleichtert, als ich aus dem Taxi stieg. Tagu trug eine vergoldete

Armbanduhr und makellose Turnschuhe. Die Rupien, die ich für Aama im Dorf gelassen hatten, waren offenbar in mehrere Hände gelangt. Wir drückten uns zu dritt auf die Rückbank des rostigen Taxis, das sich wieder in den überschäumenden Verkehr von Katmandu einfädelte. Ich versicherte Aama, daß wir immer noch an dem Plan festhielten, nach Amerika zu reisen, und bereits Flugtickets gebucht hatten.

Aama zog aus ihrer Schultertasche ein Bündel von Dokumenten auf Reispapier hervor, die mit einer Stecknadel zusammengehalten wurden. »Die ganze Fragerei der Beamten und der Papierkram im Distriktzentrum waren lästig für Tagu und meinen Neffen«, sagte Aama, »und ich habe ihnen ein paarmal gesagt, sie sollten die ganze Sache vergessen.«

Didi hatte ihr Haus renoviert und zu einem ruhigen Rückzugsort gestaltet, der ihr geduldiges Wesen reflektierte. Sie begrüßte Aama und Tagu und machte sich, genau wie Aama das getan hätte, sogleich daran, das Frühstück herzurichten: Tee und gebratenes Brot mit einem großen Käseomelett. Aama und Tagu hatten ihre hungrigen Mägen bald gefüllt und streckten sich dann auf dem Teppich im Wohnzimmer aus. Wohlgefällig ruhte Tagus Blick auf seinen neuen Schuhen, die er ordentlich in eine Zimmerecke gestellt hatte. Aama jagte mit einer Hand im Dickicht ihrer Haare nach einer Kopflaus.

»Seit meine Brüder und Schwestern tot sind, bin ich das Mutterhuhn für die ganze Brut von Nichten und Neffen geworden und muß jetzt für sie sorgen. Sie haben mir zugeredet, nach *Amrita* zu gehen, mir anzuschauen, wie es dort ist, und dann rechtzeitig zum *Dasain*-Herbstfest ins Dorf zurückzukehren, um ihnen allen den *Tika*-Segen zu erteilen. Ich habe ihnen gesagt, daß ich das tun will.« Aama untersuchte ihre Fingernägel nach Spuren von Parasiten. Didi beobachtete sie mit einer Mischung aus Erstaunen, Humor und Mitgefühl und sagte mir, daß sie Läuseshampoo habe und sie am Waschbecken entlausen werde.

»An dem Morgen, an dem ich das Dorf verließ«, fuhr Aama

fort, »hatte ich keinen Hahn zum Opfern, um die Lage, die Farbe und die Linien der Leber anzuschauen. Das hätte mir Aufschlüsse über meine und die Zukunft meiner Tochter gegeben.«

Ich verspürte das nebulöse Gefühl, daß die Schicksalsgötter schon hier in Didis Wohnzimmer mit von der Partie waren, wohlgesonnen und beschützend. Folglich wollte ich gerade den Mund öffnen, um diese Empfindung zum Ausdruck zu bringen – doch Aama lag noch etwas auf dem Herzen.

»Jedenfalls hat ein Brahmane den Planetenstand an meinem Abreisetag überprüft und gesagt, die Vorzeichen für meine Reise seien günstig. Aber ich wollte auch meinen Vetter, den Schamanen, um Rat ersuchen, weil ich ihm natürlich näherstehe. Ich wollte ihn fragen, ob ich in *Amrita* sterben würde. Hätte er geantwortet, daß dies der Fall sein könnte, so wäre ich nicht gekommen. Aber dann habe ich mir gesagt, daß es keine Rolle spielt und es auch in Ordnung wäre, in *Amrita* zu sterben, wenn die Planeten und die Götter das so wollten. Und deswegen verzichtete ich darauf, ihn zu rufen. Ich habe allerdings vergessen, dich zu fragen: Wenn es so wäre, was würde mit meinem Körper geschehen? Könnte er auf dem Weg zum Verbrennungsplatz etwa beschmutzt werden? Was tut man bei euch?« Sie legte den Kopf zurück und linste mich an, als habe sie auf der Nasenspitze eine Brille sitzen. »Wahrscheinlich holt man eure Körper einfach ab und verscharrt sie in der Erde oder so ähnlich, wie es die Muslime machen.« Sie lachte über die unverhohlene Respektlosigkeit ihrer Vermutung. »Die Muslime heben sogar ihr Grab aus und bereiten es vor, bevor sie sterben; man könnte meinen, sie wollten den Tod anlocken.« Sie betrachtete mich ruhig, und ihre Stimme wurde weich. »Nani, gibt es Gurung-Lamas in *Amrita* oder Schamanen oder vielleicht sogar Brahmanen?« Hinter ihren Worten verbarg sich mehr als eine Frage: Würde ich in der Lage sein, die rituellen Pflichten zu erfüllen, die der Sohn beim Tod der Mutter auszuführen hat? Die Aussicht, daß sie tatsächlich sterben könnte, schien für Aama nebensächlich.

»Nun ja, Schamanen und Gurung-Lamas sind in Amerika schwer zu finden, aber es gibt Brahmanen«, sagte ich und überlegte, wo wir anfangen könnten, nach einem zu suchen. »Wir müßten einen guten auftreiben, denn wie du weißt, halten sich viele Brahmanen nicht mehr an die alten Vorschriften, besonders die Brahmanen nicht, die in Amerika leben.« Ein gläubiger Brahmane sollte weder Alkohol trinken noch Geflügel-, Schweine- und Rindfleisch essen, insbesondere auf letzteres verzichten, weil die Kühe heilig sind. Es wird dir nichts zustoßen, Aama, aber wenn es nötig sein sollte, dann finden wir auch einen Brahmanen oder vielleicht einen tibetischen Lama«, sagte ich aufrichtig.

»Vor allem fürchte ich mich vor dem Hinfallen. In den letzten Jahren ist mir das dreimal passiert. Ich habe geglaubt, daß ich mich vom letzten Sturz nicht mehr erhole.« Aama rappelte sich vom Teppich hoch und suchte nach der Tür. Wir hatten hier drinnen genug Zeit verschwendet, bestimmt gab es draußen Arbeit zu erledigen – wie immer.

Didis Garten war nach einer Art Zen-Zufallsprinzip angelegt – Gemüse, Heilkräuter und exotische Blumen gediehen bunt durcheinander. Aama ging herum und schaute jede einzelne Pflanze an, als sei es eine Fotografie von einem verlorenen Freund. Ihr fiel auf, wie das Klima oder der Boden die Gewächse hier unten im Tal verändert hatten. Alle paar Schritte blieb sie stehen, berührte die Ziersteine mit den Fingerspitzen der rechten Hand, mit denen sie dann die Stirn berührte, um den Segen der Steine zu empfangen, während sie ihr Mantra murmelte. Hatte ein Dorf-Lama oder ein Schamane solche Steine geweiht, so galten sie als Verkörperungen von Gottheiten und wurden in einen Schrein oben auf dem Bergkamm gelegt oder zu Füßen eines Gebüschs aus Bergbambus.

Die Papiere, die Aama aus dem Distriktzentrum mitgebracht hatte, waren nur der Anfang. Ein Freund mit Verbindungen zur Paßgenehmigungsstelle erklärte sich bereit, einen Verwandten im Innenministerium anzurufen, der sich persönlich darum bemühen würde.

Das einzige Fahrzeug, das ich besaß, war ein Motorrad, das effektivste Fortbewegungsmittel im Verkehr von Katmandu. Ich rollte es aus dem Schuppen und zeigte es Aama.

»Früher ist niemand mit so etwas gefahren. Braucht es Futter oder Kerosin?«

»Benzin – das ist so etwas Ähnliches wie Kerosin«, antwortete ich und setzte mich darauf. Ich deutete auf den Soziussitz und die Fußstütze, bot ihr meinen Oberarm als Griff an und sagte ihr, sie solle sich daran mit der rechten Hand festhalten. An steile Bergpfade gewöhnt, machte es ihr keine Mühe, auf den Sitz zu klettern, und schon bald mußte ich gar nicht mehr hinschauen – sie schwang sich hinauf wie eine alte Motorradbraut.

Wir tauchten in das Gewühl des Stadtzentrums von Katmandu ein, hielten zuerst an einer Bude für Paßfotos am Straßenrand und fuhren dann zum Innenministerium, um den Antrag abzugeben. Anschließend kauften wir eine neue Schultertasche – die aus dem Dorf war zerschlissen – und ein paar Ketten, Münzen und andere Souvenirs für Amerika. Am Nachmittag brausten wir auf der Ringstraße im vierten Gang nach Hause und genossen die klare Luft nach einem kurzen, heftigen Regenschauer. So halb über die Schulter konnte ich sehen, wie sie im Wind mit den Augen zwinkerte und versuchte, mir etwas zu sagen.

»Warum fährst du mit dem Motorrad immer da, wo der Wind bläst?« rief sie und versuchte, den Lärm des Fahrtwindes und des Motors zu übertönen. Ich fuhr an den Straßenrand und hielt an.

»Ist es jetzt windig?« fragte ich sie.

»Nein. Der Wind hat aufgehört.«

Ich setzte Aama zu Hause ab und fuhr zurück in die Stadt, um noch einiges meiner Arbeit zu Ende zu bringen und zur Bank zu gehen.

Die Zentralbank nimmt Zahlungen für die Regierung an, und Paßbewerber müssen die Paßgebühren dort persönlich hinterlegen, sofern sie nicht davon befreit sind. Ich vermochte mit nichts zu entschuldigen, daß ich Aama nicht mitgebracht hatte, außer daß ich von der Hektik des Alltags mal wieder überollt worden war. Das letzte, was wir jetzt brauchten, war ein Bürokrat, der das ganze Verfahren bremste, um uns zu veranlassen, unseren »Einsatz« zu erhöhen, wie man hier sagt.

Durch eine Öffnung im Gitter, das den Kassierer wie ein Käfig umgab, reichte ich eine Tasche voll Rupien samt dem Einzahlungsformular hinein; erstaunlicherweise bedurften selbst Bareinzahlungen einer Genehmigung. Der Kassierer gab das Formular automatisch an den Abteilungsleiter weiter, der am Tisch hinter ihm saß. Nachdem er das ausgefüllte Blatt mehrere Minuten lang gründlich geprüft hatte, knallte er plötzlich einen Stempel darauf und kritzelte Notizen an den Rand. Dann winkte er mich durch die Sperrholztür hinter die Kasse zu seinem Tisch, um mir die Quittung in die Hand zu drücken, wodurch er sich das Aufstehen ersparte. Er war schon dabei, sie mir zu reichen, als er auf Nepali fragte, für wen der Paß bestimmt sei. Mit Sicherheit hatte er den Namen der Einzahlerin auf dem Antrag gelesen und wollte wissen, wo die Person war.

»Eine Nepalesin«, antwortete ich.

»Eine Frau also, nicht wahr?«

»Ja.«

»Oho! Eine Frau«, wiederholte er laut und genüßlich. Die Angestellten der Kassenabteilung schauten von ihren Zeitungen und den übergroßen Kontenblättern auf, die mit Zahlenkolonnen bedeckt waren. Eine Rechenmaschine konnte ich nirgends entdecken.

»Wie alt ist die Frau?«

»84«, antwortete ich.

Der Abteilungsleiter drehte den Kopf zu einem Mitarbeiter und sagte kühl: »Er meint bestimmt, 48.« Dann wandte er sich wieder mir zu und sagte: »Sie müssen Ihr Nepali verbessern.« Er sprach noch lauter und überdeutlich, so als müßte er eine Sprachbarriere überwinden. »Das heißt 48, verstehen Sie, acht-und-vier-zig.« Dabei unterstrich er jede Silbe mit übertriebenen Lippen- und Zungenbewegungen – ganz so, wie das mein Sprachlehrer getan hatte –, zog die Augenbrauen hoch und preßte die Augäpfel heraus, um den Wirkungsgrad der Kommunikation zu erhöhen. »Aber sind Sie sicher, daß sie nicht 24 ist?« Er legte eine dramatische Kunstpause ein, um unter dem guten Dutzend Angestellten, die hier saßen und sich nur zu gerne ablenken ließen, eine skandalträchtige Atmosphäre zu schaffen. Beamte in Nepal teilten eine gewisse landeseigene Weltsicht – ein Gemisch aus gesundem Menschenverstand, Tradition und doppelter Moral. Demzufolge war es klar, daß ich eine Frau gefunden hatte, eine Nepalesin, die bedauernswerterweise ihre Herkunft und ihre Religion verriet, um einen Ausländer zu heiraten; wahrscheinlich stammte sie aus einer niedrigen Kaste oder war irgendwie in Schwierigkeiten. Das ließe mich in einem schiefen Licht erscheinen, aber von Ausländern konnte man nichts anderes erwarten.

Dabei träumte sicherlich jeder dieser Bankangestellten davon, Amerika zu besuchen oder dort Arbeit zu finden – Amerika, das noch immer als das Land der unbegrenzten Möglichkeiten und des unerschöpflichen Reichtums galt, wo das Geld schon bei der Ankunft auf der Rollbahn herumlag oder jedenfalls in den Straßen der großen Städte aufgelesen werden konnte. Sie wußten, daß wir für immer in Übersee leben müßten, falls Vishnu Maya meine Braut war, denn Nepal gewährte nur ausländischen Frauen, die einen Nepalesen geheiratet hatten, ein Langzeitvisum – nicht aber ausländischen Männern mit einer Nepalesin als Ehefrau. Die Paßgenehmigung gehörte genaugenommen nicht zum Zuständigkeitsbereich der Bank, aber der Ernst des mutmaßlichen Bruchs der Tradition rechtfertigte die Anmaßung.

»Nein«, sagte ich. »Sie ist 84.« Nun war es an mir, die dramatische Pause einzulegen. Ich öffnete mit großer Bedachtsamkeit meine Aktentasche, raschelte mit den Papieren, zog ein Paßfoto hervor, betrachtete es noch einmal selbst und reichte es dann dem Abteilungsvorsteher. Sämtliche Angestellten erhoben sich gleichzeitig wie eine Schulklasse beim Pausenklingeln und drängelten sich hinter den Vorsteher, um einen

Blick auf das Bild zu werfen. Plötzlich waren alle still, und keiner rührte sich.

»Er hat recht. Sie muß mindestens 84 sein!« rief der Abteilungschef aus. »Vielleicht ist sie *hundert*vierundachtzig!« Alle schauten mich an, und wir lachten unisono. Angesichts des ungewohnten Reizes dieser neuen Situation erwiesen sich Belehrungen über korrekte Aussprache oder kulturelle Vorurteile als überflüssig.

»Bestimmt geht es um medizinische Behandlung«, bot einer der Angestellten als plausible Erklärung an. Die anderen sagten nichts. Die Frauen unter ihnen machten allerdings den Eindruck, als hätten sie ein Babyfoto gesehen; vielleicht, so träumten sie, würde eines Tages auch jemand ihre Mutter oder gar sie selbst mit nach Amerika nehmen. Der Abteilungsleiter reichte mir nun die Quittung mit vollendeter Höflichkeit, indem er auf der Brust seine Hände überkreuzte und den Kopf leicht neigte – ein liebenswürdiger Abschluß dieses kleinen Intermezzos.

Die Bankquittung war das letzte Dokument, das wir für den Paß brauchten. Ich rief Didi an, die mir mitteilte, daß der Kontakt mit dem Innenministerium geklappt habe, fuhr dann zum Regierungsgebäude und bekam ohne viel Aufhebens Aamas Paß ausgehändigt. Sodann buchte ich unsere Flugtickets fest. Aber Aama brauchte noch eine weitere Genehmigung.

Der Konsul der US-Botschaft in Katmandu war dafür bekannt, daß er Visaanträge von Nepalesen, wenn irgend möglich, ablehnte. Die Edelstahlschublade unter dem kugelsicheren Fenster im Empfang des Konsulats verkörperte in der Tat das Tor nach Amerika, und eine Schlange von Bewerbern stand drängend davor und hoffte, hindurchzuschlüpfen.

Der Assistent rief mich herein, weil der Konsul mich sprechen wollte. Verdammt, dachte ich, so ist es immer. Jetzt haben wir den Paß, die Flugtickets, und prompt macht unsere eigene Regierung einen Strich durch die Rechnung. Als ich aber die Hand des Konsuls schüttelte, fühlte ich sofort Sympathie. Er wollte nur ein bißchen plaudern, um sich von der endlosen Kette von Entscheidungen zu erholen, die er als Ausführungsorgan der undurchsichtigen Einwanderungspolitik der Vereinigten Staaten treffen mußte. Die ständige Flut von flehentlichen Bitten, Hoffnung und Gerissenheit, die aus der Verzweiflung entsprang, hatte Furchen in seine Stirn gegraben.

»Vishnu Maya Gurungs Visum wird heute nachmittag ausgestellt«, sagte er sogleich, ohne mich weiter auf die Folter zu spannen. »Sie dürfte einem Amerikaner kaum die Arbeit wegnehmen, und wenn sie eine heilige Frau ist oder so etwas, dann könnten die Vereinigten Staaten vielleicht sogar davon profitieren.«

Überzogen mit einer rußigen Schmutzschicht, kehrte ich zu Didis Haus zurück. Aama und Didi merkten mir sofort meine Müdigkeit, aber auch meinen Triumph an.

»Alles wäre leichter gewesen«, meinte Aama mit einem schüchternen Lächeln, »wenn ich nur schon früher gestorben wäre. Meine Tochter Sun Maya müßte mich nicht im Alter versorgen, und du müßtest dir nicht diese gebeugte Alte aufhalsen.« Es war kein Heischen nach Mitleid oder nach Aufmerksamkeit und auch keine Entschuldigung. Sie sagte einfach, wie sie die Dinge sah.

Aamas Befürchtung, daß sie in Amerika sterben könnte, ließ eine Krankenversicherung ratsam erscheinen, die aber für eine Frau ihres Alters nur schwer abzuschließen sein würde, besonders für eine kurze Reise auf die Schnelle. Aber wir hatten die Entscheidung ja schon getroffen – oder genauer: Aama hatte es getan. Sie war zu ihrer letzten Odyssee aufgebrochen, um herauszufinden, was einer Frau beschieden sein konnte, die sich dem Schicksal anheim gab. Didi und ich mußten uns nur an sie hängen, und wir hofften, daß auch sie das gleiche mit uns tat.

Aama und Tagu hatten im Wohnzimmer geschlafen und saßen nun in einem Haufen Decken auf dem Boden und schlürften Tee. Didi war weg. Sie hatte frühmorgens ein Flugzeug nach Hongkong genommen, wo ihre Schwester Teddi lebte. Aama und ich würden nachmittags nach Bangkok fliegen, dann Didi in Tokio treffen, um dort gemeinsam ins Flugzeug nach Seattle zu steigen.

Aama bat mich um Waschwasser für ihr Gesicht, doch zuvor besprenkelte sie damit ihren Goldschmuck, um sich zu reinigen, eine für die Morgenandacht unabdingbare Handlung. Bevor sie Nepal verließ, wollte sie noch Opferungen durchführen. Mochten die Ereignisse dieses Lebens vom Schicksal vorausbestimmt sein, so hingen von Andacht und Verehrung doch vielleicht ihre Wiedergeburt und eine günstige Beeinflussung der Ereignisse des nächsten Lebens ab.

Nur Hindus durften den Pasupatinath von Katmandu betreten, einen der heiligsten Shiva-Schreine des Subkontinents. Ein Polizeioffizier patrouillierte vor dem Eingang und bewachte ihn mit der doppelten Autorität einer hinduistischen Regierung. Ich setzte Aama an dem tunnelförmigen Durchgang ab und spähte nach innen. Shivas goldener Stier Nandi, ätherisch eingehüllt vom Morgennebel und von schwelendem Räucherwerk, saß in einem magischen Bereich, der mir nie zugänglich sein würde, um sich in überschäumender Fruchtbarkeit zu ergießen. Bei dieser Ausschließlichkeit fragte ich mich, warum wohl jemand Hinduist sein wollte. Aber Hinduismus ist nicht etwas, zu dem man sich entschließt – man wird so geboren. Und doch sind alle Menschen empfindende Wesen im Reich Brahmas, des Schöpfers, und Bhagwans, der formlosen, aber allwissenden Vitalität Gottes – reine Existenz, Bewußtsein und Seligkeit.

Der Hinduismus ist der Vorgänger und Verbündete des Buddhismus, und vielen Zeugnissen zufolge bilden sie eine Einheit. Aama hatt ihren Hinduismus oder Buddhismus nie zur Schau getragen und nie davon abgelassen, denn für sie gab es keinen Unterschied zwischen ihrem Glauben und ihrem täglichen Leben sowie der Entfaltung des Dramas der Existenz. Ihre Art der Religion ist mit anderen Glaubensrichtungen nicht unvereinbar, sie ist einfach eine Beschreibung des Lebens, wie es war und wie es sein wird. Dharma – der universale Weg.

Ich wartete am Ausgang in der Nähe der *Ghats*, der Bade- und Bestattungsplätze am Bagmati-Fluß. Aama kam ruhig und erfrischt heraus. Sie ließ einige zinnoberrote Reiskörner in meine offene Hand rieseln, um den *Tika*-Segen auf die Mitte meiner Stirn zu setzen. Wortlos reichte sie mir ihre Schultertasche und ging zu den Ghats.

Sie blieb stehen und gab den Aghori Babas ein paar Münzen, nackten Yogis einer Shivasekte, die in Yoga-Asanas dasaßen. Einige rauchten Haschisch und schienen auf etwas zu warten. Ihre Körper waren mit Asche von den Verbrennungsplätzen beschmiert, um sie vor Geistern zu schützen und die Körperwärme zu stabilisieren – selbst im Winter schienen sie nicht zu frieren. Als Teil einer tantrischen Hindupraxis aßen die Aghoris gelegentlich menschliches Fleisch von den Scheiterhaufen. Aber wenn sie meditierten, sagte Aama, brauchten Aghoris keine Nahrung, denn sie haben keinen Hunger: Sie werden von den Göttern gespeist.

Sie ging die Treppen zum Fluß hinunter und stieg bis zu den Knien ins Wasser. Wie die anderen Frauen tauchte sie mitsamt ihrem Sari unter und badete. Sie drehte sich nach Südosten, schöpfte mit den Händen Wasser aus dem Fluß und ließ es von oben über das Gesicht tröpfeln: eine Gabe an Surya, die Sonne, die wie zur Bestätigung ein Loch in den Nebel brannte. Und wieder nahm sie Wasser, hob es hoch und ließ es durch die Finger rinnen, diesmal für den heiligen Fluß Ganges, in den der Bagmati mündet. Die Götter und Göttinnen sprachen fast hörbar zu ihr über Leben, Leiden, Karma und Schicksal, und sie murmelte demütig ihre Lobpreisungen. Ein paar Meter flußabwärts schwankten Bäume im Wind, und die Pagodendächer der Tempel leuchteten durch die Flammen eines Scheiterhaufens. Ein verkohlter Fuß und ein Arm ragten heraus, als hätten sie den Verwandten, die das Feuer schürten, noch etwas zuzurufen, während die Funken wie Kobolde gen Himmel stoben.

Kapitel 3

Zwei von Aamas Großneffen erwarteten uns, als wir am Flughafen von Katmandu aus dem Taxi stiegen. Sie fühlten sich unwohl in diesem riesigen Gebäude und traten von einem Fuß auf den anderen, die Hände tief in den Taschen vergraben. Zwar waren sie stolz, Aama hier verabschieden zu dürfen, und freundlich zu ihr, aber doch auch sichtlich enttäuscht: Sie glaubten, mit ihrer militärischen Ausbildung in der Polizeikapelle von Katmandu in Amerika bestimmt nützlicher sein zu können als ihre Großtante, die sich vom aktiven Leben sowieso schon verabschiedet hatte. Auch Tagu wäre gerne mitgekommen, obwohl er das nicht aussprach. Seine Schuhe und seine Armbanduhr waren nur ein schwacher Trost.

Beim Check-in wurde mein Übergepäck registriert: drei handgemachte Metallkoffer vom Basar der Blechschmiede, die nur wenige internationale Flüge überstehen. Aama griff nach meiner Hand und tastete mit dem Bambusstock auf dem glatten Boden nach Halt. Da haben wir schon die Schwierigkeiten, dachte ich; hoffentlich rutscht sie nicht aus.

Die Koffer gingen glatt durch den Zoll, wurden mit einem Kreidezeichen versehen und von den Packern auf einen ramponierten Karren gehievt. »Warum sind diese Lichter tagsüber an?« fragte Aama mit Blick auf die durchscheinenden Lichtkaros in der Decke. »Wo kommen diese Leute alle her, und wohin wollen sie? Wo ich hinschaue, sehe ich schöne Taschen, wie sie die jungen Armeerekruten mit ins Dorf bringen, wenn sie Heimaturlaub haben. Wie wird das alles geordnet?«

Ich faßte sie an der Hand. »Aama, komm hier herüber.«

Beim Sicherheitscheck für Frauen nahm eine Polizistin

Aama die Schultertasche ab und forderte mich auf, auf der Männerseite durchzugehen und sie auf der anderen Seite wieder abzuholen. Ich war schon da, als Aama grinsend hinter dem Vorhang der Kabine heraustrat.

»Die Frau, die wie ein Soldat angezogen ist, hat meine Taschen und meine Schärpe durchsucht, um festzustellen, ob ich noch irgend etwas Schweres eingesteckt habe, nachdem wir gewogen wurden. Das wurden wir doch, oder? Nein? Wie wissen sie dann, wieviel wir bezahlen müssen?« Die Zwanzig-Kilogramm-Gewichtsgrenze bei internationalen Flügen war eine Legende. In der Inlandhalle des Flughafens hatte ich Passagiere gesehen, die in abgelegene Gegenden flogen und die Gepäckregeln dadurch umgingen, daß sie all ihre Kleider am Leib trugen und jede Tasche mit Meißeln, Hämmern und sonstigen Gebrauchsgegenständen vollgestopft hatten.

Ich versicherte mich, daß ich unsere Pässe und Tickets nicht verlegt hatte, was nicht ungewöhnlich gewesen wäre. Der Trubel und Lärm der Paß- und Zollkontrolle verklangen, als wir in die Transithalle kamen. Wir waren ein seltsames Paar, wie es schlechter nicht hätte zusammenpassen können, was Größe, Hautfarbe und Alter anging. Die Leute mochten denken, was sie wollten. Technisch hatten wir Nepal verlassen, und unser Flug war schon aufgerufen worden.

Wir quetschten uns durch die enge Terminaltür und gelangten auf die Rollbahn, behängt mit Handtaschen, Kameras und Aamas Bambusstock. Ihre Augen glänzten vor Aufregung. Sie drückte die Lippen aufeinander und öffnete sie dann leicht, um ihre Eindrücke in Worte zu fassen, wenn eine Szene ihre Aufmerksamkeit so lange gefesselt hatte, daß sich ein vollständiger Gedanke bildete. Ich führte sie zu einem Sitz im Transitbus. Warum das Flugzeug so klein sei, fragte sie – und ob ich auf der ganzen Reise stehen müsse.

»Das ist nicht das Flugzeug«, antwortete ich und fühlte, wie sie meine Hand fester drückte. »Es ist der Bus, der uns zum Flugzeug bringt.«

»Haben wir eine Fahrkarte für den Bus gekauft?«

»Nein, das brauchen wir nicht.«

Wir traten auf die Rollbahn und standen vor dem langen Treppenaufgang aus Metall, der ins Hinterteil des Airbus der Thai Airlines führte. Angesichts des Riesenvogels wurden wir zu Zwergen. Dies war das erste Düsenflugzeug, das Katmandu anflog, noch bevor der Flughafen über eine Gangway verfügte, die ausreichte, um an die Tür zu gelangen. Die ankommenden Passagiere mußten auf eine Holzleiter klettern, die auf der obersten Plattform der alten Treppe stand und von drei Crew-Mitgliedern festgehalten wurde.

Aama verharrte am Fuß der Treppe. Hinter uns standen in einer dichten Reihe nepalesische Geschäftsleute, Bürokraten, Touristen und braungebrannte Trecker, die noch immer ihre Wanderstiefel anhatten und Rucksäcke trugen. Sie reckten die Hälse, um Aama sehen zu können. Sie löste ihre Hand von meiner, beugte sich zum Boden und legte ihre Handflächen auf die unterste Stufe, hob die Hände und berührte die Stirn mit den Fingerspitzen. Sie wiederholte das zweimal und sprach dabei ein Mantra, kaum hörbar im Lärm der laufenden Flugzeugmotoren, die uns zur Eile antrieben. Dann sprach sie eine Invokation, um unsere Unternehmung zu segnen.

»Hare Om, bitte segne mich, meinen Dharma-Sohn und all die Menschen, die uns auf dieser langen Reise begleiten, denn ich gehe in Unwissenheit dessen, was mir bevorsteht. Falls ich an einem fremden Ort sterben sollte, mögen dort die nötigen Zeremonien für meinen Körper und meine Seele vollzogen werden. Mögen alle meine Verwandten und Bekannten Frieden finden. Im Namen meiner Ahnen, *Hare Om*.«

Aufrichtigkeit und Entschlossenheit drückten sich in ihrem Griff aus, als wir die Stahltreppe hinaufkletterten. Als junger, heranwachsender Frau war ihr klargeworden, daß die Industrialisierung, die irgendwo vor sich ging, die Menschen tief beeinflußte. Sie und ihre Freunde hatten zunächst gedacht, ein Flugzeug sei Garuda, der Adler mit dem menschenähnlichen Kopf, das heilige geflügelte Fahrzeug von Vishnu, dessen Name Aama trug. Später erfuhren sie, daß Flugzeuge von Menschen gelenkt wurden und dazu da waren, Menschen zu transportieren, ohne daß dafür ein Wunder bemüht werden mußte – sofern man die Tatsache des Fliegens nicht als solches ansah.

Aama betrat eine neue Welt. Ich fuhr nur nach Hause oder glaubte das jedenfalls. Das Innere des Flugzeugs fühlte sich wie ein eigenartiges Niemandsland zwischen Kulturen und Kontinenten an. Ich überließ Aama den Fensterplatz. Sie freute sich, am Rand zu sitzen, denn dort bekämen wir frische Luft, wie sie meinte.

Sie schaute mich fragend an. »Warum hat dir die Flugzeugfahrerin an der Tür die Fahrkarten zurückgegeben? Waren sie nicht in Ordnung?«

Aama nahm die Kabine in Augenschein, während ich ein paar Minuten meine Augen schloß, mich dem Schwebezustand zwischen Vergangenheit und Zukunft anheim gab und den Streß meiner Arbeit bei der Hilfsorganisation, zu der ich zurückkehren würde, von mir abgleiten ließ.

Das Flugzeug setzte sich langsam in Bewegung, und ich sagte Aama, daß wir nun abheben würden.

»Was ist geschehen? Warum fahren wir schon los? Das Flugzeug ist ja noch gar nicht voll!« Sie muß wohl nepalesische Busse vor Augen gehabt haben, die hoffnungslos überladen werden.

Wie in Zeitlupe nahm der Airbus Geschwindigkeit auf, legte sich zurück und war in der Luft. Die Stadt verschwand hinter uns, und die mit ungezählten Terrassen übersäten Hügel des Tales kamen in Sichtweite. Ich dachte an die Arbeit, die notwendig war, um jedes dieser kleinen Felder anzulegen, zu bewässern, zu pflügen, darauf zu säen, zu ernten und die Fruchtbarkeit zu erhalten. Allein mit Handgeräten und Zugtieren hatte der Mensch das Gesicht der Erde hier unten verwandelt. Vielleicht würde der Westen eines Tages Pilgerreisen hierher unternehmen, um die lebendigen kulturellen und landwirtschaftlichen Wurzeln der Menschheit zu entdecken und von diesen Bergbauern zu lernen, wie man im Einklang mit der Erde lebt.

Aama schlief, als das Flugzeug in Bangkok landete, wurde aber von der Stille geweckt, die nach dem Abschalten der Motoren eintrat. Lethargisch durchquerten wir die Einreisehalle und näherten uns der abwärts führenden, wasserfallähnlichen Rolltreppe. Ich fand keine Zeit mehr, sie in aller Ruhe darauf vorzubereiten.

»Diese Treppe hier bewegt sich, und wir treten jetzt darauf und fahren nach unten«, erklärte ich noch hastig, als sei das etwas ganz Normales, »und zwar im Stehen.« Sie hätte ja auf andere Gedanken kommen können. »Gib mir deinen Stock, ich halte diese Hand, und die andere legst du auf das rote Geländer, das mitfährt.« Ich trat auf die Rolltreppe, drehte mich zu ihr um und packte sie an den Armen. Aber sie begriff nicht, was hier vorging, und sträubte sich. Mit einem Satz sprang ich zurück nach oben, um zu vermeiden, daß wir beide hinfielen.

»Okay, dann *gehen* wir eben«, sagte ich bestimmt, wohlwissend, daß Angst nicht ihre Sache war – noch nie hatte ich diese Reaktion bei ihr gesehen. Sie machte einen entschlossenen Schritt auf die Überholspur der Rolltreppe, und prompt fielen die knapp achtzig Pfund Körpergewicht nach hinten, während sich Aamas Füße nach vorne bewegten. Ich zog heftig an ihren Armen, um ihren Schwerpunkt wieder über die Beine zu verlagern. Sie grinste wie ein Kind, das der Vater zum Spaß fallen läßt und kurz vor dem Boden auffängt.

Das ist gerade noch mal gutgegangen, dachte ich und schaute auf ihre Füße. Nur die Fersen ruhten auf der Stufenkante, der Rest ihrer Füße schaute in die Luft. Ich wollte sie sicherer hinstellen, da setzte sie sich in Bewegung.

»Also, dann geh«, sagte sie. Jetzt fordert sie *mich* auf zu gehen. »Warum stehen wir hier noch?«

»Wir müssen nicht gehen, die Treppe nimmt uns mit.«

»Ja, aber – wenn wir nicht losgehen, kommen wir nie an.«

Ich deutete nach unten, wo die Leute gelangweilt mit Gepäckwagen herumstanden und darauf warteten, ihre Koffer und Taschen vom Rand aufzuklauben, und teilte ihre Sichtweise, daß der Boden zu uns heraufstieg.

Beim Übergang auf den festen Boden fiel sie nach vorne, und ich fing sie wieder auf.

»Meine Füße sind in den Schuhen nach vorne gerutscht und haben meine Zehen zusammengedrückt«, sagte sie und schaute wie ein junges Mädchen zu mir herauf. Mit dem allmählichen Schrumpfen ihrer winzigen Gestalt hatte sich vielleicht auch die Größe ihrer Füße verringert, seit sie ihre abgenutzten indischen Stoffturnschuhe zum letztenmal getragen hatte, oder die Füße waren durchs Barfußgehen und Klettern über Felsen und auf Bäume breiter geworden. Jedenfalls konnte man an der Ferse gut einen Finger hineinstecken, und die Schuhe schlappten leise, als wir uns von der Rolltreppe entfernten.

In unserem Zimmer im Flughafenhotel trank ich nur noch ein Glas Wasser, stellte fest, wo sich die Lichtschalter befanden, und fiel ins Bett. Irgendwann, zu einer zeitlosen Nachtstunde wachte ich auf. Aama war nicht im Zimmer. Nur ein paar Falten auf der Überdecke des anderen Bettes zeigten, wo sie sich zusammengerollt hatte. Ich lag ruhig da und lauschte auf Geräusche aus dem Bad. Leise kam sie ins Zimmer zurück mit weit geöffneten Augen.

»Da drin ist noch eine andere Gurung-Frau«, sagte sie flüsternd, als wollte sie die Frau nicht stören. Sie winkte mich zur Tür, vergewisserte sich, daß ich wirklich hinter ihr stand, spähte hinein und trat langsam vor. Ein hell beleuchteter Spiegel spannte sich über die ganze Breite der beiden Waschbecken. Sie starrte mutig hinein, diesmal mit mehr Zutrauen als beim erstenmal. Je mehr die Frau im Spiegel lächelte, desto breiter grinste Aama zurück – in einer Wechselreaktion, die ihre Gesichtszüge beinahe explodieren ließ. Selbstverständlich hatte sie sich jetzt im Spiegel erkannt, aber es war ganz einfach ein Schock, sich in dem fluoreszierenden Licht unverhüllt entgegenzutreten, nachdem wir in den letzten 24 Stunden fast nur hellhäutige, merkwürdig gekleidete Ausländer gesehen hatten. Diesen Realitätstest kannte ich gut. Wenn ich mich nach einem monatelangen Aufenthalt in einem nepalesischen Dorf plötzlich in einem Spiegel sah, war ich verblüfft, wie unnatürlich weiß, groß und unvorteilhaft ich aussah. Meine blauen Augen schienen flach und wäßrig und leicht zu durchschauen.

Ich dachte an Didis Augen, die blauer waren als meine; sie schillerten weich wie die eines Babys. Es schien lange her zu sein, seit wir Katmandu verlassen hatten, und ich freute mich darauf, sie wiederzusehen. Dann tauchten in meinem Geist Bilder von jener anderen Frau auf, der ich wahrscheinlich in den Vereinigten Staaten begegnen würde.

Aama hielt im Flugzeug ein Nickerchen, während ich in Tokio ausstieg, um in der Transithalle nach Didi zu suchen. Eine Amerikanerin sprach mich an, als ich in die Halle trat. Sie war mir auf unserem Flug von Bangkok aufgefallen.

»Entschuldigen Sie, aber warum fährt diese alte Frau in die Vereinigten Staaten?« erkundigte sie sich.

»Sie hat dort Geschäfte zu tätigen, die sich mit Fax einfach nicht bewerkstelligen lassen«, erklärte ich im Tonfall eines Roadmanagers, aber meinen Worten haftete die Zeitverzögerung an, und sie klangen, als würden sie durch eine Klopapierrolle gesprochen. Die Dame lachte trotzdem, und ich erzählte ihr Aamas Geschichte beziehungsweise einen Teil davon, während ich mit den Augen nach Didi suchte. Die Frau lächelte und wünschte uns aufrichtig Glück, eine Art amerikanischer Segen. Aber aus irgendeinem Grund war ich nervös.

Didi saß mitten in einer Gruppe Japaner und wippte lässig mit dem übergeschlagenen Bein. Ihre blonden Haare hatte sie zu einem lockeren Knoten zusammengesteckt, und sie trug ein schickes weißes Kleid. Wir küßten uns flüchtig, und ich setzte mich neben sie. Mit einem schwesterlichen oder vielleicht mütterlichen Ausdruck sagte sie, ich sähe so aus, als könnte ich etwas Hilfe brauchen, jedoch ihr Blick drückte noch etwas anderes aus als Mitgefühl. Ich lächelte und zuckte mit den Schultern. Ihr Gesicht war entspannt, aber nachdenklich – irgendwie unentschlossen, als könnte sie die Begeisterung für unser Abenteuer nicht ganz teilen.

»Wie geht es deiner Schwester?« fragte ich und versuchte einen offenen, persönlichen Ton anzuschlagen.

»Teddi ist okay. Ihr Geschäft läuft gut. Sie wird in ein paar Tagen 38 Jahre alt und sagt, sie würde gerne heiraten und Kinder bekommen, aber sie hat zur Zeit keinen Freund.« Ich wunderte mich über Didis unverschnörkelte Mitteilung. Sie sagte, sie habe ihre Schwester gedrängt, einen hohen tibetischen Lama in Nepal per Fax um ein *Mo* zu bitten, eine Weissagung, um etwas über ihre Zukunft zu erfahren und ihre Aussichten auf eine feste Beziehung. Doch Teddi hatte bereits eine bekannte Wahrsagerin konsultiert, eine Engländerin, die in einer Wohnung in Kowloon arbeitete. Bei ihrer letzten Sitzung hatte Teddi einen Termin für Didi vereinbart, und Didi war tags zuvor bei ihr gewesen. Ich fragte Didi nicht nach dem Resultat dieser Sitzung, aber ich spürte in ihr eine neue Entschlossenheit, eine neue Kraft, die vermutlich ebenso von der intensivierten Suche der Schwester nach einem verläßlichen Partner hervorgerufen worden war wie von den Worten der Hellseherin.

Ich gab mir Mühe, durch Komik die Spannung etwas zu lösen. Sie hätte Geld sparen können, meinte ich, wenn sie den »streng wissenschaftlichen elektronischen Wahrsager« in Katmandu konsultiert hätte, der mit einem Aluminiumwagen durch die Straßen zieht, auf dem ein uralter Fernseher steht. Ich erzählte ihr, wie ich eine Rupie gezahlt und meine Hand auf die Maschine gelegt hätte. Farbige Lichter leuchteten auf, ein Wecker klingelte, die Nadel eines Voltmeßgeräts zuckte, und die Maschine produzierte Piepgeräusche aus dem All, bevor sich eine Stimme über einen abgegriffenen Kopfhörer vernehmen ließ: »Sie sind ein glücklicher Mann und werden viele Kinder haben, aber erst nach erheblicher Mühe und Leid...« Auf einem handgeschriebenen Schild an der Seite des Apparats war zu lesen: »Wie oft Sie auch zuhören, die Maschine sagt Ihnen die Wahrheit über Sie.« Angesichts des Satzes über den Kindersegen war ich mit einem einzigen Mal bedient – aber das sagte ich nicht laut.

Didi blies die Luft durch die Nasenlöcher. Ihr Blick war auf den Boden geheftet, und sie wartete darauf, daß ich zu Ende käme. »Jedenfalls hat die Hellseherin bestätigt, was mir der tibetische Lama in Nepal auch schon gesagt hatte«, meinte sie, ohne aufzuschauen. Ich brauchte einen Augenblick, um meine Gefühle unter Kontrolle zu bekommen und wie beiläufig zu sagen:

»Ich wußte gar nicht, daß du den Lama um Rat gefragt hast.«

»Ich habe ihn nicht um Rat gefragt. Ich war bei einem Morgenteaching über buddhistische Philosophie und holte mir hinterher seinen Segen. Er hat mir in die Augen geschaut und ein paar Worte gesprochen, die mit dem übereinstimmten, was mir seit einiger Zeit im Kopf herumging.«

Wir saßen still nebeneinander und horchten auf die weibliche Stimme aus dem Lautsprecher, die in einem monotonen Singsang Ansagen auf japanisch machte.

»Teddi sagte auch, daß es für mich vielleicht geschäftliche Möglichkeiten in Hongkong gibt, falls ich daran Interesse hätte, und daß ich eine Weile bei ihr wohnen könne.« Didi war nur ein Jahr jünger als Teddi.

Mit einem unbehaglichen Gefühl stand ich auf und ging zur Toilette. Ich hatte diese Veränderung in Didis Einstellung nicht erwartet, dieses Loslassen. Wieder einmal typisch, daß sie die Dinge durcheinanderbrachte, wenn sie gerade anfingen, glatt zu laufen. Aber ich habe auch andere Möglichkeiten, verdammt nochmal, redete ich mir ein, mich auf meinen Stolz besinnend, während ich meine Hemdzipfel in die Hose steckte. Ich konnte sie genauso im ungewissen lassen wie sie mich, wenn es denn sein sollte. Wer weiß, wie Didi Amerika aufnehmen würde; vielleicht würde sie sich zurückziehen, sich verändern und irgendwie komisch werden. Wir würden möglicherweise mit Freunden zusammentreffen, die ihre Karrieren vorangetrieben hatten, während wir als Heimatlose in der Weltgeschichte herumschwirrten in einem Zustand, der sich manchmal wie Scheintod anfühlte. Oder Ausweichen.

Ein Testlauf für uns beide schien mir das Richtige zu sein –

besser als Heirat. Zu viele Abenteuer lagen noch vor mir und zuviel Arbeit, so glaubte ich, um Zeit mit der Feineinstimmung von etwas so Ungreifbarem zu verschwenden, wie es eine Beziehung ist. Ich fragte mich manchmal, ob Didi und ich einfach aus Gewohnheit zusammen waren und weil wir jemanden brauchten, an dem wir uns in der Fremde festhalten konnten.

Didi war verständlicherweise mir gegenüber zurückhaltend und frustriert. Ich wäre ja bereit gewesen, mich mehr um unsere Beziehung zu bemühen, aber ich wollte, daß sie vorher meine Zuneigung zu Aama teilte. Sie war hilfsbereit und freundlich mit Aama, aber nicht besonders warm.

Ohne böse Absicht konnte Aama, wie andere alte Menschen auch, halsstarrig und fordernd sein, und hierfür brachte Didi wenig Geduld auf. Traditionell hat die Schwiegertochter ihrer Schwiegermutter Achtung und Ehrerbietung zu erweisen. Dabei ist es üblich, daß die Schwiegermutter kritisiert, ganz egal wie sorgsam die junge Frau ihre Pflichten erfüllt. Didi konnte diese gesellschaftliche Rollenverteilung akzeptieren und sich daran halten, solange sie in einem Dorf in Nepal war. Aber jetzt verlangte dieses Protokoll von der Schwiegertochter, der Frau des Lieblingssohnes, daß sie die Verantwortung und Fürsorge für Aama während ihres Aufenthalts in den Vereinigten Staaten übernahm – eine unbehagliche Rolle für ein Mädchen aus Kalifornien, das keine Ehefrau war und sich nicht so fühlte.

Doch das war noch nicht alles. In Katmandu hatte sich zwischen Aama und Didi eine gewisse Spannung aufgebaut, eine unterschwellige Rivalität, die sich über die Körpersprache, den Ton der Stimme und andere Kanäle ausdrückte, auf die ich mich nicht einstimmen wollte. Beide waren nicht davon überzeugt, daß die andere Frau das verkörperte, was ich brauchte.

Als Didi und ich unsere Sitzreihe im Flugzeug gefunden hatten, war Aama wach, aber schläfrig. Sie schaute zu Didi auf und lächelte erstaunt.

»Warum hast du dich die ganze Zeit im Flugzeug versteckt?«

»Wir sind in Japan, Aama«, sagte Didi sanft.

»Du meinst, das Flugzeug ist auf dem Boden?«

Didi blieb stehen und betrachtete Aama mit einer Liebenswürdigkeit und Wärme, die mich überraschte. Sie fragte mich, ob ich mir darüber im klaren sei, daß wir ein willkommenes, aber unerwartetes und vollkommen abhängiges Kind in eine neue Welt brachten. Didi wußte, wovon sie sprach: Sie war von der älteren Hälfte von dreizehn Brüdern und Schwestern aufgezogen worden und mußte sich ihrerseits um die jüngere Hälfte kümmern – Katholiken! »Auch wenn du dich nicht mit allen verträgst«, hatte sie mir gesagt, »so liebst du sie doch bedingungslos.« Sie schloß Aama in diese unfangreiche Familie mit ein, und es schien, als flösse ein Geist herzlichen Vertrauens zwischen den beiden.

Einen Augenblick lang streifte mich der Gedanke, daß Didi vielleicht Aama auf ihre Seite ziehen wollte und bei ihr jene Unterstützung suchte, die ich ihr nicht ausreichend geben konnte, um im Verein mit ihr das durchzusetzen, was sie anstrebte. Aber dieser häßliche Verdacht verflüchtigte sich, als Didis blaue Augen weiter auf Aama ruhten mit einer Liebe und einer Zutraulichkeit, wie sie sie mir noch nicht gezeigt hatte und die sie vielleicht für einen anderen Mann, einen Ehemann, aufsparte. Ich hatte das noch nie an ihr gesehen – aber da war es. Aama schaute zu Didi hoch und ließ sich von ihrer Zärtlichkeit umhüllen – ein willkommener Ersatz für Tiere, Felder und Familie.

Zwei Stewards schoben einen Wagen an uns vorbei, auf dem sich die Abendessentabletts türmten, und bald hatte jeder von uns eines vor sich stehen. Aama hob staunend die Hände mit gespreizten Fingern nach oben. »Nein, diese Farben, und alles ist einzeln eingepackt, ... es muß wohl alles ein Traum sein.«

Didi half ihr, die Plastikfolien zu entfernen, und Aama probierte von jedem Stück einen Bissen, um zu entscheiden, auf was sie sich zuerst einlassen wollte. Nachdem sie das Besteck beiseite gelegt hatte, aß sie alles ratzekahl auf. Didi bemerkte, daß Aama auf ihren Kuchen schielte, und gab ihn ihr. Auch der verschwand im Nu, und sie nahm mein Tablett und dann mich ins Visier.

»Du hast deinen Kuchen schon gegessen«, stellte sie ohne besondere Betonung fest.

»Natürlich habe ich das. Ich dachte, daß du ihn mir vielleicht wegschnappen könntest. Hat es nicht gereicht? Schau nur deinen Bauch an.«

»Hunnh«, seufzte sie und betrachtete ihre Schärpe, die drei Meter lange *petuka*, die Bergfrauen tragen, um ihren Rücken zu stützen, wenn sie arbeiten und schwere Lasten tragen. Es schien, als habe sie einen Fußball verschluckt. »Mein Magen tut weh, wenn er voll ist, weil ich nicht weiß, wie man das Band an meinem neuen Unterrock lockert. Aber ich muß es zu lassen, sonst könnte er herunterrutschen. Vielleicht esse ich viel, aber für uns Alte ist es schwer, Fleisch auf den Knochen zu behalten.« Sie hob ein Butterpäckchen hoch, untersuchte es, ließ es in ihrer Schärpe verschwinden und grinste uns an. »Ihr findet es wohl komisch, daß wir solche Sachen nicht in unserem Dorf haben.« Didi betrachtete sie wie eine Mutter ihr Kind und fragte sich, wo der kleine Gegenstand wohl wieder auftauchen würde und in welchem Zustand.

Es war noch ein reifer Pfirsich übrig, den sie langsam verspeiste. Sie lehnte sich zurück, ließ die Zunge im Mund kreisen und warf den Kern geistesabwesend Richtung Fenster der 747 in 12000 Meter Höhe. Er prallte gegen das durchsichtige Plastikglas und sprang zurück in ihren Schoß. Zu Didi gewandt fragte sie: »Kannst du das Fenster öffnen und das hinauswerfen?«

Mitten in der Nacht, hoch über dem Pazifik, geriet der Jet in schwere Turbulenzen. Er erzitterte, sackte durch, ruckte hin und her. Wir konnten keinen Zweifel mehr daran haben, daß wir uns in einem Käfig, vollgestopft mit Menschen, hoch in der Luft befanden und durch den dunklen Raum geschleudert wurden. Angst machte sich in der Kabine breit. Die Passagiere stellten ihre Drinks auf den Boden, schnallten die Sicherheitsgurte fest und klappten die Tische zurück. Ich suchte nach

Gelassenheit in den Gesichtern der Flugbegleiterinnen, doch auch sie schienen besorgt zu sein.

Aama erzählte von einer Unterhaltung mit ihren Verwandten über den Büffelstall, der eines Nachts vom Sturm umgeweht worden war, vor 35 Jahren.

»... Habe ich dir das schon erzählt?« Sie wollte keine Einzelheit auslassen. »Auf dem Weg nach unten beschädigten die Bruchstücke die Ecke an meinem Haus, und jemand kam rübergelaufen und sagte ...«

»Merkst du eigentlich nicht, was sich hier abspielt?« unterbrach ich sie. Allem Anschein nach machte sie sich überhaupt nichts daraus, daß wir wie eine Streichholzschachtel herumgewirbelt wurden. Wenn jemand nicht gesagt bekam, daß Fliegen gefährlich ist – vielleicht war es ihm dann überhaupt nicht bewußt. Ich versank in einem intensiven, toxischen Zustand von Todesangst, der sich weder durch Didis harten Griff nach meiner Hand noch durch die buddhistischen Lehren zur Vorbereitung auf den Tod besserte.

»Die Gurkha-Jungens haben gesagt, so ist das in Flugzeugen«, meinte Aama. »Wie das Busfahren. Manchen Leuten macht es was aus, ihnen wird schlecht, und sie übergeben sich, aber ich nicht. Ich habe keine Angst vor der Höhe und auch nicht vor dem Fliegen. Ich fürchte mich nur davor, daß ich beim Gehen hinfallen könnte.«

Didis Augen begegneten den meinigen, und wir tauschten einen schweigenden Blick aus. Wir müssen uns an ihr festhalten; vielleicht fallen wir alle zusammen vom Himmel, und dann brauchen wir uns keine Sorgen mehr darüber zu machen, daß Aama auf einem Gehsteig hinfallen könnte.

»... Und so habe ich mich entschieden, den Stall nicht am selben Platz wiederaufzubauen, sondern statt dessen das Haus zu reparieren. Das ist aber auch schon wieder abgerissen, und mit den alten Steinen haben wir das neue gebaut. Jedenfalls hat mir mein Bruder gesagt ...«

Der Sturm ging vorüber. Didi deutete zum Horizont im Osten, wo sich ein schmaler Streifen orangefarbenen Lichts in

Regenbogen von stratosphärischen Eiskristallen brach. Die 747 tauchte in den Sonnenaufgang und überflog an der nordwestlichen Ecke des Bundesstaates Washington die Grenze zu den Vereinigten Staaten. Warmes Sonnenlicht fiel in Streifen an die Kabinenwand, während das Flugzeug nach Süden abdrehte und unter uns in der strahlenden Morgensonne Kaskaden von Berggipfeln auftauchten.

»Das ist unser Himalaja, unser ewiger Schnee«, erklärte ich Aama.

»Die Berge sehen aus wie Heuhaufen, die wir bei unseren Häusern aufschichten.« Sie lehnte sich ans Fenster, um die großartige Szenerie in sich aufzunehmen, allein mit dem Flugzeug, dem Himmel und der Erde. Leise sprach sie mit sich selbst: »Was geschah mit den Planeten am Tag meiner Geburt, daß ich jetzt hier bin? Was war an diesem Tag anders? Wie wird es sein, und wo werden meine Gedanken sein im Augenblick meines Todes?«

Mit Asien hinter und Amerika vor uns verließen Didi und ich das Exotische, während es für Aama umgekehrt war. Für uns bedeutete Amerika Vertrautheit und Bequemlichkeit, allerdings ließ sich auch eine gewisse Beklommenheit nicht verhehlen. Konnten wir mit dem Tempo und dem Professionalismus Amerikas, mit seinem Wortwörtlichnehmen ohne weiteres wieder Schritt halten? War unsere kritische Einstellung zu unserem Land vielleicht vor allem ein Symptom für unsere Angst, uns mit dem auseinandersetzen zu müssen, was wir durch das Leben im Ausland vermieden hatten?

Ich suchte Zuflucht in Gedanken über das, was Asien uns gelehrt hatte: daß Glück und innerer Friede – bei aller Unerreichbarkeit – kein Produkt von äußeren Ereignissen oder der Erziehung sind. Was uns als Menschen ausmacht, sollte letztlich unabhängig davon sein, wo wir uns befinden.

In Amerika würden wir nicht mit so vielen merkwürdigen Paradoxa konfrontiert sein. Als würde sie auf meine Gedanken antworten, sagte Didi: »Ich mag das Chaos und die Verrücktheit in Asien.« Als wir zur Landung auf dem Flughafen Seattle-

Tacoma ansetzten, kam mir in den Sinn, wie ich einmal nach Pokhara in Westnepal geflogen war auf dem Weg zu Aama und mich mit einem jungen Sherpa-Piloten unterhalten hatte, während wir auf der Graslandebahn standen und darauf warteten, daß die Leute vom Bodenpersonal unser Gepäck entluden. Aber statt dessen fuhren sie Gepäckwagen voller Koffer zur Maschine für den Rückflug nach Katmandu.

»Warum laden sie nicht zunächst unser Gepäck aus, das wir aus Katmandu mitgebracht haben, bevor sie wieder für den Rückflug einladen?« fragte ich den Piloten.

»Pokhara hat nicht genug Gepäckwagen«, lautete die Antwort. »Wir müssen zuerst einladen, um die Wagen zu leeren.«

Amerikas Pünktlichkeit und Voraussagbarkeit würden unsere Reiseplanungen nach Kalifornien erleichtern, sofern wir überhaupt so weit kamen. Man konnte einfach telefonieren. Den ganzen Tag über gab es Wasser und Elektrizität von gleichbleibender Qualität. Die Menschen hielten sich an die Bedingungen einer Kultur, die auf Effizienz ausgerichtet war. Der Kapitalismus funktionierte. Ich fragte mich, ob Aama wohl spüren würde, auf was das Ganze beruhte beziehungsweise was ihm fehlte. Sie war gut dafür ausgerüstet, den Zustand dieses Landes vorurteilsfrei in Augenschein zu nehmen. Ihre Sichtweise wurde nicht dadurch beeinträchtigt, daß sie dringend Arbeit finden, sich eine Karriere aufbauen oder für sich und ihre Nachkommen die Existenz sichern mußte wie die wachsende Zahl der Einwanderer in diesem Land. Sie hatte keine Pflichten.

Aama stützte in der Einreisehalle die Arme auf den Tresen des Paßbeamten und erforschte den Mann samt seiner Umgebung mit den Augen wie Finger, die Blindenschrift lesen. Der Beamte blätterte unsere Pässe durch, ohne Fragen zu stellen. Aber Aama erkundigte sich bei ihm nach seiner Nationalität und ob er Kinder habe.

Ich war enttäuscht, daß mein Vater und meine Stiefmutter uns nicht abholen konnten, weil sie verreist waren. Aber als wir aus dem Zoll kamen, sahen wir unsere Freunde, Mrs. Withington und ihre Tochter Tori, in der Ankunftshalle hinter der Absperrung, wie sie uns mit kleinen US-Fähnchen zuwinkten.

In Katmandu war dic amcrikanischc Flaggc innerhalb der bombensicheren Abgrenzung der US-Botschaft aufgepflanzt; sie wehte an einem glatt lackierten Pfahl, den ein Adler krönte, und symbolisierte Macht und hochentwickelte Technologie. Jetzt, neben Tori und Mrs. Withington, repräsentierte das Fähnchen etwas anderes: Es war das Symbol für Zuhause. Mrs. Withington holte einen durchsichtigen Plastikbehälter mit Schokoladenkeksen aus ihrer Tasche, genau jene, die Tori schon vor zwanzig Jahren bei Wochenendausflügen dabeigehabt hatte – die Lieblingskekse. Aama schob die Lippen vor und schaute mit einem hungrigen und zustimmenden Blick zu Mrs. Withington auf.

Draußen vor dem Terminal trug mir die warme Luft die Gerüche von Douglastannen, Papiermühlen und einer Stadt am Meer zu. Aama atmete die Frische einer jungen Welt ein. Auch sie schien zu Hause zu sein – und jung.

»All meine Verwandten und Freunde sind vor mir gestorben. Ich konnte nicht sterben, wie es sich für eine alte Frau gehört hätte. Es war der Wille der Götter und des Schicksals, daß ich noch lebe, damit ich nach Amrita gebracht werden konnte, und jetzt stehe ich hier mit meinem Dharma-Sohn und meiner Schwiegertochter.«

Kapitel 4

Mit zurückgelegtem Kopf, den Jetlag in den Knochen, betrachtete Aama aus dem Fenster des Autos, das uns ins Zentrum von Seattle brachte, die vorüberziehende Landschaft. Von der Autobahn, die von oben in die Stadt mündete, hatten wir einen grandiosen Blick auf die futuristisch anmutende Stadt.

»Haré, Haré«, murmelte sie voller Staunen und Ehrfurcht halblaut vor sich hin, das Mantra zur Anrufung Vishnus. Didi, Tori und Mrs. Withington saßen vorne und tauschten Neuigkeiten und Erinnerungen aus, während sie gelegentlich einen Blick auf Aama warfen. Ich hatte mich zwischen Aama und das Gepäck geklemmt und konnte nur mühsam einen Platz für die Füße finden. Wir nahmen die Ausfahrt zur Third Avenue und fuhren langsam an eine rote Ampel heran.

»Bauen sie diese Stadt gerade erst auf?« fragte Aama. »Das ist ja alles neu hier. Die Leute sind wohl noch gar nicht eingezogen.«

Hmm. »Warum meinst du das?« fragte ich sie.

»Wo sind denn die Menschen? Ich sehe nur Autos und Zement und hohe Gebäude. Wenn hier Leute wohnen würden, dann wären sie doch draußen auf den Straßen, und es gäbe Verkaufsstände, um die sich die Leute drängen.« Natürlich – selbst in einem kleinen Marktflecken – in den Bergtälern von Nepal wimmelt es von Menschen.

Tori fand einen Parkplatz und brachte die Sicherheitsvorrichtung an ihrem Wagen an. Vollgepackt mit Taschen und Koffern folgten wir Tori in ihre Stadtwohnung.

Endlich wieder Ruhe nach dem Dröhnen der Flugzeugmotoren und dem Lärm auf dem Flughafen und der Autobahn, der uns noch in den Ohren nachhallte. Aama streckte sich auf dem eleganten Sofa des Studios aus und beobachtete durch ein Dachfenster ein Stückchen Nordwesthimmel. Unter dem grünen Baldachin zweier tropischer Hartholzpflanzen hätte man meinen können, man befände sich in einem Wald.

»Das sieht nach einem guten Futterbaum aus. Werden die Zweige gestutzt?« fragte Aama, die infolge des Jetlags ihre Augen kaum mehr offenhalten konnte.

»Nein, nur wenn sie zu groß werden für das Zimmer.«

»Deine Freunde halten also keine Tiere?«

Tori brachte ein Tablett mit auf nepalesische Art zubereitetem Tee herein, sehr stark und mit viel Milch und Zucker, um ihn nahrhaft zu machen. Didi packte einen Koffer aus, und ich blätterte in einem Notizbuch. In einer anderen Ecke des Lofts telefonierte Toris Mann Bill und machte anscheinend irgendeinen Deal klar. Zwei weitere Gäste, die mit Bill an einem Fotoprojekt arbeiteten, werkelten an einem großen Tisch herum. Aama schlürfte ihren Tee und schaute zwischen uns hin und her in dem Versuch zu verstehen, wie unsere Aktivitäten wohl zusammenhingen. Schon fühlte ich mich wieder als Gefangener einer Kultur, in der die Sandkörner eines Stundenglases gekauft, verkauft, getauscht und oft verschwendet werden. Und wir waren doch gerade erst angekommen.

Wie ein vorsichtiger Archäologe ging Aama auf Entdekkungsreise und erforschte die Wohnung. Tori zeigte ihr den elektrischen Herd, und Aama fuhr mit der Hand langsam über die Metalloberfläche, um die unbekannten Gegenstände mit dem Tastsinn zu begreifen. Wie würde sie wohl angesichts des mühelosen Betriebs eines modernen Herds die lebenslange Plackerei mit Brennstoff empfinden, das Sammeln von Kuhfladen, von knorrigem, feuchtem Feuerholz, das Kleinhacken, das ewige Blasen beim Anzünden?

»Der Ofen muß wohl so groß sein, um den ganzen Brennstoff aufnehmen zu können«, vermutete Aama. »Wenn du mit dem Kochen fertig bist, mußt du das Feuer dann löschen, oder brennt es von selbst herunter?«

Tori drehte einen Knopf und führte das Gerät wie in einer Werbeveranstaltung im Fernsehen vor. Aama studierte die hellrote Heizschlange unter der Platte. Wunderbar, aber zu einfach, schien ihr Mienenspiel auszudrücken. Tore drehte den Wasserhahn auf und griff nach einem Topf. Aama kam näher, um zu beobachten, wie das Wasser in die Spüle lief.

»Habt ihr oben am Berg eine Quelle, oder tragt ihr das Wasser zu einer Zisterne auf dem Dach?«

»Unter der Erde ist die ganze Stadt mit Wasserröhren durchzogen, und so fließt das Wasser von allein in die Wohnung«, antwortete ich für Tori. »Sie müssen dafür bezahlen.«

Aama suchte Bestätigung bei Tori. »Kommen dann alle Leute aus der Stadt hierher, um ihre Wasserkrüge zu füllen?« Ich wollte schon antworten, doch Aama fielen die Augen zu. »Wenn es jetzt in Nepal Nacht ist, dann verwundert es auch nicht, daß ich am Tag schlafen will«, sagte sie müde.

In der Gästeecke des Lofts bereitete Didi das Bett für Aama, eine dicke Schaumgummimatratze mit Leintüchern. Sie schlug die Decke zurück und zeigte ihr das Bad am anderen Ende des Studios. Nach der Erfahrung im Flugzeug glaubten wir, sie würde die Funktion einer Toilette verstehen. Didi drückte den Spülknopf, damit Aama sehen konnte, wie das Wasser in einem Wirbel nach unten gesaugt wurde und verschwand – Trinkwasser, das dazu diente, Exkremente wegzuspülen. Didi ließ die Tür zum Badezimmer offen und das Licht an.

Die Badezimmerdemonstration war ein Signal für Aama, über die Regelmäßigkeit ihrer Verdauung zu sprechen – ein weitverbreitetes Altersproblem, wir wir feststellten.

»Blattgemüse sorgt für einen gleichmäßigen Rhythmus, aber meistens esse ich einfach das, worauf ich Lust habe oder was vor mich hingestellt wird – sogar Dinge, für die man eigentlich Zähne braucht. Es geht alles rein, und manches wird da drinnen zerkleinert und manches nicht.«

Didi brachte Aama ins Bett. Auch wir waren erschöpft und legten uns auf eine Matratze in der Nähe.

Um zwei Uhr früh wachten wir auf, weil jemand in der Wohnung rumkruschtelte. Aama lag nicht im Bett. Schritte waren im Studio zu hören und undeutliches Rascheln wie von kleinen Tieren. Sie hatte sich am Bad vorbei in den Wohnraum vorgetastet, wo die Mitarbeiter von Bill auf dem Boden schliefen. Einer von ihnen hatte das Badezimmerlicht ausgeschaltet und ihr damit die Orientierung genommen. Sie flüsterte leise vor sich hin:

»Wo ist diese Maschine, dieses Gefäß aus Knochen, in das die Leute hier im Haus urinieren? Warte... Was ist das? Warum läßt jemand ganze Haufen von Decken auf dem Boden liegen, ohne sie zusammenzufalten? Da sind ja Leute drunter! Bestimmt schlafen sie, wahrscheinlich sind es die Männer von Tori. Aber warum läßt sie *beide* Männer auf dem Boden schlafen? Oh, einer rührt sich. Er wird mich wahrscheinlich nicht verstehen. Aber was nun? Ich muß doch Pipi machen, vielleicht finde ich eine Ecke, wo es niemand merkt. Ich könnte hinfallen.«

Didi führte sie zum Bad. Aama schloß die Tür, aber ihre Selbstgespräche waren immer noch zu hören. »Wo bin ich nur hingekommen. Kann sich irgendeiner im Dorf vorstellen, daß ich jetzt hier bin?« Sie öffnete leise die Tür, und Didi brachte sie ins Bett zurück.

Eine Zeitlang waren Aama und die Stadt unter den Fenstern des Lofts still. Dann begann sie plötzlich *nirgun* zu singen, eine Art religiöses Klagelied, mit einer gutturalen, fließenden Stimme. Die Pause zwischen jeder Passage war mit klingender Leere angefüllt. Auf mich übte es eine beruhigende Wirkung aus, und ich glitt bald in eine Art Traumzustand hinüber, in dem ich weder Spannung noch Genuß empfand. Genau dies war das Gefühl von *nirgun*, eines Zustandes ohne *gurn*, das heißt ohne Form und ohne Eigenschaft.

In trauerndem Tonfall beschrieben Aamas Worte die Leere, die das Wesen unseres Intellekts ausmacht. Trotz unserer Fähigkeit, Wissen über das anzusammeln, was wir erfahren, sind wir letztlich unfähig zu erkennen, warum alles existiert und was geschehen wird; nur eins wissen wir sicher: daß alles ein Ende nimmt. Unsere Gedanken, unsere Körper und das Leben, das ihnen eingehaucht ist, sind nicht mehr als ein Tropfen Wasser auf dem Blatt einer Lotusblüte. Der Tropfen ist vollkommen in seiner Rundheit und Schönheit und reflektiert das gesamte Spektrum des strahlenden Lichts. Aber schon ein kleiner Windhauch läßt ihn herabfallen, und er wird eins mit dem Wasser darunter. Der Tropfen ist vom Wasser nicht mehr unterscheidbar und läßt nichts zurück, nicht einmal Feuchtigkeit auf dem Lotusblatt.

Während der vergangenen Monate hatte ich meinen verbeulten, zweifarbigen Ford Sedan LTD aus dem Jahr 1968 mit dem Spitznamen Straßenfeger bei einem Freund im Hof abgestellt. In der Hoffnung, daß sich das Vehikel in der Zwischenzeit von den Strapazen erholt hatte, die es durch mich erdulden mußte, schloß ich die Batterie an. Es sprang tatsächlich keuchend und spuckend an und schien erpicht darauf, nach dem Winterschlaf im regnerischen Nordwesten wieder aktiv werden zu dürfen. Auch wenn das Gefährt einmal bequem und respektabel gewesen sein mochte, so würde es auf Didi wohl keinen großen Eindruck mehr machen, da sie sich gerne gut anzog und Gefallen an einem gehobenen Lebensstil fand – Dinge, die ich großenteils für Zeitverschwendung hielt. Ich verklebte die zerschlissenen Sitze mit Klebeband und warf eine tibetische Decke darüber, der übliche Überzug von armen Leuten.

»Aama braucht bessere Schuhe«, sagte Didi unvermittelt zu mir, als ich ins Loft zurückkehrte. Sie brannte darauf, in die Stadt zu gehen und Dinge zu kaufen, die wir in Asien nicht bekommen konnten. Vom Fenster im fünften Stock schaute sie auf den Ford hinunter, den ich am Straßenrand geparkt hatte, und ich erwartete ihren Kommentar. Sie stöhnte nur leicht auf. Türkis und Elfenbein waren, das mußte ich zugeben, noch nie besonders tolle Autofarben gewesen.

Wir halfen Aama vorne in den Wagen und fuhren quer durch die Stadt zu Nordstroms Supermarkt. In der Schuhabteilung probierte sie fünf verschiedene Paare von gestylten, engen Turnschuhen an, die für jugendliche Jogger entworfen waren, deren Füße vom Säuglingsalter an in diesen Laufwerkzeugen steckten. In der Nähe waren die Damenschuhe fein aufgereiht. Sie nahm einen Stöckelschuh in die Hand, untersuchte ihn von innen und außen und klopfte mit der Absatzspitze wie ein Buntspecht aufs Regal.

»Die sehen aus wie die Schnäbel von Fischreihern, die durch unsere Reisfelder staksen auf der Jagd nach Fischen und Insekten. Diese Spitzen würden wahrscheinlich abbrechen, wenn man sie bei uns in den Bergen tragen würde – was arbeiten die Leute damit?«

Kein Schuh paßte. Bevor wir aufgaben, unternahm Didi noch einen Versuch in der Kinderabteilung und suchte ein Paar breite, weiche Bubenschuhe mit Klettverschluß in unauffälligem Blau aus.

Wir stiegen in den kostenlosen Pendelbus des Einkaufszentrums, der uns vier Blocks weiter zum Bauernmarkt am Pike Place brachte. Aama gab die Stadt noch immer Rätsel auf.

»Was ist hier los? Die ganze Zeit ist ein Geräusch da, überall, wo wir hingehen, *ngyung-ngyung-ngyung*, wie eine Mühle, die sich dauernd dreht und Korn mahlt. Verursachen die Gebäude dieses Geräusch, oder ist es der Wind, der hindurchbläst?« Sie lehnte sich gegen die Sitzgurte über Didi hinweg zum Fenster und schaute zu den Wolkenkratzern hinauf.

»Diese Häuser sind nicht gerade klein. Wie schaffen es die Leute nur, da hinaufzuklettern? Ihnen wird bestimmt schwindlig, aber sie sind ja dazu gezwungen, um zur Arbeit zu kommen. Diese ganzen Treppen! Und wie kann man überhaupt mit Holz so hohe Häuser bauen?«

»Sie sind aus Metall und Zement«, erklärte Didi.

»Gut, das hält länger als Holz.«

Vier Häuserblocks weiter stiegen wir beim Pike-Place-Bauernmarkt aus. Wir tauchten in die quirlige Menschenmenge ein und schlenderten an den Obstständen, den Topfpflanzen und

Schellfisch auf Eis vorbei. Für einen Straßengitarristen kramte Aama ein paar Münzen aus der Schärpe, als sie seinen Hut auf dem Bürgersteig liegen sah.

»Gibt es hier viele Bettler?« fragte sie.

»Ja, es gibt einige, besonders in den großen Städten. Aber die Armen betteln nicht an der Haustür. Hier werden sie über die Steuern unterstützt.«

Ein Blumenstand fiel Aama ins Auge, an dem eine Frau mit einem Strauß in der Hand gerade dem Verkäufer das Geld über den Tisch reichte. »Und sie verkaufen hier sogar Blumen!« Ihre Feststellung erinnerte mich daran, wie ich versucht hatte, ein paar Nachbarmädchen davon abzuhalten, für eine Opfergabe die letzten Ringelblumen am Rand von Aamas kleinem Garten abzupflücken. Deswegen war ich von Aama gerügt worden. Für Rituale und Opfergaben dürfen niemandem Blumen verweigert werden – im Gegenteil: Jeder soll pflücken dürfen, was er will.

Staunend schaute Aama den Leuten nach, die an ihr vorbeigingen, wobei ihr ganzer Oberkörper der Drehung des Kopfes folgte. »Die Leute hier in *Amrita* sind dick und groß. Warum wohl? Vielleicht liegt es am Essen. Es schmeckt gut, aber mir ist nichts Besonderes aufgefallen, wodurch das kommen könnte. Wahrscheinlich sind es das Obst und das Fleisch, welche die Menschen so lang machen und ihre Haut weiß.«

Manche Passanten blieben stehen und lächelten übers ganze Gesicht, entwaffnet von Aamas kindlicher Offenheit. Mit ihrem buntbedruckten Sarong und der Samtbluse paßte sie bestens zwischen die bunten Obst- und Blumenstände. Wir saßen auf einer Bank, und sie griff nach Didis Haaren. Didi öffnete sie, und Aama ließ ihre Hände behutsam hindurchgleiten; dann band sie sie wieder in einem lockeren Knoten nach oben. Zwei Frauen in meiner Nähe schienen zu fürchten, daß es hier nicht mit rechten Dingen zugehe. »Vielleicht verhext sie das Mädchen«, tuschelte die eine der anderen zu.

»Siehst du den Mann mit dem roten Gesicht?« fragte Aama. »Warum lassen hier manche Leute die Haare an der Seite und hinten stehen und rasieren oben den Kopf?« Ich dachte einen

Augenblick nach und konnte mich nicht erinnern, in Nepal je einen Mann mit Glatze gesehen zu haben. Mußte wohl an den Genen liegen.

Didi und Aama kauften Fisch und Gemüse, während ich das Auto holte. Als wir gemütlich zu Bill und Toris Wohnung zurückfuhren, fiel Didi auf, daß durch den Unterboden Staub ins Auto eindrang. »Du wirst wohl ein neues Auto auftreiben müssen, bevor wir die Stadt verlassen«, meinte sie. »Aama und ich fahren in dieser stinkenden Schrottkarre jedenfalls nicht nach Kalifornien.«

»Ich überleg's mir«, antwortete ich entgegenkommend, denn auch mir war klar, daß der Straßenfeger demnächst sein Leben aushauchen würde. Allerdings paßte es mir nicht, daß Didi sich anmaßte, für Aama zu sprechen. Es war unwahrscheinlich, daß Aama der Unterschied zwischen dem LTD und einem neueren Wagen überhaupt auffallen würde, und auf jeden Fall würde sie ein größeres Fahrzeug einem kleineren vorziehen.

Als wir einparkten, rief Bill von oben herunter, es sei jemand für mich am Telefon. Wir traten in die Eingangshalle des Lofts, und ich schaute die Treppen hinauf – vier Stockwerke! Ich atmete tief durch, kniete mich hin und forderte Aama auf, auf meinen Rücken zu klettern. Wie selbstverständlich verschränkte sie die Hände und legte sie einem Tragriemen gleich über meine Stirn. Mit einer Hand an ihrem Fußgelenk und der anderen auf dem Geländer schleppte ich sie nach oben. Aamas Stimme dröhnte hinter mir, als käme sie aus Kopfhörern. Sie flehte die Götter an, ihr begreiflich zu machen, wie es möglich sei, daß ihr ein Dharma-Sohn wie dieser zugefallen sei – einer, der sie nährte und kleidete und sie jetzt sogar auf seinem Rücken trug. Ihr Stolz verbat ihr, sich noch einmal von mir tragen zu lassen – worüber ich nicht unglücklich war: Ich konnte ohne die Last auskommen und ohne die Bewunderung.

Die Anzeige in der Zeitung von Seattle lautete: »Familienwagen. PS …, Baujahr …, bester Zustand … $ 1600«. Ich rief dort an, dann fuhren Didi und ich zu einem Vorort auf der

Ostseite des Lake Washington. Seattles Vororte waren längst größer als die Stadt selbst, eine traurige moderne Version der alten Geschichte von den Kindern, die ihre Eltern verschlingen.

Die Frau öffnete das elektrische Garagentor und tastete nach dem Lichtschalter. Didi und ich kletterten in einen rotbraunen Ford-Kombi, ausgekleidet mit einer Plastikholzimitation aus den späten siebziger Jahren. Es erübrigte sich zu fragen, warum sie verkauften, denn daneben stand eine geräumige und gepflegte Familienkutsche, eine eindeutige Verbesserung gegenüber unserer Kiste. Wir drängelten uns mit dem Kombi durch den Vorortverkehr auf die Schnellstraße zu einer Testfahrt nach italienischem Vorbild: Didi spielte mit den Knöpfen und überprüfte die elektrischen Sitze und Fenster, während ich abwechselnd das Gaspedal durchdrückte und voll auf die Bremsen trat und – ganz Ohr – mit hoher Geschwindigkeit scharfe Kurven nahm. Der Motor blieb bei seinem gleichmäßig tiefen Brummen und reagierte geschmeidig auf meine Attacken. Klang gut. Dazu gab es auf der Vorderbank noch drei Sitzgurte. Die Frau nahm einen Scheck an, und wir hatten einen *Straßenfegersohn*.

Am nächsten Morgen erzählte uns Aama, noch bevor wir richtig wach geworden waren, was sie in der Nacht gesehen und gehört hatte. Schamanen und Verwandte aus dem Dorf waren über ihre Felder gegangen. Jeder von ihnen hatte etwas zu sagen, und zwar ausnehmend Gutes. Dennoch fürchtete sie, daß sie vor ihr etwas verheimlichten. Sie streckte die Arme nach ihnen aus, aber sie gingen weg, bevor sie mehr herausbringen konnte. Auch ihre Tiere liefen vor ihr davon. Sie erinnerte mich daran, daß die Gurung schlechte Bilder in Träumen als gute Omen erachten. Ein toter Körper ist ein positives Vorzeichen, eine Hochzeit nicht. Besonders günstig ist es, Wasser in einer Kupferurne zu sehen.

Ich hatte mich in einem ähnlichen Angsttraum herumgewälzt. Mein Handgepäck war auf dem Flughafen verlorengegangen. Ich wußte genau, wo es war, konnte aber einfach nicht zu ihm gelangen.

Noch ein paar Tage, dann würden wir wieder durchschlafen. Jetzt lagen wir nachts noch oft wach, und ich versuchte Didi von einer wissenschaftlichen Untersuchung zu überzeugen, der zufolge Sex das beste Heilmittel gegen Jetlag sei. Wieso sich das so verhielt, war noch nicht bekannt; ebensowenig wußte ich, wo der betreffende Zeitungsausschnitt geblieben war.

»Ich möchte warten, bis wir ein Zimmer für uns haben«, meinte Didi, wie erwartet. »Und ich bin auch nicht in der Stimmung, weil es mich müde macht, ständig für Aama zu sorgen.«

Die Müdigkeit, sagte ich ihr, sei eher eine Folge des Jetlags. »Ich helfe dir mehr, wenn wir unterwegs sind.«

Nach dem Frühstück packten wir ein und nahmen Aama an Bord. »Das ist ein neues Auto«, sagte ich mit Befriedigung über die solide Neuerwerbung, »und damit fahren wir zu unseren Verwandten.«

»Können wir nicht zu Fuß gehen?«

»Nein, denn zuerst müssen wir meine Kleider und sonstige Sachen in einem Haus abholen, wo ich sie gelagert habe. Dann besuchen wir eine von Didis Schwestern mit ihren Töchtern, danach meine Tante und meinen Onkel mütterlicherseits – Farmer, die auf der anderen Seite des Gebirges leben, das wir aus dem Flugzeug gesehen haben. Von dort fahren wir ein paar Tage lang nach Süden zu Didis Mutter.«

Didi forderte Aama auf, stillzuhalten, während sie den Sicherheitsgurt anlegte. »In einem Monat oder so sind wir wieder da«, rief ich durch die Tür nach draußen, während ich herauszufinden versuchte, mit welchem der glänzenden Chromknöpfe sich das Fahrerfenster öffnen ließ. Wir winkten Tori und Bill zum Abschied. Meine Campingsachen waren bei Freunden, Ann und Greg, untergebracht, die am Rande einer Kuhweide oberhalb des Puget Sound lebten.

»Oh nein!« rief Aama. Ich zuckte dabei jedesmal zusammen. Sie schaute an sich herunter, als würde sie zum erstenmal den Sicherheitsgurt bemerken. »Jetzt habe ich den großen Gürtel, den ich im anderen Auto anhatte, aus Versehen mitgenommen.«

Ich achtete darauf, daß Didi zuhörte, und fragte dann Aama, ob ihr das neue Auto besser gefalle als das alte.

»Beide sind gut. Hab' mir nicht träumen lassen, je in einem Auto zu fahren; da ist eins so gut wie's andere, auch wenn dieses größer ist. Wenn ich wieder in Nepal bin, dann behältst du das alte Auto, und ich fahre mit diesem zum Dorf hinauf – ich kann mehr Gras und Feuerholz darin unterbringen.«

Wochenendausflügler auf dem Weg zur Olympic Peninsula drängelten sich an der Fähre nach Mukilteo. Wir hielten in der Warteschlange für die Autofähre, und Didi ging zur Toilette einer Austernbar neben dem Dock. Sie kam mit drei Softeistüten zurück und drückte Aama eine in die Hand.

Willkommen in Amerika, dachte ich. Die Sonne strahlte von einem patriotisch blauen Himmel, vor dem Marineflaggen wehten und Möwen langsame Kreise zogen. Auf dem Pier standen Touristen in Shorts und Sandalen, die ihr Popcorn mit den Möwen teilten. Aama sah Didi zu, wie sie die weiche Spitze ihrer Eistüte ablutschte, und tat das gleiche. Auf den Geschmack gekommen, streckte sie die Zunge bis zur Unterkante des Kinns heraus und leckte wie ein Leopard aus einer Milchschüssel. Sie schaute lächelnd und voller Befriedigung zu Didi auf und leckte dabei immer weiter von einer Seite – Götterspeise für die Zahnlosen. Allmählich nahm der verbliebene Eiskegel eine gefährliche Schräglage ein.

»Du mußt die Tüte beim Essen drehen«, erklärte ihr Didi. Aama schöpfte Atem und beobachtete, wie ich in die Zuckertüte biß und sie im nächsten Augenblick in meinem Bauch verschwunden war.

»Was? Du ißt den Griff?« rief sie aus. Sie erklärte, daß sie genug habe, und bat Didi, den Rest in ihrer Handtasche aufzubewahren.

Mit einem mütterlichen Seufzer reichte mir Didi die Eistüte. Ein Bediensteter in einer reflektierenden Weste winkte uns auf die Fähre. Aama richtete sich auf und schaute über die Motorhaube aufs Wasser. Mehrere Boote glitten in der Ferne lautlos vorbei und spiegelten sich in der Windschutzscheibe.

»Hier ist ja noch ein Schiff, das ist doch nicht dasselbe?« fragte sie und wußte nicht recht, wohin sie zeigen sollte.

»Also, Aama, wir sitzen in einem Auto, und das Auto steht jetzt auf einem Boot, und das da drüben sind andere Boote.«

»Ahhn«, seufzte sie – eine Silbe, die ausdrückte, daß sie sich in die Komplexität, die ihr Leben plötzlich angenommen hatte, hineinschickte.

Die Aufzugtüren glitten leise summend nach außen, und drei Leute traten herein. Didi mußte noch einmal zum Auto, um sich einen Pullover zu holen, und Aama schaute zu, wie sich die Türen schlossen.

»Gleich steigen wir auch ein«, sagte ich, »aber wir warten noch auf Didi.« Wieder öffneten sich die Türen. Aama breitete die Arme aus, um sie offenzuhalten, und beugte sich vor. Sie sah besorgt aus.

»Aber wo sind die Leute, die hier gerade eingestiegen sind?«

»Das Zimmer ist hinaufgefahren, und oben haben sie es verlassen, dort, wo sich die Leute hinsetzen, während das Schiff übers Wasser fährt.« Wir gingen hinein, die Türen schlossen sich, und der Aufzug surrte nach oben.

»Wahrscheinlich werden wir hier gewogen, damit wir wissen, wieviel wir für die Schiffsfahrt bezahlen müssen. Ich glaube, wir sind jetzt *wirklich* auf dem Schiff. Nein, wir sind doch gerade aus dem Auto ausgestiegen, nah am Wasser. Ob das Auto auch dorthin fährt, wo wir hinfahren? Wenn das ein großes Boot ist, dann wird es nicht kentern – zum Glück, denn ich kann ja nicht schwimmen ...«

Während die Fähre sanft vom Ufer wegglitt, stiegen wir die Treppe zum Deck hoch. Die Bäume und Häuser von Whidbey Island waren über die Meerenge deutlich sichtbar. »Das muß Malaysia sein«, erklärte Aama mit Bestimmtheit. »Wir fahren nach Westen, und es hat immer geheißen, Malaysia sei im Westen von Hongkong und *Amrita*. Werden wir Gurkha-Soldaten treffen, die dort stationiert sind?«

»Malaysia liegt viel weiter im Westen, Aama. Auf dieser Reise kommen wir da nicht hin«, sagte ich und war ebenso enttäuscht wie sie, daß es in den Vereinigten Staaten keine Angehörigen der renommierten Gurkha-Regimenter der britischen Armee gab.

Der Straßenfegersohn fuhr über die Landstraße der Insel bis zu einer schmalen Abfahrt, die zu Ann und Gregs Haus führte. Wir holperten über die Furchen, die schmalere Fahrzeuge in den Weg gegraben hatten, und erreichten den Parkplatz, wo uns Ann und Greg entgegenkamen.

»Das ist also eins deiner Häuser, und das sind die Hausmeister, wenn du in Nepal bist«, sagte Aama zu mir – glücklicherweise auf Nepali. Andrew und Adrienne, vier und sechs Jahre alt, verhielten sich ungewöhnlich still, aber nur, um die Reaktion ihrer Eltern auf Aama abzuwarten, die jedoch lebhaft und freundlich verlief.

Die Kinder führten Aama zur Klippe, von der aus man über das Meer schauen konnte, den Hauptkanal für den Schiffsverkehr. Die Olympic Mountains erhoben sich elegant im Westen, ungefähr in der gleichen Entfernung wie die Himalajagipfel von Aamas Dorf. Aama ließ ihren Blick über die bewaldeten Hügel des Olympic National Park am Fuß der Berge schweifen. »Dann ist also *das* Malaysia«, erklärte sie mit Entschiedenheit. »Und es scheint doch gar nicht so weit weg zu sein!«

Sie inspizierte das mit Zedernschindeln gedeckte Haus von Ann und Greg. »Nani«, wandte sie sich an mich, »wenn du genug Geld hast, dann kannst du dir ein Blechdach drauf machen lassen.« Wellblechdächer waren zu meinem Kummer in ihrem Dorf beliebt geworden. Sie warfen das Sonnenlicht hart zurück und verursachten einen fürchterlichen Lärm bei Hagelstürmen. Die meisten jungen Männer im Dorf hatten kein Interesse mehr daran zu lernen, wie man ein Dach mit Stroh deckte, und Aama sagte, sie glaube sowieso nicht, daß sie es richtig machten. Die Kinder holten sich Töpfe und rannten damit hüpfend und stolpernd in den Garten, um Erbsen und Bohnen zu pflücken. Sie winkten Aama zu, und sie ging ihnen nach. So hockten die drei zwischen den Reihen, und Aama sorgte dafür, daß alle reifen Früchte sorgfältig abgeerntet wurden.

Eins der Kinder deutete auf eine Schnecke.

Aama sagte: »Heb sie auf. Wir können sie braten und essen. Sie sind auch gute Medizin für Verstauchungen und Blutergüsse. Du trocknest sie, mahlst sie und mischst sie mit Brennesseln und Maismehl, bevor du sie ißt. Aber bei Tuberkulose verzehrt man sie am besten roh oder wenn sie noch leben.« Ich übersetzte den Kindern Aamas Ratschlag.

Andrew hielt sich die Hand vor den Mund, als müsse er sich übergeben, und beide verzogen vor Grausen das Gesicht.

»Manche Leute mögen den Geschmack«, fuhr Aama fort, »und sie jagen nach ihnen. Andere ekelt es, und man muß ihnen die Schnecken so geben, daß sie nicht merken, was es ist.« Sie hob die Schnecke hoch und klemmte sie zwischen zwei große Steine.

Die Sonne hing wie eine Christbaumkugel hoch über den Olympic Mountains, obwohl es schon nach neun Uhr abends war. Ann und Didi deckten den Tisch, und wir setzten uns zum Abendessen hin – unsere dritte Nacht in Amerika.

»Ich habe keinen Hunger«, rief Aama aus dem Wohnzimmer. »Eßt ruhig allein, ich bleibe hier drüben. Setze ich mich jetzt zu euch an den Tisch, so läuft mir vom Geruch und von den Essensgeräuschen das Wasser im Mund zusammen, und dann esse ich doch mit, obwohl ich keinen Hunger habe.«

Vielleicht war ihr nicht gut, oder sie wollte höflich sein. »Komm trotzdem zu uns«, sagte ich, obwohl ich wußte, daß das Essen für Nepalesen – obwohl sie ein Leben in der Gemeinschaft praktizieren – keine soziale Angelegenheit war. Aama empfand es vielleicht als unangenehm, sich mit Männern an einen Tisch zu setzen, denen das Essen normalerweise serviert wird, bevor die Frauen anfangen. In ihrer Dorfküche pflegte Aama zunächst einen Löffel auf einem Teller zum Feuer zu stellen für ihre Ahnen, dann ein wenig in die Feuerstelle für Agni, den Gott des Feuers, und anschließend bekamen die männlichen Gäste die ersten großen Portionen.

»Was wir nicht aufessen, wird vielleicht weggeworfen«, sagte ich, wohlwissend, daß Aama so etwas ganz unmöglich finden würde. Didi und Ann holten sie an den Tisch. Sie nahm den Löffel in die Hand, zögernd und vorsichtig, aber schon bald wuchs ihr Appetit. Sie füllte ihren Teller ein zweites Mal voll, leerte auch diesen und rülpste. Ann reichte ihr noch einmal die Schüssel. »Nein, ich bin satt. Beim Essen ist dann doch der Hunger gekommen.« Sie lächelte befriedigt.

»Wenn die, die niemals haben, finden,
dann essen sie den Apfel mit dem Kern.«

»Ihr jungen Leute werdet immer größer mit dem Essen, und ich werde immer kleiner. Was hat Ann ins Essen getan, daß es so gut schmeckt? Diesmal war jedenfalls genug Salz dran.«

»Hier, nimm dir noch mal«, drängte ich sie. Im Dorf galt es als höflich, den Gästen Essen aufzunötigen; es wurde erwartet, auch wenn diese Sitte langsam außer Gebrauch kam. Um etwas zu bitten oder zu sagen, was man dachte, wäre jedoch unhöflich. »Übrigens, Aama, du weißt doch, die Schnecken, die du gefunden hast? Wir braten sie in Butter zum Nachtisch, also laß noch ein bißchen Platz.«

»Ich dachte, die Kinder hätten sie weggeworfen. Ich habe sie nicht mehr gefunden«, sagte Aama ganz ernst, füllte dann den Vorlegelöffel mit Kartoffeln und Karotten, den sie, um nichts zu verschütten, mit beiden Händen festhielt und zu meinem Teller führte. Auch Didi und Greg noch einen Nachschlag. Andere kamen immer zuerst.

Greg und Ann sprachen über das Leben auf der Insel. Einerseits waren sie glücklich über die Abgeschiedenheit, aber gleichzeitig sehnten sie sich nach mehr Gesellschaft. Ann meinte, sie seien hier isolierter als Didi und ich in Nepal. Während wir uns unterhielten, beobachtete Aama unsere Bewegungen und Verhaltensweisen. Sie amüsierte sich darüber, daß wir unsere Worte vollständig im Mund bildeten, anstatt in der Brust und im Bauch, und wunderte sich, daß sie trotzdem nützliche Informationen übermitteln konnten. Als die Unterhaltung einmal ins Stocken kam, fing sie an zu kichern.

»Was ist so lustig?« fragte ich sie.

»Ich ...«, sie zögerte, lachte ein bißchen verlegen und sah mich dann mit diesem bestimmten Blick an, der Vertraulichkeit verlangte. Ich lehnte mich zu ihr, und sie setzte wieder an: »Ich weiß, wann ihr über mich sprecht, weil ich höre, wenn ihr meinen Namen in das ganze Kauderwelsch hineinmischt. Weißt du, ich bin mir nicht sicher, ob ihr nicht darüber redet, wie ihr mich zerschneidet und aufessen könnt.«

Als ich zum erstenmal in ihr Dorf kam, ergriff mich auch dieses unbehagliche Gefühl. Bestimmt haben die Bewohner vor, mich auszurauben, oder – was noch schlimmer wäre – mich lächerlich zu machen. »Du hast recht«, gab ich lächelnd zurück. »Aber Ann und Greg sind der Meinung, daß du nicht viel Fleisch hergibst – so dünn, wie du bist. Deswegen füttern wir dich so gut, obwohl du doch gar keinen Hunger hattest, damit du ein bißchen fetter wirst.« Die Leute in Aamas Dorf hatten ähnlich geantwortet, als ich einmal ihr Gespräch unterbrach, um zu fragen, worüber sie redeten.

Aama lachte, schaute dann auf ihren kleinen, vorgewölbten Bauch und zwinkerte jedem in der Runde zu.

Ann brachte die Kinder ins Bett.

»Mom, hast du auch solche Ohrringe wie Aama?« fragte Adrienne ihre Mutter beim Gutenachtsagen. Und bevor Ann antworten konnte: »Wie ist es, wenn man stirbt, Mom?«

»Ich weiß nicht, Liebes.«

»Ist Aama schon mal gestorben?«

»Was meinst denn du?«

»Ich glaube schon, weil sie so altertümlich ist.« Ann erzählte mir später, daß sie dieses Wort – altertümlich – noch nie aus dem Mund von Adrienne gehört habe, doch Adrienne habe nach jemandem gesucht, der gestorben und wieder zurückgekommen sei, weil sie das beruhigt hätte. Ich sagte Ann, daß Aama und die Gurung daran glauben, daß wir alle sterben und wiederkommen – und sicherlich nicht zum letztenmal.

Kapitel 5

Ein Junge schob die Einkaufswagen eines Supermarkts außerhalb von Buckley, Washington, zu einem Zug zusammen und sprang mit einem Satz hinten drauf, als er sich Richtung Eingang in Bewegung setzte. Wir hatten haltgemacht, um auf dem Weg zum Campingplatz im Mount-Rainier-Nationalpark noch Lebensmittel zu kaufen. Dort würden wir mit Stephanie, einer weiteren Schwester von Didi, und deren zwei Töchtern zusammentreffen.

»Hör nur, diese Wagen machen *gararrarar-gyat-gyat-gyat* – was für ein schöner Klang«, freute sich Aama. Der junge Mann schob die Wagen zu ihrem Platz und nickte uns lächelnd zu.

Ich wollte Aama gerade die draußen aufgeschichteten *Presto-logs* zeigen, eine bestimmte Art amerikanisches Feuerholz, da öffneten sich aber schon die hydraulischen Glastüren wie von magischer Hand und luden uns mit ihrem Summen zum Eintreten ein. Aama war wie hypnotisiert von all den Farben, Geräuschen und Gerüchen, die auf uns einströmten. Didi zeigte ihr einen Einkaufswagen, und sofort legte sie beide Hände auf den Griff und schob ihn vor sich her. Der menschliche Einkaufsreflex.

Wir tauchten in den Regalreihen unter. Aama nahm den Wagen in Besitz wie ein Teenager ein frisiertes Motorrad; Anleitung war unerwünscht, ein oder zwei Sekunden genügten, um das Feeling dafür zu bekommen. Sie steuerte schnurstracks auf die Fleischabteilung und die Kühlregale mit Milchprodukten zu.

»Jetzt biege zur Seite ab«, sagte Didi laut. Die Köpfe der Kunden drehten sich zu uns. Aama kippte den Wagen auf eine

Seite, so daß er auf zwei Rädern zu stehen kam und beinahe in ein Regal gekracht wäre, wenn ich nicht einen Satz gemacht hätte, um ihn zu halten. Sie fuhr gleich wieder los und stieß wie ein aufgezogenes Spielzeugauto an die Regale.

»*Mero baajay* – du liebe Güte – schau dir diesen Basar an, all diese Lebensmittel in Reih und Glied, hier eine Reihe Fleisch von einer Sorte, daneben eine andere Sorte, und da der Fisch... Wird das nicht alles schlecht, bevor es die Leute überhaupt essen können?« Ihre Augen und Ohren schienen die Energie des strahlend hellen Neonlichts und der munteren Ladenmusik aufzusaugen, so wie die Energie von Koffein und weißem Zucker sich von den Regalen via Osmose direkt in unsere Adern zu ergießen schien. Wir befanden uns auf einer Besichtigungstour durch eine Traumfabrik.

»Dieser Knoblauch ist ja riesig... und diese Mengen von Eiern! Aber ich sehe gar keine Hühner.« Ihr Blick streifte über das Gemüse und Obst. »Soviel grünes Gemüse. Ich möchte es kochen und essen, wenn ich nur Zähne hätte. Das Obst sieht reif aus; wahrscheinlich ist es süß. Bei uns im Dorf stehlen die Kinder das Obst immer schon von den Bäumen, bevor es reif ist.«

Didi füllte Bananen, Birnen, Pflaumen und Erdbeeren in Tüten. Aama schaute sich um und fragte: »Nehmen die Leute, denen das alles gehört, die Sachen nachts mit nach Hause und legen sie am nächsten Tag wieder hin? Und wo sind alle die Menschen, die das Ganze kaufen? Sie wissen vielleicht gar nicht, daß es hier einen Basar gibt; wenn es sich erst herumspricht, wird es hier ein Gedränge geben.«

Wir kamen zur Alkoholabteilung, und Erinnerungen wurden wach. »Laßt bloß nicht meinen Schwiegersohn hier rein, diesen Tunichtgut.« Sie imitierte seinen schwankenden Gang, den er mit philosophischen Platitüden zu untermalen pflegte, und wollte schier vor Lachen platzen. Früher war es nur peinlich gewesen, aber jetzt hatte er sich zum Gespött des Dorfes gemacht.

Didi warf eine Plastikflasche mit Mundwasser in den Wagen und sagte, sie hoffe etwas für Aamas Atem gefunden zu haben.

Die zwei oder drei verbliebenen Zähne in ihrem Mund waren verfault.

Aama legte ihre Hand auf Didis Unterarm und sprach leise. »Meine Urenkelinnen tragen jetzt *feshion*, wie sie das nennen, und sie haben mich gebeten, ihnen den Stoff mitzubringen, mit denen ihre Freundinnen sich heutzutage die Brust bedecken. Können wir sowas hier bekommen?« Didi ergänzte unsere Einkaufsliste um das Wort »Büstenhalter«. »Und ich soll den Leuten im Dorf Armbanduhren mitbringen, aber wozu brauchen sie die bei uns? Uhren sind teuer und gehen kaputt. Ich werde sagen, daß wir in *Amrita* keine guten Uhren finden konnten – aber das müßt ihr dann auch bestätigen, okay? Ha!«

Am Ende eines Regals teilte eine Frau auf einem Tischchen bereitliegende kostenlose Probierhappen aus. Als wir unseren Wagen an ihr vorbeischoben, bot sie uns mit lautem Hallo Kostproben einer neuen Hühnchensorte an, die speziell für die Mikrowelle aufbereitet war. Aama legte ein Stückchen auf ihre Zunge und zermalmte es genüßlich.

»Schmeckt gut. Und es ist weich – ich brauche es kaum zu kauen.«

Die Frau bemerkte, daß Aamas Blick weiter an den aufgereihten Fleischstückchen hängenblieb, und reichte ihr ein zweites. Aama nahm's und aß es wieder mit sichtlichem Appetit.

»Schmeckt wirklich gut. Wieviel müssen wir hier zahlen?«

»Nichts. Sie hat es uns gegeben, damit wir probieren.«

»Dann solltest du gehen und etwas für diese Frau kaufen.«

»Ich bin nicht sicher, ob wir ...«

Aama entließ Didi und mich mit einer Handbewegung. Sie würde hier gerne auf uns warten, und schon hatte sie ein drittes Stück in der Hand.

»Aama, ich glaube, wir brauchen nicht ...«

»Warum sollte sie hier stehen und das einfach verschenken?«

»Sie will uns dazu bringen, dieses neue Lebensmittel zu kaufen.«

»Was soll das heißen, *neues Lebensmittel*? Seit wann ist Hühnchen ein neues Lebensmittel?«

Wir fuhren mit dem Wagen zur Kasse, und Didi und ich legten die Waren auf das Fließband.

»Hunh. Ihr handelt nicht mit ihnen, das sieht man an der Kassiererin. Aber woher weiß sie die Preise von jedem Stück? Sie hat doch gar nicht auf die Schachteln geschaut, wo, wie du gesagt hast, die Preise stehen?«

»Siehst du das rote Licht hier, Aama? Das ist wie ein mechanisches Auge. Es liest den Preis auf der Packung ab und bucht ihn in einer anderen Maschine.«

Sie seufzte. »Ich habe mir schon gedacht, daß es mit einer Maschine geht – wie alles. Es ist so leicht. Aber ich wette, diese Sachen sind nicht billig.«

Didi rollte unseren Einkaufswagen nach draußen. »Dürfen wir den Wagen mitnehmen?« fragte Aama. Als ich nicht antwortete, hakte sie nach. »Sie sind nützlich und haltbar, und wir könnten einen brauchen, um die vielen Tüten und Flaschen darin aufzubewahren, die wir gesammelt haben.« Didi und ich schauten einander an und mußten Aamas logischen Überlegungen leider widersprechen. Wenn wir Aama in der Stadt verlören, dann wußten wir, wonach wir suchen mußten: nach einer Alten mit Einkaufswagen. Sie hatte einen ganzen Stapel Papier- und Plastiktüten unter ihrem Autositz gehortet, die wir nicht wegwerfen durften – jedenfalls durften wir uns nicht dabei erwischen lassen. Die kleineren Tüten hatte sie sorgfältig in die größeren gesteckt, und daneben lagen Flaschen und Büchsen sowie eine wachsende Kollektion aller möglichen Gegenstände.

Als wir wieder auf der Schnellstraße waren, deutete Aama auf den Gegenverkehr. »Schau dir all diese Autos an. Sie haben wahrscheinlich von dem Basar gehört und wollen möglichst schnell hinkommen.«

Auf dem White-River-Campingplatz im Mount-Rainer-Nationalpark stellten wir unseren Wagen ab und gesellten uns zu Stephanie und ihren Töchtern in deren Wohnwagen. Das Gefährt mühte sich die Zickzackstraße bis zum Parkplatz hinauf, der an einer Wiese namens Sonnenaufgang lag.

Auf halbem Weg bremste Stephanie sachte ab, weil sie ein junges Reh gesehen hatte, das am Rande einer Ausweichstelle nach Futter suchte. Als der Wagen stand, öffnete Didi leise die Tür. Aama hatte um Brot gebeten, krabbelte heraus und näherte sich dem Reh bis auf ein paar Fuß. Das Tier hob den Kopf, hatte aber merkwürdigerweise keine Angst.

Aama hockte auf dem Boden, so daß ihr Kopf niedriger war als der des Rehs, vermied Augenkontakt und lockte mit ihrer rauhen, aber sanften Stimme: »Ahh, ahh, ahh . . .«, der Ruf für ihre Hühner und Rinder. Sie streckte die Hand aus, und das Reh nahm das Stückchen Brot.

»Es ist schwer, sich wilden Tieren zu nähern«, sagte sie, als sie wieder im Auto saß. »Du weißt nicht, was sie tun werden, und umgekehrt ist es das gleiche. Wie kommt es, daß sie so zahm sind? Gibt es hier keine Tiger oder Jäger?«

Beim Aufwachen strömte uns der herbe Geruch alpiner Wildblumen in die Nase. Aama und Didi schlenderten auf einem Touristenpfad über die Bergwiese, die sich am Fuß des Mount Rainier nach oben zog. »Der Berg«, wie ihn die Menschen im Nordwesten einfach nennen, sieht schon auf Fotos ehrfurchtgebietend aus, hier aber schien seine eisbedeckte Silhouette vor dem dunkelblauen Himmel zu vibrieren und eine vulkanische Atmosphäre zu verbreiten, die zum Fürchten war.

So wie Mount Rainier hier monumental über dem Wald thronte, so ragte auch der Berg Kailash im tiefen Westen von Tibet einsam in den Himmel. Er beherbergte die Quelle des Ganges und das selige Reich Shivas, des Zerstörers. Die Hindus sagen, Kailash sei der Himmel, wo die Aghori Babas wohnen, jene Saddhus, die Shivas Form ganz und gar angenommen haben. Er ist nie bestiegen worden. Es würde ihn entweihen, denn Kailash ist ebensosehr ein Bewußtseinszustand wie ein Ort und verkörpert Befreiung aus der materiellen, physischen Ebene.

»So wie Pilger zum Kailash wandern, so kommen die Amerikaner von weit her, um diesen Berg zu sehen«, erläuterte ich

Aama, »nur daß die Leute normalerweise nicht zu Fuß gehen und ihn auch nicht anbeten.«

»Aber sie kommen, um ihn zu sehen, und schon das ist ein Verdienst«, meinte Aama.

Eine Frau ging auf mich zu, begleitet von ihrem Mann und zwei Kindern, und sprach uns an.

»Auf dem Weg hier herauf haben wir versucht, diese Frau zu fotografieren, als sie das Reh gefüttert hat, aber unsere Kamera hat nicht funktioniert.« Nachdem ich begriffen hatte, daß sie uns nicht anzeigen wollte, weil wir ein Tier aus dem Park gefüttert hatten, erwartete ich die gleiche Frage, welche die meisten stellten: Woher Aama komme. »Aber irgendwie«, fuhr sie fort, »machte das nichts, denn plötzlich wurden wir ganz still, wir blieben einfach stehen, als sei nur noch die Aura dieser Frau sichtbar. Wir konnten sie fühlen.«

Ihr Ehemann nickte zustimmend, und die Kinder bestaunten Aamas Schmuck und ihre Runzeln. Ich konnte dazu nur sagen, daß auch ich es bemerkt hätte und daß Aama eine Art Energie ausstrahle, bei der sich die Tiere wohlfühlten.

Noch eine zweite Frau mittleren Alters kam auf mich zu: »Entschuldigen Sie, ist diese Frau eine amerikanische Indianerin?« fragte sie neugierig. Hinter ihr hatte sich ein Häuflein Menschen angesammelt, die Aama aus der Nähe betrachten wollten, als sei sie eine lebendige Quelle der indianischen Legenden dieses Berges, die den Schlüssel ihres Geheimnisses barg. Inmitten dieser Menschenmenge wuchs um Aama eine Atmosphäre geheimnisvoller Autorität.

»Nein, sie ist aus Nepal«, erklärte ich. »Aber sie stammt von der gleichen Rasse ab wie die amerikanischen Indianer. Ihre gemeinsamen Vorfahren sind vor vielen, vielen Jahren über die Landbrücke der Beringstraße aus Asien eingewandert und haben sich hier in Nordamerika angesiedelt.«

»Wir sind vor zwei Wochen von Brooklyn gekommen.« Die Frau legte ihre Hand auf meinen Arm und bat mich eindringlich: »Sagen Sie ihr, daß ihre Kleidung wirklich etwas ganz Besonderes ist.« Ich teilte Aama den Eindruck der Frau mit.

»Möchte sie meine Kleider haben?« fragte Aama in allem Ernst. »Sie kann sie haben, wenn sie will.«

»Wie gefällt ihr Amerika?«

Ich übersetzte die Frage der Frau.

»Ich überlege, ob ich hierbleibe«, gab Aama zurück, »damit jeder mich anschauen und mich fotografieren kann.«

»Es gefällt ihr«, verkündete ich.

»Wir würden Sie so gerne einmal wiedersehen«, sagte die Frau.

»Wenn ich dann nicht tot bin. Ich kann heute sterben, aber es könnte auch morgen sein.«

Majestätische und spirituelle Orte, solche wie der Muktinath-Schrein im Himalaja, weckten etwas Spitzbübisches in Aama und manchmal die Neigung zu philosophischen Ratschlägen. Da sie nicht Englisch sprach, konnte sie sich äußern, wie sie wollte, und es mir überlassen, ihre Worte den jeweiligen Gegebenheiten anzupassen.

»Jetzt weißt du, wie ich mich fühle, wenn ich in deinen Bergen herumwandere«, sagte ich zu Aama. »Die Leute starren mich dort genauso an, wie sie dich hier anglotzen.«

»Manchmal fühle ich mich wie ein Lamm in einem Rudel von Schakalen.« Aama schaute mich an. »Nani, wenn ich Gurung spreche, dann habe ich dir etwas Privates zu sagen, das nicht jeder hören soll.« Da ja selten Leute herumstanden, die Nepali verstanden, fragte ich mich, ob sie mir vielleicht etwas zu sagen habe, das nicht für Didis Ohren bestimmt war, denn sie konnte kein Gurung.

»Ich weiß, daß sich die Leute über mich wundern, und manchmal sehe ich, wie du in dein Notizbuch schreibst. Wenn dich jemand fragt, wer die alte Frau an deiner Seite ist, oder wenn du etwas über mich schreibst, dann sage: ›Sie ist eine Bäuerin. Sie ist weder reich noch arm. Sie ist mittendrin, eine gewöhnliche Frau, die Tochter von gewöhnlichen Leuten, zwischendrin. Sie ist weder überglücklich noch todtraurig – lediglich mittendrin.‹ Das sollst du ihnen sagen.« Didi schaute mich an, als frage sie sich, ob Aama wirklich so gewöhnlich sei.

»Armut ist relativ«, sagte ich zu Didi und bestärkte Aamas Selbsteinschätzung. »Auch wenn sie Kuhfladen aufsammelt, die sie auf dem Weg findet, könnte sie mit ihrem Schmuck ein anständiges Steinhaus bauen; des weiteren läßt sie sich, wie du gesehen hast, keine Gelegenheit entgehen, Bettlern und Obdachlosen etwas zu schenken.«

»... Und bestimmt erkundigen sie sich nach meinem Alter«, fuhr Aama fort. »Sag ihnen, daß ich vierundachtzig bin und nur deswegen solange am Leben geblieben bin, weil mein Schwiegersohn, dieser Halunke, möchte, daß ich sterbe. Und diese Freude will ich ihm nicht machen – das hält mich auf den Beinen!« Stephanies Wohnwagen rollte leise zum Campingplatz hinunter, während Aama weiter ihren Schwiegersohn in der Mache hatte. »Dieser undankbare Kerl hat mich doch tatsächlich gefragt, ob ich mein Land schon jetzt aufteilen würde, noch bevor ich sterbe, und ich habe nein gesagt. Wahrscheinlich hockt er jetzt in seinem Haus unter meinem und hofft, daß ich unterwegs zur Leiche werde ...«

An unserem Platz am Flußufer packten wir die Essenstüten aus, und Stephanies Töchter, die zehnjährige Genna und die drei Jahre jüngere Nicole, führten Aama zum Picknicktisch. Zärtlich strich Aama durch Nicoles Haare und drehte ihr Gesicht mit beiden Händen von einer Seite zur anderen. Sie betrachtete jede Linie wie ein Phrenologe, der aus den Gesichtszügen das Schicksal herausliest.

Die Mädchen untersuchten ihrerseits Aamas Hände, ihr Gesicht und ihre Runzeln, als sei sie eine Phantasiegestalt, die aus einem Kinderfernsehfilm herausgetreten ist und jetzt mit ihnen im Wald sitzt. Im Auto hatte Nicole Aama bereits mit ihren Stofftieren bekannt gemacht.

»Du hast zwei Mädchen«, sagte Didi zu ihrer Schwester, als sie Bierdosen aus einer Kühltasche nahm. »Und ich habe jetzt auch eins.« Didis Lächeln war ironisch, aber mit einem Anflug von Stolz.

»Didi«, rief Aama vom Tisch, »die Töchter deiner Schwester sollten ihre Ohren stechen lassen. Ihr müßt doch wissen, daß man taub werden kann, wenn man die Ohren nackt läßt. Unsere werden uns schon im Alter von drei Tagen gestochen.« Die Mädchen schauten mich an, und ich übersetzte.

»Yeah, Mom, darf ich meine Ohren stechen lassen?« fragte Nicole ihre Mutter hoffnungsfroh, diesmal endlich ein Ja als Antwort zu bekommen.

»Du darfst, Nicole – aber erst, wenn du älter bist. Du bist noch zu jung, um ständig Schmuck zu tragen. Und tust du es nicht, so wachsen die Löcher wieder zu.« Mütter fanden immer gute Gründe. Doch Aama hatte auch einen.

»Als ich jung war, hieß es, daß Kinder ohne Löcher in den Ohren den Dschungel-Schamanen anziehen, einen männlichen Dämon, der nur drei Fuß groß ist und langes, verfilztes Haar hat. Seine Füße gehen rückwärts, und er lebt in einer Höhle mit goldenen Wänden, wie ein Königspalast. Die Dschungel-Schamanen essen nicht mit den Fingern oder von der Handfläche wie wir, sondern vom Handrücken. Wenn du von einem verhext wirst, dann mußt du auch so essen, um wieder loszukommen. Sie singen *kururururuｒu* und gehen herum, um Kinder zu fangen. Sie fressen die Mädchen und lehren die Jungen, wie auch sie Dschungel-Schamanen werden, und schicken sie dann aus, um noch mehr Buben und Mädchen zu fangen, die keine Löcher in den Ohren haben. Aber ein einfaches Netz schützt vor ihnen. Als wir Kinder waren, haben wir immer ein kleines Netz mitgenommen, wenn wir in den Dschungel gegangen sind.«

Ich ertappte mich dabei, wie ich kurz zum Wald hinüberschaute, der schon im Schatten der Abenddämmerung lag. Ich faßte Aamas Geschichte für die Mädchen ein wenig zusammen, denn ich wollte ihnen weder angst machen noch ihnen Munition gegen Stephanie liefern. Auch war es auf die Dauer mühsam, jedes Wort zu übersetzen.

»Seht ihr, was für große Ohrringe ich habe?« fragte Aama, als könnte irgend jemand ihren prachtvollen goldenen Ohrschmuck übersehen, und drehte den Kopf hin und her.

»Sie waren ursprünglich noch viel größer, aber ich habe sie

verkleinern lassen, damit sie nicht so schwer sind und ich mir nicht die Wange verbrenne, wenn ich in der Sonne sitze und den Kopf drehe, um mit jemandem zu sprechen. Auch hatte ich Angst, daß sie gestohlen werden könnten. Großer Schmuck paßt nicht zu älteren Frauen, und ich brauchte das Geld.«

Nicole hob das Geschmeide prüfend hoch und inspizierte dann die vielen Löcher an Aamas Ohrmuschel – Löcher, die wie eine Kerbe in der Zeit waren, Knotenpunkte der Erfahrung und die Geschichten von Glück, Trauer, Abenteuer, finanziellem Gewinn und Verlust erzählten. Sie studierte sie, als wolle sie ihre Geschichte entziffern aus einer Zeit, die bis weit über ihre Geburt zurückreichte.

»Meine ursprünglichen Ohrringe waren reines Gold«, erzählte Aama weiter, »aber der Goldschmied hat minderwertiges hineingemischt, als er diese anfertigte. Jedesmal, wenn Gold geschmolzen und neu geschmiedet wird, verliert es an Qualität. Es wird, wie wir sagen, vom ›ältesten Sohn‹ zum ›zweit- oder drittältesten‹. Der ›jüngste Sohn‹ ist die vierte Qualität und von hellerer Farbe, ähnlich wie Messing.«

In Nepal sah ich Aama, wie sie maiskorngroße Goldstücke auf einem glatten, schwarzen Stein rieb und dann den gelben Farbton überprüfte. Die Fähigkeit, die Qualität von Gold zu beurteilen, gehört in den Dörfern zum Allgemeinwissen. Die Leute trauen dem Papiergeld nicht und tauschen alles, was sie in die Finger bekommen, gegen Gold oder Silber ein. Schmuck zu tragen ist sicherer, als das kostbare Metall in Häusern aufzubewahren, die man schwer abschließen kann.

»Übrigens«, warf Didi ein, die sah, wie fasziniert die Mädchen von Aamas Schmuck waren, »die Korallen, die am Gold hängen, sind nicht echt. Ich weiß nicht, wo die Gurung sie herhaben – aber diese großen Korallen sind Imitationen.«

»Was soll das heißen?« erwiderte ich ärgerlich. »Natürlich sind sie echt. Glaubst du, Aama würde falschen Schmuck tragen?« Vielleicht war Didi eifersüchtig und wollte lediglich, daß auch ihrem Aussehen jemand Beachtung schenkt. Ich konnte mich nicht zweiteilen, und jetzt war Aama an der Reihe. Allerdings kannte sich Didi mit Schmuck aus.

»Vielleicht weiß sie nicht, daß die Korallen falsch sind«, räumte ich ein, »aber alles andere ist echt.«

Aama verfolgte zunächst amüsiert unseren Wortwechsel, dann wurde sie ungeduldig und hob den Arm.

»Oh, da fällt mir noch etwas ein... Wißt ihr, daß auch meine Nasenwand hier in der Mitte ein Loch hat? Dieses Loch«, sie faßte es mit Daumen und Zeigefinger und wackelte daran herum, »wird nie mehr zugehen, so wie die anderen. Ich hatte einen dicken Goldring, einen *bulaanki*, daran hingen kleine Goldketten mit Verzierungen, die mir vor dem Mund herumbaumelten, wenn ich mit dem Kopf genickt habe. Beim Essen mußte ich sie mit der freien Hand hochhalten.« Sie hob ein kleines Stöckchen vom Boden auf und steckte es durch das Loch in der Nasenwand, was ihre Nasenflügel auseinanderspreizte und sie beim Sprechen beeinträchtigte. Sie sah aus wie die Karikatur eines Kannibalen. Die Mädchen prusteten vor Lachen, und Aama wackelte zum Spaß mit dem Kopf und drehte sich im Kreis, damit es jeder sehen konnte. Didi und Stephanie lachten genauso laut wie die Mädchen.

»Um das Nasenloch zu stechen«, dolmetschte ich für Aama, »nehmen wir einen langen Dorn von einem Busch hoch aus den Bergen, tauchen ihn in flüssiges Gold, lassen ihn abkühlen und drücken ihn dann durch die Nasenwand.« Die Mädchen schauderte es bei der Vorstellung. »Man muß das Loch offenhalten, indem man es allmählich mit einem Zweig weitet, der von einem bestimmten Baum stammen muß, damit sich nichts entzündet.«

Didi und Stephanie stellten kaltes Hühnchen auf unseren Picknicktisch, frische Maiskolben und verschiedene Salate in Plastikgefäßen. Wir langten herzhaft zu und genossen die Abwechslung zu nepalesischem Essen, das zwar gesund, aber eintönig war, von den Chilis einmal abgesehen.

»Es ist schön, für jemanden wie Aama zu kochen«, sagte Stephanie, »die jede Kleinigkeit schätzt und der das Essen als solches wichtig ist. Ich habe das Gefühl, als sei sie unsere Mutter.« Stephanies weiche Gesichtszüge widerspiegelten jene warmen Gefühle, die ich im Flugzeug bei Didi gesehen hatte, als sie Aama dort sitzen sah. »Als Aama bei uns im Haus war...« Stephanie wurde leicht verlegen, »...da habe ich so eine Reinheit, Sicherheit und Güte gefühlt, wie von einer alten Ahnfrau.«

Ich saß recht unbequem auf der harten Bank und erlaubte mir, mich an der frischen Luft von einem gewissen Druck zu befreien, ganz leise, so daß man es kaum hören konnte – erst einmal und dann noch einmal. Aama wartete, bis sie den Bissen hinuntergeschluckt hatte, dann sagte sie, ohne vom Teller aufzuschauen:

»So eßt ihr also – ihr kaut ein bißchen, dann furzt ihr, anschließend kaut ihr wieder und furzt noch einmal.« Ihr Gehör funktionierte besser, als ich annehmen konnte. Sie war die einzige, die mich erwischt hatte, und sie reagierte mit dem gleichen Ton und Gesichtsausdruck, wie meine Mutter das getan hätte – einer Mischung aus Ermahnung, Spott und Wohlwollen. Ich starrte sie an; da war es wieder, dieses Déjà-vu-Gefühl, das mich manchmal überkam.

»Aber du hast doch gesagt, daß du nicht mehr gut hörst«, gab ich zurück.

»Ach weißt du, die schlechten Dinge hören meine Ohren noch recht gut. Sie bekommen die guten Dinge nicht mehr besonders gut mit und das immer weniger.«

»Worüber redet Aama?« erkundigte sich Genna.

»Sie hat etwas an meinen Tischmanieren auszusetzen. Du weißt ja, wie Mütter sind.« Aama wischte ihren Teller mit einem Stück Brot sauber und fuhr sich dann mit der Zunge über den blanken Gaumen. Sie lehnte sich zufrieden zurück, verkündete, daß sie satt sei, faßte den Papierteller am Rand, und ehe wir uns versahen, segelte er in Richtung Bäume, wo unser Zelt stand.

»He!« riefen drei von uns wie aus einem Mund, so als könnte das Wort den Teller mitten im Flug stoppen. Wir schauten uns an und lachten über unseren einprogrammierten Reflex.

»Das tun wir hier nicht, Aama«, erklärte ich ihr und versuchte nicht zu lachen.

»Was? Du willst einen Papierteller noch mal benutzen?« Auf eine andere Idee kam sie nicht, denn für die Menschen in den entlegenen Bergdörfern waren Verpackungen eine Art Statussymbol, das man wie zufällig vor dem Haus liegen ließ, damit Vorbeikommende sahen, daß man ein teures, modernes Produkt konsumiert hatte. Für sie war diese Art von Müll auch eine kleine Gefälligkeit gegenüber dem Papiersammler aus einer niedrigen Kaste, der es zur Wiederverwertung einsammelte. Ich versuchte ihr in Kurzfassung unsere Einstellung zu Müll begreiflich zu machen und verglich unsere Nationalparks mit den königlichen Wäldern, von denen die Gurung-Dörfer umgeben waren, verlor jedoch Aamas Aufmerksamkeit auf halber Strecke.

*

In der kühlen Morgenluft verabschiedeten sich Stephanie und die Mädchen mit langen Umarmungen von Aama, und wir machten uns auf den Weg nach Ost-Washington, wo es bekanntlich sehr heiß war. Am Parkausgang hielt Didi noch einmal an, um sich frisch zu machen. Diese Gelegenheit nutzte ich, um meine Tante und meinen Onkel telefonisch auf unsere Ankunft vorzubereiten. Als ich wieder zurückkam, fragte Aama:

»Woher hast du gewußt, daß du gerade jetzt hier angerufen wirst?«

An einer Tankstelle außerhalb von Yakima machten wir zum ersten Mal Halt, nachdem wir östlich des Kaskadengebirges in die Gegend gekommen waren, wo sich Obstplantagen mit Wüstenstrichen abwechselten. Ich zögerte, die Klimaanlage voll aufzudrehen; so ein schwerer alter Schlitten würde mit der zusätzlichen Belastung vielleicht nicht zurechtkommen, besonders bei dieser Hitze. Ich fragte Aama, ob ich ihr irgend etwas in dem Tankstellenladen besorgen solle.

»Gib erst dem Auto Futter. Es macht die ganze Arbeit, während wir einfach nur dasitzen. Um mich brauchst du dich nicht kümmern, ich habe ja nichts getan.«

Während ich tankte, beobachtete Aama einen Ford Sedan, der neben der Servicestation für Luft und Wasser geparkt hatte. Ein Mann stieg aus. Mit Papiertüchern in der einen Hand und einer Flasche in der anderen reinigte er seine Windschutzscheibe, wobei er beim Hinüberlehnen sorgsam darauf achtete, nicht mit dem Staub seines Autos in Berührung zu geraten.

»Warum putzt dieser Mann sein eigenes Fenster?« fragte Aama, als ich wieder im Auto saß. »Gibt es keine Leute, die solche Sachen für euch erledigen?«

»Nicht mehr. Diener kann sich heute keiner mehr leisten. Wir versuchen alles selbst zu machen.«

»Mir fällt es schon schwer genug, die Männer von den Frauen zu unterscheiden. Wenn jeder gleich aussieht, wie wißt ihr dann, zu welcher Kaste oder zu welchem Stamm jemand gehört? Gibt es hier nicht eine eigene Kaste für die Landarbeit und weitere Kasten für andere Arbeiten?«

»Wir haben Gesetze, Aama, denen zufolge Leute bei Anstellungen nicht wegen ihrer Farbe, ihres Stammes oder ihres Geschlechts bevorzugt werden dürfen. Wir kennen eigentlich keine Kasten.«

»Ich wette, daß ihr früher auch Kasten hattet, aber ihr habt sie verdorben und vergessen und alles in einen Topf geworfen, *luttar-puttar*. Im Dorf habe ich gehört, daß *Amrita* ein Land ist, in dem es nur eine Kaste gibt; aber wir haben doch Schwarze gesehen. Als ich jung war, hieß es, Schwarze würden Menschenfleisch essen. Das kam mir immer komisch vor, und die Schwarzen, die wir in der Stadt und in den Bergen getroffen haben, haben nicht danach ausgesehen. Sprechen sie wie du?«

»Ja. Vor hundert Jahren waren die Schwarzen noch Sklaven der Weißen – aber jetzt nicht mehr. In vieler Hinsicht sind sie wie die Weißen geworden. Einer hat sogar als Präsident von Amerika kandidiert. Trotzdem vertragen sich die Weißen und die Schwarzen nicht so gut wie die Brahmanen und die Unberührbaren.«

»Ich habe Weiße und Schwarze gesehen, aber kaum jemand wie mich. Es ist nett, daß sich manche herunterbeugen und mit mir sprechen; aber mir ist auch aufgefallen, daß einige so tun, als sei ich gar nicht da.«

Über die dunkle Lößerde von Palouse breiteten sich wie ein goldenes Tuch unübersehbare Weizenfelder. In Dayton, in der Nähe von Walla Walla, lebten Onkel Chad und Tante Darlene und führten dort ein ländliches Leben, eingebunden in Landwirtschaft und Gemeinde. Darlene stand der Kirche nahe und hatte Jahre damit verbracht, das Eisenbahnlagerhaus der Stadt in ein Museum zu verwandeln. Chad hatte die Farm von seinem Vater übernommen, und wenn er nicht in seinem Büro war, dann fuhr er in einem Lastwagen herum, führte Bodenproben durch und trieb die Rinder zusammen.

Die Sitze von Chads Lastwagen waren mit einer Schicht Getreidestaub überzogen, und auf dem Boden lagen altgediente Werkzeuge und eine Ausgabe des Wall Street Journal – Symbole unserer modernen westlichen Gesellschaft. Wir drückten uns auf dem Vordersitz zusammen, und Chad fuhr uns durch ausgetrocknete Flußläufe, die gelegentlich von einem Grüppchen Christusdornbäumen beschattet waren. Goldbraune Weizenfelder wogten in der Sommerbrise ungeduldig der Ernte entgegen, und ihr warmes Licht fiel auf unsere Gesichter.

Staubsäulen erhoben sich wie Rauchsignale in der Ferne, das erste Zeichen der Ernte. Chad bog vom Feldweg ab auf ein Stoppelfeld und hinauf zur Hügelkuppe. Im Tal unter uns donnerten drei gewaltige Mähdrescher in geschlossener Formation wie gefräßige Riesenheuschrecken über das Feld. Am Fuß des Hügels vollführte einer nach dem anderen eine scharfe Wende; sie rotierten in einem Tempo um die eigene Achse, als wollten sie der Wolke aus Staub und Spreu entkommen, die ihnen wie ein Insektenschwarm folgte. Die Erntemaschinen verlangsamten ihre Fahrt nur für die Lastwagen, die sich wie

Lotsenfische an die Seite klemmten und im Nu mit jeweils drei Tonnen Getreide angefüllt waren.

Wir stiegen aus. Aama ergriff Didis Hand und stand wie angewurzelt da. Wie sollte sie begreifen, daß diese Maschinen in zwei Minuten so viel ernten wie ihr ganzes Dorf in einem Jahr? Ihr Mund öffnete sich mehrmals und schloß sich wieder, ohne daß sie ein Wort hervorbrachte. Sie versuchte sich einen Reim auf diesen Hohn ihrer Existenz zu machen. Der Landwirtschaftsschock. Das Korn und das Heu und das Land, ja selbst die Götter schienen von diesen Maschinenmonstern in den Schatten gestellt zu werden, die sich in ihrer Arroganz anmaßten, sich zu Gottheiten aufzublähen. Und wo waren die Menschen? Kein Singen, kein Scherzen in den Feldern, kein gerösteter Mais und keine süßen Leckerbissen, die in Körben aufs Feld getragen wurden; keine Vertrautheit, keine Gemeinschaft zwischen Hand und Erde.

Nach einigen Augenblicken schien sie den Schock des Fremden zu verdrängen und das, was sie sah, aufzunehmen. »Ob sie den Weizen wohl zur rechten Zeit gepflanzt haben?« erkundigte sie sich schließlich, als wolle sie irgendeinen hilfreichen Beitrag zur Ernte leisten. »Ist der Stand der Planeten beachtet worden? Wir tun das immer vor dem Pflanzen und Säen, damit es eine gute Ernte gibt und sie vor Hagel geschützt wird. Und wenn der Weizen nicht lang genug an der Ähre reift, dann wird er faul beim Lagern.« Chad rieb eine Weizenähre zwischen den Handflächen und schüttete Aama die Körner in die Hand. »Ja, sie sind groß und voll«, bestätigte sie, »und es sieht so aus, als seien sie auch trocken genug.« Sie schaute wieder auf die Mähdrescher.

»Aber was geschieht mit den Halmen, nachdem die Maschine den Weizen genommen hat?« fragte sie, als müßten solch riesige Freßmaschinen Knochen oder sonst ein Abfallprodukt hinter sich lassen.

»Wenn die Erntemaschine den Weizen drischt, dann häckselt sie auch gleich das Stroh klein und streut es als Mulch und Dünger wieder über die Felder«, erklärte ich ihr.

»Und wohin kommt das Korn?«

»Das schauen wir uns an.«

Der Verladebahnhof lag am Stadtrand. Aama staunte über die Ansammlung von Getreidespeichern neben den Schienen. »Ihr Amerikaner seid alle so reich. Ihr besitzt soviel Getreide und soviel Land. Und ihr baut nicht einmal Reis an!«

»Dafür ist es hier zu kalt, und wir haben auch nicht genug Wasser für Reis.«

»Ja, ihr scheint nur das Wasser zu haben, das vom Himmel fällt, außer ihr holt Wasser von den großen Flüssen durch Bewässerungskanäle. Aber warum baut ihr überhaupt Getreide an, wenn ihr fast nur Fleisch eßt? Wenn die neue Generation kommt, wird sie das Getreide auch mit Maschinen anbauen, oder werden sie die Hände in die Erde stecken, so wie wir? Vermutlich nicht. Hier studieren die jungen Leute, und die Maschinen machen die Arbeit.«

Darlene bereitete ein ländliches Sommerfrühstück mit Omeletts, Honigmelone und Kaffee und legte Chad die Morgenzeitung hin, der die Immobilienpreise durch die untere Hälfte seiner doppelt geschliffenen Brille überflog. Wir saßen beisammen, schauten auf den Kirschbaum und die sanft abfallenden Hügel am Fuß der Blue Mountains und sprachen über die Veränderungen in unserem Leben. Ich erinnerte mich an die Sommerferien auf der Farm während meiner Collegezeit, wie ich einen Weizenlaster gesteuert hatte, und wir waren uns einig, daß uns meine Mutter – Chads jüngste Schwester – ebenso fehlte wie ihr Vater, Gramps. In einem unbeobachteten Moment flüsterte mir Darlene zu, Didi sei ein Edelstein.

Nach dem Frühstück führte ich einige Telefonate. Als ich ins Wohnzimmer kam, saßen Darlene und Aama nebeneinander auf dem kleinen Sofa und hatten die Köpfe in ein Fotoalbum gesteckt. Didi übersetzte Darlenes Kommentare zu den verschiedenen Verwandten auf den Bildern.

Aama sagte zu Darlene, wie sie sie um ihr Glück beneide, gesunde Kinder zu haben, und sie dafür bewundere. Sie klagte darüber, daß unser Leben kurz und enttäuschend sei, denn sobald wir etwas lieben, müssen wir es wieder verlassen. Die Bilder ihrer einzigen Tochter standen ihr vor Augen und der vielen verstorbenen Verwandten, und eine Träne kullerte auf ihre Bluse. Darlene schaute weg, aber auch sie hatte feuchte Augen bekommen; und so weinten sie unisono.

»Obwohl das Leben bei uns in den Bergen schwer ist, wie sicherlich auch in euren Bergen«, sagte Aama, »muß ich immer wieder daran denken, wo ich geboren wurde und aufgewachsen bin. Wie kann man einen solchen Ort vergessen? Die Seele verläßt ihn niemals. Meine Mutter starb, als ich neun und meine jüngere Schwester sieben Jahre alt war. Sie konnte besser als ich voraussehen, daß die Kinder der nächsten Generation ein schweres Leben haben würden; darum hat sie nie geheiratet. Hier, wenn ich gut esse und schöne Dinge sehe, so wie heute früh, dann denke ich an Sun Maya, die das Leiden meines Lebens trägt und ihres.«

Darlene entsann sich ihrer eigenen Verwandten, der verstorbenen und der weit entfernten, und ihrer Kinder, die schon aus dem Haus waren. »Es ist traurig, daß nur ein Sohn Farmer geworden ist – aber wer weiß, vielleicht ist es auch gut so. Die Landwirtschaft bringt wenig Lohn für die ständige Mühe.« Aama war ganz der gleichen Meinung; sie schien Darlenes Worte zu verstehen, bevor Didi sie übersetzte.

»Ja, aber wenn dir Gutes geschehen soll, dann kommt es zur rechten Zeit. Wir wissen nicht genau, wie wir hierhergekommen sind; wir wissen nur, daß Bhagwan uns hier auf die Erde gesetzt hat, damit wir unsere Arbeit verrichten. Und wenn wir ehrlich arbeiten und spielen, dann bleiben wir gesund und gedeihen. Und doch ist es, als würden wir über einen breiten Fluß schwimmen. Wir schwimmen und schwimmen, aber wie weit wir auch kommen mögen – unsere Zeit geht zu Ende, bevor wir das andere Ufer erreichen.«

Kapitel 6

Die blitzende, verchromte Stoßstange unseres Kombis schrammte leicht an der Betonwand entlang, als wir etwas zu forsch in die Tankstelle außerhalb von Walla Walla einbogen. Ich mußte blinzeln, weil mich die Mittagssonne auf dem Pflaster blendete. Während ich tankte und das Kühlwasser auffüllte, suchte Didi mit Aama die Toilette auf. Ich schloß die Haube und drehte die ausladende Kühlerfigur zur Seite, um den Luftwiderstand zu verringern und auf diese Weise ein wenig Benzin zu sparen. Besonders beim Beschleunigen gab der Vergaser ein durchfallähnliches Geräusch von sich, das nichts Gutes ahnen ließ. Der Sohn des Straßenfegers schien sich auch nicht viel besser zu halten als sein Vorgänger. Didi hatte mich darauf aufmerksam gemacht, daß unser Bezinverbrauch gedrosselt werden könnte, wenn ich die Handbremse beim Fahren lösen würde.

Während ich bei offener Fahrertür die Karte studierte, kamen Didi und Aama zurück. Aama steckte den Kopf herein, ergriff mit beiden Händen den Türrahmen und zog sich hoch, so daß sie – winzig und gebeugt, wie sie war – vor dem Vordersitz zu stehen kam. Sie machte zwei wacklige Schritte hin zu mir, hielt sich mit einer Hand am Rückspiegel fest, den sie dabei wie üblich verdrehte, und kam dann mit einer 360-Grad-Drehung auf ihrem Ausguck zu sitzen – dem Unterteil eines großen Autokindersitzes –, so als würde sie in ein vorzeitliches Modell einer Raumkapsel klettern. Nepals Pionierin im inneren Raum Amerikas.

Didi schnallte Aama an.

»Müssen wir diesen Gürtel jedesmal festmachen, wenn wir

einsteigen – so wie im Flugzeug –, damit wir nicht herausfallen? Ach ich weiß, ihr habt Angst, daß ich weglaufen könnte!«

»Man darf nicht ohne angelegte Gurte autofahren«, erläuterte ich. »Die Polizei könnte uns festnehmen.«

»Euch vielleicht, weil ihr eine alte Frau fesselt.«

Der Wind rüttelte leicht am Auto, als wir auf der Schnellstraße am Südufer des Columbia River in Richtung Portland brausten. Auf dem Fluß tanzten Schaumkronen, die fast bis auf die Straße spritzten und in der Sonne wie Sternschnuppen glitzerten. Zu unserer Linken ragten dunkle Basaltsäulen in den kobaltblauen Himmel. Die Schnellstraße war glatt, sauber und bot die perfekten Bedingungen für entspanntes Überlandfahren. Aama beobachtete die Straßenschilder, wie sie auf uns zukamen und hinter uns verschwanden. Ein gelbes Schild »Kurvenreiche Strecke« mit einem Zickzackpfeil huschte vorbei.

»Das sieht aus wie ein Tausendfüßler«, bemerkte sie. »Vielleicht kommt ein Gewitter. Vor einem Sturm kriechen die Tausendfüßler unter den Steinen hervor, legen sich auf den Rücken und wedeln mit ihren Beinchen in der Luft. Wir sagen, sie verspotten den Himmel, und zur Rache schlägt dann der Blitz ein. Es sieht nach Regen aus, meinst du nicht? Aber hier bin ich mir nicht sicher.«

Der dunkel gefärbte obere Rand der Windschutzscheibe hatte sie vorher glauben lassen, der Himmel sei bewölkt. Sie hatte von Augenproblemen gesprochen, und ich fragte mich, ob ihre Augen vielleicht schlechter seien, als wir annehmen konnten. Ich hielt zwei Finger in die Luft und forderte sie auf, sie zu zählen.

»Natürlich kann ich zählen. Das sind drei Finger. Oder zählt man in *Amrita* anders? Du willst dich wohl lustig machen über mich.«

»Ich glaube, Aama«, warf Didi ein, »wir brauchen eine Brille für dich.«

»Meine Augen sind wirklich ein bißchen komisch und trüb geworden. Eine Kerze sieht aus wie zwei oder drei Kerzen, und der volle Mond gleicht einer weißen Rose, deren Blätter bald abfallen. Würde eine Brille helfen?«

»Vielleicht. Wenn du keinen grauen Star hast.« Didi setzte sich auf die Sitzkante, drehte sich zu ihr und forderte sie auf, die Augen weit zu öffnen. Sie schaute hinein und sah tiefbraune Dunkelheit. Aama kicherte.

»Ich weiß nicht, warum ihr noch für jemanden wie mich eine Brille besorgen wollt, wo ich doch sowieso bald sterbe – aber wenn, dann eine starke. Was ich eigentlich noch mehr brauche als eine Brille sind Zähne. Ich sehe, wie die Leute Sachen essen, die man kauen muß, und das macht mich neidisch. Im Dorf sagen sie, daß man beim Arzt künstliche Zähne bekommen kann, aus Knochen oder so etwas.« Sie drehte den Rückspiegel wieder so, daß sie sich darin sehen konnte, und öffnete ihren Mund, um hineinzuschauen: leer, so wie er es schon lange war. Ihr Blick sagte, daß sie sich damit abgefunden hatte, aber wer weiß, was in *Amrita* alles möglich war.

»Wenn du zum Doktor gehst, um eine Brille oder Zähne für mich zu besorgen, dann soll er Didi untersuchen und feststellen, warum sie keine Kinder kriegt.«

Didi schaute zu mir herüber und ich zu ihr, überrascht über diese Wendung des Gesprächs. Aama hatte ihre Augen auf den stetigen Rhythmus der gebrochenen weißen Linie in der Mitte der Straße geheftet. Ihre Bemerkung erforderte eine Antwort von mir – das stand fest –, aber ich hatte nicht gleich eine parat. Didi wartete neugierig, wie ich mich wohl herauswinden würde.

»Wir hier in Amerika praktizieren Familienplanung, weißt du, Aama? Es ist teuer, Kinder aufzuziehen, darum müssen wir das sorgfältig planen.«

»Wie kann man so etwas planen?« Sie verdrehte ihre weichen Hände mit der Krokodilshaut und den schwieligen Fingern zu Fragezeichen, so, als habe sie meine Ausrede schon erwartet. »Kinder kommen, ob du sie willst oder nicht. Du brauchst sie so oder so, damit jemand im Alter für dich sorgt. Wie groß dein Leiden auch sein mag – Kinder zu haben erleichtert dein Herz. Wenn dein Karma gut ist, dann bekommst du welche.«

Ihre Lippen bewegten sich, als wolle sie noch etwas hinzufügen, aber dünn gab sie mit einem kleinen Seufzer auf und schaute mich vertraulich von der Seite an. »Ich habe dir das noch nicht gesagt, aber weißt du, dadurch daß ich nach *Amrita* gekommen bin, kann ich euch vielleicht helfen, Kinder zu bekommen.« Ich fühlte Didis Blick auf mir ruhen. Ein paar Augenblicke konnte ich den beiden noch ausweichen, indem ich die Spur wechselte und ein anderes Auto überholte. Ich sagte zu Didi, es sei wahr, ohne Kinder seien wir keine richtige Familie. Aber dadurch, daß wir Aama mit uns nach Amerika genommen hätten, sei unsere Familie doch schon etwas größer.

»Du kannst nicht Geld anhäufen und keine Kinder haben«, sagte Aama mit Nachdruck. *»Die Mutterkuh findet ihr Kalb in einer großen Herde. Was aber findet die unfruchtbare Kuh außer Gras?«*

Aama legte den Kopf schief und schaute mich an. »Wenn bei uns eine Frau unfruchtbar ist, dann rufen wir einen Priester, der manchmal herausfindet, daß die Unfruchtbarkeit durch eine schlechte Stellung der Planeten verursacht wird. Wenn das so ist, dann empfiehlt er meistens, daß der Mann eine zweite Frau nimmt.« Es war klar, daß sie eine jüngere Frau im Sinn hatte, denn Didi war mit 37 nach nepalesischen Vorstellungen zu alt fürs Kinderkriegen. Aama vertiefte sich wieder in den weißen Mittelstreifen.

Sie spielte sowohl die Rolle der Mutter als auch jene der Schwiegermutter. Es war einfach: Zwei Schwiegertöchter wären besser als eine. Die eine könnte mit ihr ins Dorf zurückkehren und ihr bei der niemals endenden Arbeit helfen. In einem Versuch, die Unterhaltung ein bißchen aufzuheitern, sagte ich zu Didi:

»He, ich habe gehört, daß nur die zweite Frau verpflichtet ist, *suttee* zu begehen und ihrem Mann auf den Scheiterhaufen zu folgen, wenn er vor ihr stirbt. Du brauchst dir also keine Sor...«

»Bisher bin ich noch nicht einmal deine erste Frau«, warf Didi mit einem Lächeln ein, das nicht zum Ton ihrer Stimme paßte.

Ich fragte Aama: »Wenn ich sterben würde, müßte Didi dann *suttee* begehen?«

»Wir Gurung machen es nicht, aber es heißt, *suttee* sei gut für das Karma von Mann und Frau.« Aama nahm wieder ihr ausdrucksloses Gesicht an und wartete auf Didis Antwort.

»Aama, bei uns funktioniert das nicht mit den zwei Frauen. Sie kämen hier schlecht miteinander aus.«

Aama nickte. »Ja, das stimmt. Es können Schwierigkeiten zwischen der ersten Frau und der zweiten Frau entstehen. Aber die erste Frau sollte froh sein, wenn eine zweite Frau ein Kind von ihrem gemeinsamen Mann hat.« Aama blieb nicht verborgen, daß Didi sich für ihren Vorschlag nicht erwärmen konnte.

»Also gut, dann hast du eben keine Kinder; du hast nur eine Frau und hortest Geld, zusammen mit den ganzen Kleidern, die du in den Beuteln mit dir herumträgst. Wir Gurung haben nicht genug Stoff, um Gästen eine Decke bieten zu können, wenn sie in unser Dorf kommen, und ihr in *Amrita* besitzt so viele Kleider, daß ihr ein spezielles Zimmer braucht, um sie aufzuhängen. Und ihr lauft über dicke Wollteppiche mit Schuhen. Uns kommt das komisch vor, weil wir uns nicht mal Teppiche leisten können, um darauf zu schlafen.«

Eine Kluft aus Schuld tat sich zwischen Aama und mir auf – die Schuld der reichen Amerikaner, die den armen Asiaten Almosen zukommen lassen. Hier saß eine arme Asiatin leibhaftig neben mir und sprach aus, was wir sonst nur aus Zeitungsappellen oder von unserem Gewissen hören.

»Hier«, versuchte ich unbeholfen zu erklären, »dreht sich fast alles um Geld. Die meisten Menschen besitzen kein Land. Sie müssen ständig arbeiten, um genug zu verdienen, damit sie etwas für ihr Alter zurücklegen können.«

»Kümmern sich die Kinder nicht um ihre alten Eltern?«

»Manchmal. Aber die Regierung zahlt den Alten auch etwas.«

»Warum? Was tun die Leute für die Regierung?«

»Es ist wie eine Pension für die, die ihr ganzes Leben für die Regierung oder für Firmen gearbeitet haben.«

»Wie einfach«, sagte Aama trocken. »Vielleicht sollte ich hier leben.«

Aama könnte hier leben, und Didi und ich würden für sie sorgen, das heißt vor allem Didi: sie baden, mit ihr auf die Toilette gehen, ihr das Essen zerkleinern, ihre Hand halten – einfach alles. Unser Leben hatte sich bereits sehr verändert, so als hätten wir plötzlich ein Kind, und zwar ein großes, das von uns, einem spontanen Impuls folgend, adoptiert worden war. Ich erinnerte mich an Warnungen von Freunden, wie schnell man dazu komme, Kinder zu verwöhnen oder sich von ihren Forderungen manipulieren zu lassen – oder von alten Eltern.

Wir fuhren eine Weile schweigend dahin, dann fragte ich Didi, ob wir besser in Portland oder in San Francisco eine Brille und vielleicht neue Zähne für Aama besorgen wollten.

Es gab keine freien Campingplätze entlang der Columbia-River-Schlucht, und vermutlich würden wir im Hochsommer in der Nähe der Schnellstraße überhaupt keine freien Campingplätze finden. Wir waren müde vom langen Fahren im heißen Auto, so bogen wir in den staatlichen Campingplatz bei den Multnomah-Fällen ein und bekamen einen der letzten Plätze. Unser Fahrzeug nahm sich neben zwei riesigen Luxus-Aluminium-Wohnwagen, die mittels zweier Nabelschnüre mit Elektrizität und Wasser gespeist wurden, geradezu ärmlich aus. Immerhin mußten wir auf diese Weise nicht den Lärm und die Abgase von Camping-Generatoren in Kauf nehmen. Aama studierte diese merkwürdigen Metallmonolithen.

»Aama, das sind Häuser auf Rädern«, erklärte Didi. »Neben ihrem Haus in der Stadt oder auf dem Land besitzen manche Leute noch ein Haus, mit dem sie herumfahren.«

»Warum brauchen sie denn dann noch die anderen Häuser, wenn sie so hübsche aus Metall auf Rädern haben?«

»Sie verfügen wahrscheinlich über genügend Geld, um sich zwei Häuser leisten zu können – oder sie leihen sich das Geld –, und sie wohnen da, wo sie arbeiten; sie möchten andererseits aber auch gerne reisen, so wie du. Warum auch nicht?« fügte

Didi hinzu. Ihre Stimme klang etwas ungehalten. Es war ihrer Stimmung nicht gerade förderlich gewesen, daß Aama mir ohne Umschweife geraten hatte, mich nach einer Zweitfrau umzusehen, und zwar nach einer jüngeren. Außerdem begann ich zu spüren, daß, seit wir wieder in Amerika waren, sich auch Didi ein Zuhause wünschte, mit oder ohne Räder, und danach zu suchen war vielleicht eines ihrer Motive, uns zu begleiten. Aber eigentlich war es Aama, die Didi und mich begleitete.

Ein Campingplatzwärter kam vorbei, um die Gebühren zu kassieren. Er schrieb die Platznummer auf ein Schreibbrett, notierte unser Nummernschild und betrachtete argwöhnisch unseren tibetischen Teppich und die Gurung-Decken, die wir aufs Gras gelegt hatten. Während ich mit ihm sprach, machte er sich weitere Notizen – vielleicht, weil er uns als Problemfälle betrachtete. Ich gab ihm einen Zehndollarschein und steckte eine gekritzelte Quittung in die Tasche.

Aama zog mich am Ärmel. Sie wollte wissen, wieviel ich für die Karte, die er mir gegeben hatte, zahlen mußte, und was man dafür bekomme und tun dürfe.

»Ungefähr 250 Rupien. Dafür können wir hier einmal übernachten.«

»Hunhh?« Sie schaute zu mir hoch und dachte nach. »Das ist teuer, wie alles hier. Und wann bringen sie das Essen?«

»Essen?« Ich verschluckte mich fast an dem Wort. »Sie bringen kein Essen. Wir müssen Lebensmittel kaufen und sie selbst kochen – deswegen haben wir diesen ganzen Klimbim mitgenommen und den Campingkocher.« Didi holte gerade alles aus dem Wagen und stellte es auf den Campingtisch, über den sie ein rotes Wachstuch gebreitet hatte.

»Wir müssen dafür bezahlen, daß wir draußen schlafen dürfen, und sie bringen nicht einmal Essen?« Aama schüttelte staunend den Kopf und starrte Didi mit ihren Tüten und Kisten an. »Kein Essen... nur fürs Schlafen 250 Rupien... Hunh.« Ich hielt inne. Aama schüttelte irritiert den Kopf. »Was sind das bloß für Menschen, was ist das für ein Leben, wo wir Geld zahlen müssen, um nachts draußen im Wald zu schlafen?«

Ich wußte nicht, was ich sagen sollte. »Also, dieser Platz hier wird vom Staat unterhalten. Er ist sogar noch billiger als ein privater Campingplatz.«

»Wenn er dem Staat gehört, dann sollten sie kein Geld nehmen, oder? Wird in diesem Land denn überhaupt nichts für das Dharma getan, für die Religion, für Fremde auf der Durchreise? Es ist unsere religiöse Pflicht – und zählt als Verdienst –, Reisenden Essen und Quartier anzubieten, egal wann sie ankommen. ›Ein Abendgast bringt Glück‹, sagen wir und verlangen niemals Geld von einem Gast. Mein Haus ist direkt unter dem Weg, so daß oft Reisende bei mir auftauchen, die ich noch nie gesehen habe.« Sie unterbrach sich für einen Moment und fügte hinzu: »Morgengäste sind nicht so wichtig.«

Aama begann sich nun wirklich zu erregen und verlieh jedem Punkt mit einer heftigen Handbewegung Nachdruck. Erst richtete sie sich an uns, dann an die Bäume, dann an die Baumspitzen; sie flehte, daß die Menschen, die es anging, sie hören und verstehen würden. Wie sollte sie diese Welt begreifen? Mein Blick folgte dem ihren zu den Bäumen, und ich hoffte, daß ich fähig sein würde, ihr zu antworten.

»Und wo gibt es auch nur ein Zeichen dafür, daß dein Volk die Götter ehrt – Götter, die ganz gewiß hier sind: überall, in allem, was uns umgibt in diesem wunderbaren, schönen, großen Land. Bhagwan, der Gott der Götter, der Geist des Dharma, ist anwesend. Ich kann es fühlen, aber dein Volk scheint nichts davon zu wissen.«

Sie hockte sich an den Picknicktisch und starrte in die Ferne. Ich setzte mich neben sie auf die Holzbank und fuhr mit dem Daumennagel auf der abgesplitterten Farbe hin und her, auf der Suche nach einem Beispiel oder einer Metapher, mit der sie etwas anfangen konnte. Mir fiel aber nichts ein. Der großartige Anblick des Kaskaden-Gebirges hatte sie begeistert, ebenso die unendlichen Weizenfelder und die Eleganz und Faszination der Technik. Aber ich spürte, daß sie nach mehr suchte, nach irgendeinem Zeichen, daß das amerikanische Volk dem Geist Achtung und Ehrerbietung entgegenbrachte, dem Geist, der uns führt und unser Leben überhaupt erst ermöglicht. Eine solche Orientierung auf das Heilige war nicht so leicht zu finden in Amerika, möglicherweise überhaupt nicht.

»Die meisten Amerikaner wissen gar nicht, wie schön und reich unser Leben hier ist, Aama«, begann ich zögernd, »weil sie nichts anderes kennen. So etwas wie dein Dorf haben sie nie gesehen, die Mehrheit von ihnen war noch nie im Ausland. Ich schäme mich, dir mein Heimatland zu zeigen, in dem es keine religiöse Andacht gibt.«

Ein Vogel stimmte sein Abendlied an, und die Geräusche auf dem Campingplatz wurden intensiver und lebendiger. Aama schaute sich um.

»Was tun all diese Leute – gibt es denn bei euch gar keine Religion?« fragte sie herausfordernd mit durchdringendem Blick. Ihr Gesichtsausdruck und die Spitzen ihrer zitternden Finger zeigten deutlich, daß sie sich fehl am Platz und allein fühlte. Sie schien plötzlich zu spüren, wie anders sie war, ihre Kleinheit, ihre Kleidung, ihre Isolation, ihre Machtlosigkeit. Wie konnte ich ihre Enttäuschung mildern? Ich fühlte mich hilflos. Mich für unser Land zu entschuldigen, wäre überheblich und sinnlos.

»Vielleicht begegnen wir noch Menschen, die religiös sind«, brachte ich vor, um ihre Stimmung zu verbessern. »Es gibt auch hier Götter. Bhagwan ist hier. Du sagst ja selbst: Man braucht nur die Augen aufzumachen. Religion und Spiritualität sind nicht überall, aber es gibt Menschen, die das Göttliche verehren.« Die Hoffnung, ihnen zu begegnen, war nicht ganz unrealistisch.

Sie erwartete von Amerikanern nicht, daß sie sich wie Hindus verhielten, aber sie hatte angenommen, daß auch hier die Menschen auf einer spirituellen Basis lebten: tragende, selbstverständliche Werte wie Gottesverehrung und Dienen. Die Buddhisten und Muslime, denen sie in Nepal begegnet war, verhielten sich so wie sie, und sie hatte das Gefühl, daß sie aus demselben spirituellen Stoff gewebt waren, auch wenn ihre Bilder und Erklärungen anders aussahen. Wo waren unsere? Vermutlich irgendwo in den Fernsehgeräten, vermutete ich.

Didi merkte, daß Aama Hunger hatte und daß auch das ein Auslöser für ihre düsteren Gefühle war. Schmollend kam Aama zum Picknicktisch, und wir aßen schweigend, was Didi hastig zubereitet hatte. Wie Eltern, die darauf warten, was ihr rebellisches, halbwüchsiges Kind wohl als nächstes von sich geben würde, saßen wir angespannt am Tisch. Didi holte Eis aus der Kühltasche und füllte Aama eine Schale voll. Aama erinnerte sich an die Eistüte auf der Fähre und folgte dem Weg der Schale zum Tisch erwartungsvoll mit den Augen. Der Genuß der weichen, kühlen, glatten, süßen Creme versöhnte sie wieder etwas mit der unmittelbaren amerikanischen Wirklichkeit. Sie stellte sich vor, wie ihre Verwandten reagieren würden, wenn sie ihnen erzählte, daß wir fürs Schlafen unter freiem Himmel hatten bezahlen müssen, und wir lachten gemeinsam schon im vorhinein.

Nun konnten wir wieder sprechen. Ich teilte Aamas pessimistische Gefühle über den spirituellen Charakter unseres Kontinents – vielmehr den Mangel daran: eine Gemeinschaft von Menschen ohne Persona. Wie konnten sich die meisten von uns so weit von einfachen Prinzipien und Freuden entfernen? Keine Frage, Amerika war von durchaus freundlichen Menschen bewohnt, die in guter Nachbarschaft miteinander lebten, hingegeben an ihre Arbeit, ihre Familie und ihre Freizeitvergnügen; aber dem Land fehlte die Art von universalem Glaubenssystem, das den Kitt eines Gurung-Dorfes ausmachte. Geld war in Amerika allgegenwärtig, aber es band die Menschen mehr an Schulden und Pflichten als an die Mitmenschen und die Gemeinschaft.

Aama war ihre Kultur an- und eingeboren, und so lag es an Didi und mir, aus der Perspektive einer anderen Sozialisierung zu reflektieren und zu beschreiben, was Aama und die Gurung von Amerikanern unterschied und auch mit ihnen verband.

»Hier sind es die Schullehrer, die Therapeuten, die Rechtsanwälte und die Gerichte, die zu oft darüber entscheiden, was richtig und was falsch ist«, sagte ich. »Von den bezahlten Spezialisten lernen wir die Regeln, oder wir müssen die Konsequenzen tragen.«

»Im Unterschied dazu«, meinte Didi, »werden die Regeln und Normen in den Dörfern des Himalaja ganz und gar von der Religion, der Familie und der Gemeinschaft getragen und durchgesetzt. Das ist ein starker Verhaltensregulator, der die Gesellschaft fast nichts kostet. Und ob sie es nun so nennen oder nicht, immer steht dahinter ein Verständnis von Karma.«

Sehr viel konnte mit dem Karmaprinzip erklärt werden, jenem unentrinnbaren Gesetz von Ursache und Wirkung. Die Summe der eigenen Handlungen, das Plus und das Minus ihrer Folgen, bestimmt die Qualität des gegenwärtigen Lebens. Die Wirkung der eigenen Handlungen reicht über diese Lebensspanne hinaus ins nächste und in weitere Leben. Nach und nach reift das Karma.

Didi und ich fühlten uns beide nicht in der Lage, amerikanische Werte angemessen darzustellen und zu interpretieren. Aber ich versuchte, Aama dennoch ein Bild zu geben, und wurschtelte mich irgendwie durch.

»Unsere Familienstruktur hier in Amerika hat sich in den letzten hundert Jahren ziemlich aufgelöst«, bemühte ich mich um eine Erklärung und fragte mich, ob es vielleicht aus schlichter Vernachlässigung geschehen war. »Zuerst sind die Siedlungsgemeinschaft und die Großfamilie verschwunden« – sofern es die in unserer westlichen Pionierkultur der Expansion je gegeben hat –, »und jetzt ist sogar die Kernfamilie bedroht.« Aber ich konnte Aama nicht sagen, warum. Irgendwie ist unser Rechts- und Wohlfahrtssystem zum Ersatz für Familie und Gemeinschaft geworden. Aufgrund ihrer eigenen schleichenden Dynamik oder Versäumnisse sieht sich die Regierung in die Zwangslage versetzt, die Scherben aufzusammeln.

Aama quittierte meine Aufrichtigkeit mit einem Lächeln und war allem Anschein nach erleichtert, daß mich noch andere Dinge beschäftigten als Geld, Herumfahren und das Horten von Gegenständen. Während ich sprach, hatte sich ihre Stimmung wieder aufgehellt. Sie schien bereit zum Schlafengehen.

Wir krochen alle drei unter eine einzige große Steppdecke und schauten in den Sternenhimmel, der sich über uns ausbreitete. Während Aama ihr Abendgebet sang, durchforschte ich mein nebulöses, schwankendes Bild von Amerika nach einem Bezug zum Heiligen, nach einem Zeugnis für die kollektive Achtung für das Land und seine Menschen. Unsicher, wie ich ausdrücken konnte, was ich fühlte, rutschte ich zu Didi hinüber, schaute sie in der Dunkelheit an und sprach im stillen ein Gelöbnis aus. Sollte es irgendwo in Amerika ein Empfinden für das Spirituelle oder sogar echte Religiosität geben, dann würden wir versuchen, sie im Strudel der Ablenkungen zu finden. Ich hielt mich zurück, Aama diesen Entschluß mitzuteilen, denn ich fürchtete ihren Spott darüber, daß wir hier nach etwas suchen mußten, was für sie als selbstverständlicher Teil zur Landschaft gehörte, die wir bewohnen, und der Luft, die wir atmen.

Ich war als Sonntagsschulen-Protestant aufgewachsen und kannte die Bibel nur aus der Perspektive von Kindergeschichten. Aber Didi stammte aus einer traditionellen katholischen Familie, und sie wußte vielleicht, wo wir mit unserer Suche beginnen konnten. Sie dachte einige Augenblicke nach, und ich spürte, daß sie meinen Entschluß nicht abwegig fand. Sie seufzte, flüsterte etwas, das sich anhörte wie »gute Idee« und meinte, wir müßten jetzt schlafen. Ich lag auf dem Rücken und arbeitete mich systematisch durch den Sternenbaldachin, indem ich versuchte, die Sterne zu Gruppen zu organisieren. Als ich zu den ersten Gruppen zurückkehrte, sahen sie anders aus. Astrologen hatten recht: Die Sterne wußten. Sie wußten soviel wie wir über unser Karma und wohin uns unsere Reise führen würde.

Didi und ich wachten bei Sonnenaufgang auf. Angeregt von der frischen Nordwestluft, schlüpften wir in unsere Pullover und setzten Kaffee auf dem Kocher auf. Aama schätzte den kalten

Luftzug, der an sie herankroch, gar nicht und zog sich die Decke eng über die Ohren. Nur noch ein paar silberne Haare waren von ihr auf dem tibetischen Teppich zu sehen.

»Ist meine Schwiegertochter schon auf?« rief sie zum Spaß unter der Decke hervor. »Sag ihr, daß sie sich gefälligst hochmachen soll! Die Sonne geht auf. Der Boden und der Eingang müssen mit frischem Kuhdung und Ton gepflastert werden. Mach dann das Feuer an, setz Teewasser auf und dresche Korn. Danach muß der Reis für Mittag aufgesetzt werden, und dann nehmen wir unsere Hacken und gehen aufs Feld! Aber natürlich mußt du zuallererst Wasser holen...« Sie riskierte einen Blick über den Rand der Bettdecke, um zu sehen, ob ihr Morgenappell an die Schwiegertochter unseren Zeltplatz im Wald vielleicht doch in ein quirliges Dorf im Himalaja verwandelt hatte.

»Und wohin geht's heute?« Sie warf die Decke zurück. »Ich bin auf. Was gibt's zu sehen? Also dann, los!«

An einem Informationsstand für Touristen fiel mir eine Broschüre mit dem inspirierenden Titel »Das Versprechen und der Traum: Das Heiligtum unserer Schmerzensreichen Mutter« in die Hand. Gemeint war damit eine religiöse Enklave außerhalb von Portland mit Namen »Die Grotte«. Dort hatten die Brüder und Schwestern des »Ordens der Diener der Maria« ein 26 Hektar großes Waldgelände in einen katholischen Garten mit Schreinen, Kapellen, Statuen und den Stationen des Kreuzwegs verwandelt. Didi fuhr, während ich Aama einen Teil der Broschüre übersetzte, in der ausgeführt wurde, wie »die Diener der Maria« danach streben, das Leiden der Welt zu lindern, indem sie die Barmherzigkeit Marias, wie sie sich in ihrem Dienst an Jesus zeigt, zu leben versuchen. Aama schloß daraus sofort, daß dies ein heiliger Platz sein müsse und wir endlich etwas täten, was sich lohnte. Unsere Pilgerreise hatte endlich begonnen.

»Wenn ich gewußt hätte, daß wir heute den Göttern etwas opfern, dann hätte ich nach dem Aufstehen gebadet und gefastet. Ein religiöser Pilger sollte das tun, bevor er vor den Göttern erscheint. Ich habe Tee getrunken, aber das dürfte nichts schaden.« Während sie mit dem rechten Daumen die Fingerspitzen derselben Hand nacheinander berührte, zählte sie auf, was wir alles brauchten: »Reis, Räucherstäbchen, Kerzen, Zündhölzer, Blumen ... und frischen Kuhdung. Kannst du Kuhdung bekommen?«

»Hier in der Nähe wohl kaum.« Ich wußte, daß Kuhdung Bhagwan günstig stimmte, und blickte suchend auf die Wiesen jenseits des Parkplatzes. Mit Kuhmist düngen die Gurung ihre Felder, kochen ihr Essen und verputzen, gemischt mit Tonerde, damit ihre Fußböden und Wände. Es ist ein Nebenprodukt – oder besser: Produkt – von Lakshmi, der Göttin des Wohlstands, der Quelle von Milch und Butter. Aama erinnerte uns an die Kühe, sehr kleine Kühe, die wir auf der Fahrt durchs Autofenster gesehen hatten. Bestimmt würden wir dort auf der Weide neben der Autobahn Kuhfladen finden, aber wir waren schon lange von der Autobahn herunter. Außerdem wußte ich nicht recht, was ich sagen sollte, wenn mich jemand dabei erwischte, wie ich einen Kuhfladen einsammelte. In Oregon würden die Leute sicher annehmen, daß wir hinter halluzinogenen Pilzen her seien.

Didi entdeckte den Wegweiser zur »Grotte«, und wir gelangten auf einen Waldweg. Ich hatte einen Freund in Portland angerufen, einen Arzt, der eine Klinik in Katmandu leitete, und mich mit ihm am Parkplatz verabredet. Aama kannte ihn als Doktor *Sah'b*, obwohl sie nie seine Patientin gewesen war. Er war auf Urlaub zu Hause. Kuhfladen konnte auch er leider nicht auftreiben.

Aama gab uns Anweisungen zur rituellen Vorbereitung. »Schau, die Blumen da drüben. Didi, pflücke welche – nein, ich mache es selber. Vielleicht hast du gerade deine Periode. Ideal wäre es, wenn ein jungfräuliches Mädchen sie pflücken würde.«

»Aama, wir dürfen die Blumen nicht pflücken«, wandte Didi ein, die sich zwar über Aamas religiösen Eifer freute, aber Sorge hatte, daß sie uns in Schwierigkeiten bringen könnte. »Auf dem Schild steht, daß es verboten ist.«

»Was soll das heißen: Wir können die Blumen nicht pflükken? Letzte Nacht mußten wir dafür bezahlen, daß wir draußen geschlafen haben ohne Essen, und jetzt dürfen wir die Blumen nicht pflücken? *Kaha hunchha*«, stieß sie hervor, was soviel heißt wie: *»Jetzt reicht's aber!«*

»Wenn wir sie pflücken, dann können andere Leute sich nicht daran freuen.« Es klang, als würde Didi die »Grotto«-Politik erläutern. »Sehen sie nicht schön aus, bunt und fröhlich, wie sie dort im Beet stehen?«

»Natürlich sind sie schön, deswegen brauchen wir sie ja – als Gabe für die Götter.« Sie schaute uns nacheinander an. »Blumen sind nicht von Menschen gemacht, von unseren Händen. Sie existieren nicht, weil wir das so wollen, sondern weil Bhagwan sie geschaffen hat. Alles, was wir sehen, ist von Bhagwan geschaffen. Wie sollten *Menschen* verbieten können, daß wir sie pflücken? Ich verstehe überhaupt nichts mehr!«

Sie ging zum Blumenbeet hinüber, das den Parkplatz unterteilte, und pflückte trotzig einige Stiefmütterchen. Es ging ihr ganz und gar gegen den Strich, daß wir sie in ihren religiösen Verrichtungen behindern wollten.

Das Geräusch einer hydraulischen Tür zog unsere Aufmerksamkeit an. Ein Bus mit der Aufschrift »Catholic Charters« hatte mitten auf dem Platz gehalten: ein Pilgermobil. Die meisten Reisenden, die daraus langsam hervorquollen, sahen aus wie Lateinamerikaner und Asiaten. Die Frauen trugen Mantillas und Rosenkränze, das katholische Äquivalent zur *Mala* der Hinduisten und Buddhisten, einer Kette mit 108 Rudraksha-Samen, welche die meisten älteren Menschen beim Besuch heiliger Stätten in Asien zur ständigen Wiederholung ihrer Mantras und Gebete benutzen.

Didi, Absolventin eines katholischen Konvents, sagte, daß in unserer Generation die meisten gläubigen Katholiken Mexikaner und Filipinos seien; sie glaubten noch daran, mittels einer Pilgerreise Verdienste sammeln zu können. Nachdem sie ihre Augen an das grelle Sonnenlicht des Nordwestens gewöhnt hatten, schauten einige von ihnen unbekümmert zu, wie Aama

Blumen pflückte. Ich erwartete jeden Moment, daß ein Ordnungshüter eingreifen würde. Aber sie tat es mit einer solchen Selbstverständlichkeit, daß sich keiner daran störte.

Den üppigen Strauß reichte sie an Doktor *Sah'b* weiter. »Ich ziehe hier meine Schuhe aus«, sagte sie und schritt sogleich zur Tat. »Man trägt keine Gürtel und keine Schuhe, wenn man einen Tempel oder Schrein besucht oder eine Pilgerstätte – jedenfalls nicht, wenn sie aus Rindsleder sind. Ist an meinen neuen Schuhen nicht auch Leder?«

Gehorsam streiften wir alle unsere Schuhe und Socken ab, verstauten sie im Auto und gingen ehrfürchtig den geteerten Schlängelweg zur »Grotte« entlang, der von der Flora des Nordwestens gesäumt wurde: Rhododendron, Oregonwein und Adlerfarn. Die Luft war mit dem feuchten Duft von Douglastannen und verrottender Rinde gesättigt, heimatliche Gerüche der Pazifikküste hier im Nordwesten. Aamas Zehen spreizten sich wie Finger und erforschten den Boden bei jedem Schritt. Katholische Pilger schlenderten hinter uns her, und andere gingen zu den Bussen zurück. Sie nickten Aama, die sie wahrscheinlich für eine Katholikin aus einem alten Land irgendwo in Südamerika oder Asien hielten, freundlich zu. Eine Frau fragte sie, wie alt sie sei. Als Doktor *Sah'b* antwortete, 84, meinte sie, sie habe sie für älter als 100 Jahre gehalten. Ich sagte Aama, daß die Frau, die mit dem Doktor spreche, und die anderen asiatisch aussehenden Leute sämtlich Pilger seien.

»Sie sehen nicht gerade wie Pilger aus. Sie haben keine Kerzen, keine Räucherstäbchen und keine Blumen bei sich; außerdem tragen sie Schuhe. Vielleicht haben sie sich verirrt und wissen nicht, daß dies hier ein heiliger Ort ist – oder sie haben die Geschichte geglaubt, daß man keine Blumen pflükken darf. Wie dem auch sei – jedenfalls erwerben sie sich Verdienste einfach durch ihr Hiersein«, meinte sie nachsichtig.

Mit den gespreizten Fingern ihrer freien Hand deutete sie auf die Büsche am Wegrand. »Laßt euch nicht einfallen, hier hinzupinkeln«, ermahnte sie uns eindringlich. »Das Gelände um einen Schrein ist heilig, und der Weg dorthin soll mit

Respekt begangen werden. Einem heiligen Ort mußt du dich mit reinem Geist und reinem Körper nähern – und einem leeren Magen. Ihr wußtet doch, daß wir zu einem heiligen Ort gehen, aber ihr habt vorher gegessen, nicht wahr? Hat Doktor *Sah'b* auch gegessen?«

Ich brauchte nicht an die Pizza aus dem Schnellimbiß erinnert zu werden, die Didi und ich an einem Drive-in der vierspurigen Zubringerstraße erworben und hungrig heruntergeschlungen hatten. »Wenn dein Magen leer ist«, belehrte uns Aama weiter, »dann hast du mehr Respekt. Du zeigst auf diese Weise den Göttern, daß du bereit bist, zuerst ihnen Nahrung zu geben, bevor du selbst ißt.« Sie hatte nichts gegessen. Ich fühlte mich schlaff, und nun machte sich auch noch mein schlechtes Gewissen bemerkbar. Als Aamas Dharma-Sohn hätte ich es schließlich besser wissen sollen. Ich fragte mich, ob ich mich so verhalten sollte, als sei dies mein Land, oder als sei es Aamas Land. Allmählich bekam ich das Gefühl, es sei ihres.

Aama verließ den Weg und trat an den Rand eines Baches, der quer durch den Garten floß. Sie beugte sich tief nach unten und spritzte Wasser über ihre Füße, um sie dann gründlich mit den Fingerspitzen hinter den Knöcheln und zwischen den Zehen zu waschen. Sie schaute sich nach einem runden Stein um, wie er an der Dorfquelle zu liegen pflegt, um angetrockneten Schmutz von der Feldarbeit zu entfernen, aber sie sah nur Büsche und feuchten Waldboden. Sie stand auf; unter dem Sarong glänzten ihre runzeligen und schwieligen Füße wie moderne Kunstobjekte.

Leise ätherische Musik geleitete uns zu einem natürlichen Amphitheater, einer Art Freiluftkathedrale mit Kirchengestühl und Altar. Als wir uns umdrehten, standen wir vor der Grotte. Sie beherbergte eine weiße Marmorstatue der Jungfrau Maria, die den sterbenden Christus in den Armen hält, eine Kopie der Pietà von Michelangelo.

Opferkerzen, die noch bis vor kurzem nach Belieben in der Grotte aufgestellt werden konnten, waren jetzt in einen Käfig eingesperrt. Im Laden für religiöses Zubehör wurde uns mitgeteilt, Kinder hätten Kerzen weggenommen und damit gespielt; doch wenn man das Personal beauftragte, eventuell auch telefonisch, eine Kerze anzuzünden, dann würde sie garantiert sieben Tage lang brennen.

Aber für Regeln war keine Zeit. Aama, autorisiert von ihrer eigenen Frömmigkeit, zog die Kette weg, die am Betreten der mit Moos und Flechten bewachsenen Grotte, des Heiligtums der Jungfrau Maria, hindern sollte. Sie stand direkt unter der Statue und hatte die Hände locker zusammengelegt, als hielten sie eine Kerzenflamme oder eine Lotusblüte kurz vor dem Aufspringen. Ihr Körper schien warm durchstrahlt durch die Nähe zu einer gütigen Gottheit. Bewegungslos murmelte sie mehrmals ihr Mantra und wandte sich dann uns zu, um die Opfergaben zu übernehmen. Sie zündete die Kerzen auf den Altarstufen an und schützte die Flamme sorgsam mit beiden Händen, um kein Streichholz zu verschwenden, denn Streichhölzer sind im Dorf teuer. Dann stellte sie die Kerzen oben auf den Altar, entzündete an der Flamme die Räucherstäbchen, nahm sie zwischen die zum Gebet aneinandergelegten Handflächen, so daß es schien, als ströme der Rauch aus ihren Fingerspitzen, trat zwei Schritt zurück und bewegte die Räucherstäbchen im Uhrzeigersinn kreisend vor ihrem Gesicht. Ein Sonnenstrahl fiel schräg in die Grotte auf die andächtige Gestalt und hüllte sie in einen Lichtkranz.

Doktor *Sah'b*, Didi und ich schauten gebannt zu. Aamas kleine Gestalt war ganz und gar Hingabe, wurde fast zu einem Teil der Grotte selbst, zum Gegenüber der Jungfrau Maria, die erhaben und allwissend über ihr thronte. Die Zeit schien sich zu dehnen und plötzlich stehen zu bleiben, so wie ein Auto mit quietschenden Bremsen zum Stehen kommt, um einen Blinden über die Straße zu lassen. Uns, die wir hinter Aama standen, kam es so vor, als seien wir über Zeit und Raum hinweg in einen nepalesischen oder indischen Tempel vor ein paar hundert Jahren versetzt.

Aama legte die Räucherstäbchen vor den Altar, kniete sich nieder, legte die Handflächen auf den sauberen Schieferboden der Grotte und berührte ihn mit der Stirn. Sie verneigte sich noch zweimal, während sie das Gebet sprach, das ihr spontan aus dem Herzen kam.

»Wir sind hier in Unwissenheit. Mögen alle Menschen von diesem heiligen Ort erfahren. Gib ihnen die Möglichkeit, herzukommen, ihre Opfergaben zu bringen und den Segen zu empfangen. Wir alle sind von einer Rasse, von einem Blut, o *Bhagwan*. Vergib meine Sünden und die Sünden aller Menschen Amerikas und der ganzen Welt, und schütze uns alle. *O Bhagwan*, schenke uns Frieden und Glück, bewahre unsere Gesundheit und unser Wohlergehen. Mögen jene, die keinen Besitz haben, ihn nicht vermissen, und jene, die Besitz haben, ihn nicht mißbrauchen. Ich bringe diese Gaben in Demut im Namen meiner Verwandten und Ahnen dar, *o Bhagwan* ...«

Die Pilger aus dem Bus in ihren kurzärmeligen Hemden und geblümten Sommerkleidern starrten Aama mit offenem Mund an. Sie waren wie verzaubert von ihrer resoluten Hingabe. Hier war eine alte Hindufrau aus Nepal, die an ihrer Stelle und für uns alle den Katholizismus mit innigster Frömmigkeit zum Ausdruck brachte. Wie es von einem echten Pilger verlangt wurde, hatte sie Leiden ertragen, ihr Zuhause im hohen Alter verlassen, auf dem Weg Mühsal auf sich genommen und war hier glücklich angekommen, um in einem heiligen Schrein vor das Angesicht der Götter und Göttinnen zu treten. Aber jetzt schritt sie darüber hinaus, ließ uns in der profanen Welt zurück und schien selbst einen sakrosankten Raum zu betreten. Die umstehenden Pilger sahen aus, als wollten sie zu ihr und bei ihr sein. Vielleicht konnte sie uns alle mit sich nehmen.

»Es ist Gott, der mich hierhergebracht hat. Diese Gottheiten haben eine andere Form als unsere, aber es sind dieselben Götter«, sagte Aama, die leicht zitterte, als habe sie sich mit kühlem Wasser erfrischt. »Welcher Gott ist das in der Höhle?« fragte sie mich.

»Es ist die Jungfrau ...«

»Ist auch egal«, unterbrach sie mich, »Bhagwan ist ein Wesen, ein Geist, der in vielen Formen erscheint, in vielen Gottheiten. Bhagwan kommt nicht zu uns und sagt: ›Ich bin der Gott mit diesem Namen.‹ Nur wir Menschen machen Unterschiede zwischen den Göttern. Wenn Bhagwan in der eigenen Seele ist, dann kann man ihn sehen.«

Eine dreißig Meter hohe Felswand unterteilte den Garten in zwei Ebenen. Wir gingen zu dem Freiluftaufzug, der die Besucher von der Grotte zum Obergarten transportierte. Davor mußte man ein Drehkreuz passieren. Aama zog die obere Stange mit ausgestreckten Armen zu sich, was zur Folge hatte, daß ihr die untere an die Beine stieß. Ich winkte ihr zu, sie solle nach vorne gehen und nicht nach rückwärts, aber Aama duckte sich kurzerhand und kroch unter den Stangen durch, so, wie sie vielleicht einen kleinen Hinduschrein betreten hätte. Ein Aufpasser schaute lächelnd zu, als ich ihr die Hand reichte und sie hochzog.

Doktor *Sah'b* hielt uns die Aufzugtür auf und fragte in feierlichem Tonfall: »Himmel, Hölle oder Fegefeuer?« Wir brachen in Gelächter aus und lösten so den Bann der andachtsvollen Szene in der Grotte. Didi übersetzte Aama Doktor *Sah'bs* Scherz, was uns eine Rüge für unsere Albernheit und mangelnde Ehrfurcht eintrug.

Der Obergarten war als Passionsweg angelegt und jede der Leidensstationen Christi in Marmor gehauen. Aama beobachtete Didi, wie sie sich hinkniete und betete, und kniete sich neben sie. Sogleich übernahm sie die Führung und schritt mit uns dreien im Schlepptau zur nächsten Station, kniete sich hin, betete laut auf Sanskrit und berührte den Boden mit der Stirn.

Wir entdeckten die im Garten angelegte Rosenkranz-*Mala*, die in der Broschüre beschrieben war. Aama nahm Doktor *Sah'b*, den sie nach seiner unpassenden Bemerkung im Aufzug für besonders absolutionsbedürftig hielt, an der Hand und ging mit ihm – Mantras murmelnd – hinter den anderen Pilgern her, die den Rosenkranz im Uhrzeigersinn umschritten. Er bestand aus Plastikschwimmern, wie man sie an Fischernetzen verwendet, die auf eine Schnur gezogen und um ein Blumenbeet gelegt waren. So wurde der jüdisch erzogene Doktor *Sah'b* nun von einer alten hinduistisch-buddhistischen Frau durch ein katholisches Ritual geführt. Er konnte nicht anders, als Didi und mir angesichts dieser erstaunlichen Kombination von Umständen über die Schulter zuzulachen.

Aama unterbrach den Fluß ihrer Segenssprüche. Tadelnd fiel ihr Blick auf Doktor *Sah'b*. »Jetzt schaut euch das an! Doktor *Sah'b* lacht!« Auch Didi und ich konnten uns ein Grinsen nicht verkneifen. Sie hatte uns erwischt. Aama umrundete den Rosenkranz ein zweites Mal, war aber nicht bei der Sache. Sie blieb vor uns stehen und sagte streng: »Ihr lacht alle. Ihr wißt nicht, wie man die Götter verehrt. Ihr wollt nur zuschauen und lachen. Aber Bhagwan hört euer Lachen.«

Wir wischten uns das Lächeln verlegen vom Gesicht. Sie hatte uns in den gegenwärtigen Augenblick zurückgebracht, in ihren Augenblick, auf ihren Boden. Geläutert vollführte Doktor *Sah'b* mit Aama einen dritten Umgang, bevor sie ihn losließ. Schweigend standen wir da und betrachteten die Bäume und Statuen des Parks. Uns wurde klar, daß wir im Grunde über uns selbst gelacht hatten, und Doktor *Sah'b* schwor, daß er sich niemals mehr über die religiöse Hingabe eines Menschen lustig machen würde. Angesichts der Demut in Aamas Gesicht und Stimme konnten auch wir nur still werden.

Die Fahrt nach unten mit dem Aufzug glich einer Rückkehr zur Erde. Als wir ins Auto stiegen, erkundigte sich Aama, ob noch etwas von dem Essen übrig sei, das so gut gerochen, und ob es ausreichte, um es auch mit Doktor *Sah'b* zu teilen.

Kapitel 7

Der Geruch von Seeluft am Unterlauf des Columbia River hatte unseren Appetit auf die Küste geweckt, und Highway 101 war unsere Straße nach Kalifornien.

Sattes Blau schien durch die Windschutzscheibe, als unser Wagen eine lange Steigung hinaufkletterte. Die weiße Sandbank und der Besenginster, durch den der Wind fuhr, deuteten darauf hin, daß es zum Ozean nicht mehr weit war. Die Straße wurde eben, ich nahm den Fuß vom Gas, und wir rollten auf einen Parkplatz. Vor uns ausgebreitet lag der Pazifik in seiner ganzen Herrlichkeit. Didi drehte das Fenster herunter, und feuchte Meeresluft, aufgeladen mit negativen Ionen, strömte in unsere Lungen.

»Aama, das ist der Ozean«, erklärte Didi, die – stimuliert von einer Art kalifornischen Freiheitsgefühls, das der Anblick des Ozeans weckt – einem Impuls folgte, ihre Haare zu öffnen und zu schütteln. »Es ist das größte Meer der Welt und reicht halb um die Erde.«

Aama hob leicht das Kinn und starrte zum Horizont.

»Einen Teil des Ozeans haben wir nachts überflogen«, fuhr Didi fort, »aber es würde fast einen Monat dauern oder noch länger, um ihn mit dem Schiff zu überqueren. Du könntest von hier aus mit dem Boot bis nach Kalkutta segeln und von dort die Flüsse hinauf durch Indien und Nepal bis zum Seti-Fluß direkt unter deinem Dorf.«

Aamas Blick schien in die Ewigkeit gerichtet zu sein, an einen Ort, wo sie vielleicht verstehen könnte, was das alles zu bedeuten hatte. Langsam senkte sie den Blick zur horizontalen Linie, wo sich Meer und Land im Schaum der sich brechenden Wellen begegnen. Ihre Lippen zitterten, aber ihre Augen leuchteten wie bei einer göttlichen Offenbarung.

»Das ist Gangeswasser«, sagte sie mit der Sicherheit einer Urgroßmutter. Sie hob die Hände in Gebetshaltung an die Stirn und verharrte so.

Natürlich – der Ganges, die heilige Arterie und das Krematorium des indischen Subkontinents. Er mündet in den Golf von Bengalen, dessen Gewässer mit dem Pazifischen Ozean verbunden sind. Der Ganges, Träger von Opfergaben, Asche, Nahrung und Ausscheidungen mehrerer hundert Millionen Menschen; das Badewasser und Tonikum einer Nation; die Quelle des Lebens und der Begleiter und Träger des Todes. Vor mir sah ich das Bild eines Pilgers, wie er mit einem zahnstochergroßen Bambussplitter Blätter zusammensteckt, um ein wasserdichtes Votivlämpchen herzustellen. Der Baumwolldocht nährt sich von Kuhbutter, und die Flamme tanzt hüpfend daran herum, wenn der Pilger das Lämpchen bei Sonnenuntergang dem Strom anvertraut, um seine Gebete zu Agni, dem Gott des Feuers, zu schicken. Vielleicht werden diese Lämpchen nach einer langen Reise an den Strand von Oregon gespült.

»Die Flüsse, die in den vier Himmelsrichtungen entspringen, kommen hier zusammen.« Aama schaute mich an. »Du hast mir nicht gesagt, daß wir hier auf Gangeswasser stoßen.« Sie schien zu vermuten, daß dies allgemein bekannt sei, die Information in Amerika jedoch vielleicht unterdrückt werde. »Oder es bedeutet den Leuten hier möglicherweise nichts.«

Ich verzichtete darauf, mich damit zu rechtfertigen, daß ich einfach vergessen hatte, ihr etwas vom Ozean zu sagen, da sie darauf vielleicht genauso kritisch reagieren würde wie meine Mutter. In meiner Jugend hatte ich gelernt, daß Vergessen keine Entschuldigung war, sondern Vorwürfe nach sich zog.

»Du bist an diesen Ort mit genausoviel Unwissenheit gekommen wie ich! Hast du nicht gehört, daß ich den Namen Ganga Sagar ausspreche, wenn ich bete? Ganga Sagar ist die Insel mitten im großen Gangesozean, das heiligste aller *tirthas*, aller heiligen Badeplätze. Du hast gesagt, wir würden durch *Amrita* fahren, und das klang gut; aber das hier hast du verschwiegen.« Sie blinzelte wieder zum Horizont. »Die Insel Ganga Sagar muß irgendwo da draußen sein.«

Mit unserem überladenen Wagen rauschten wir den Berg hinunter und landeten in einer der Küstenstädte Oregons, Lincoln City. Wir fuhren an Hotels und Läden vorbei, die direkt ans Meer gebaut sind. Aama schaukelte hin und her in dem Versuch, den Blick auf den Ozean, der sich zwischen den Gebäuden auftat, zu verlängern. Eine aggressive Brise pfiff vom Meer her durch das spaltbreit geöffnete Fenster.

»Bestimmt sind hier Pilger, Yogis und Saddhus«, vermutete Aama, »die alles aufgegeben haben, um an der Küste zu meditieren und Gott zu verehren. Und wo sind die *Ghats*, wo die Pilger baden können?«

»Ich glaube, wir kommen gerade zu einem«, sagte Didi.

Aama schaute zu einem Wohnblock hinauf, an dem wir vorbeifuhren. »Das muß ein *Dharamsala* sein, wo die Pilger wohnen können, von denen sicher viele auf den Tod warten. Und wo sind die Verbrennungsplätze?«

Auf der anderen Seite der Stadt mündete Highway 101 in ein riesiges Parkareal für den Lincoln City Beach. Es war Wochenende, und auf Hochglanz polierte Autos suchten im Schritttempo nach einer Parklücke. Plötzlich stieg mein Adrenalin- und Hormonspiegel und das altbekannte Gefühl machte sich wieder bemerkbar: Freitagnachmittag in der High School, losgelassen in die Freiheit des Wochenendes. Da waren Wellen, die zum Surfen genutzt werden wollten, glatter, warmer Sand, über den es sich wunderbar rennen ließ, und Mädchen, die man in waghalsige Gespräche verwickeln konnte.

Der Strand war dicht bevölkert mit Sonnenanbetern, Sandburgenbauern, rennenden, tanzenden, Frisbee spielenden Menschen in Badetextilien, die so hoch geschnitten waren, daß man die Hüften sah. Drachen von der Größe eines Leichtmotorflugzeugs wurden von zischenden Kampfdrachen mit langen, regenbogenfarbenen Schwänzen verfolgt. Die Drachenlenker sprangen und rannten und stemmten die Fersen in den Sand, um sie halten zu können.

»Kann ich baden?« fragte Aama ungeduldig. »Es müßten Nepalesen hier sein oder Inder; sie sind überall, wo man in Gangeswasser baden kann. Aber die Pilger hier haben weniger an als wir – sie sind fast nackt. In unserem Dorf würden sich die Frauen schämen, Männer ihre Beine sehen zu lassen oder ihr Haar, außer es ist geölt und fest zurückgebunden. Haben wir eine Flasche, um etwas Ozeanwasser mitzunehmen? Das ist bestimmt sauber. Wer weiß schon, wo das Wasser herkommt, das aus dem Hahn fließt?«

Aama wußte, wo wir waren. Für sie verkörperte der Ozean eine flüssige Verbindung mit Asien. Die Aktivitäten am Strand waren in ihren Augen keine Freizeitvergnügungen, sondern freudige Bestätigung der göttlichen Wirklichkeit. Wir parkten das Auto und stiegen aus. Aama legte ihren Sarong in Falten und ließ sich den Wind ins Gesicht blasen. »Sicher kommt ein Sturm auf!« rief sie laut, um das Tosen der Brandung zu übertönen.

»Es bläst fast jeden Tag so«, antwortete Didi. »Der Wind hat freie Bahn über den Ozean und trifft hier auf das Land.« Sie ging mit Aama zum Wasser, das sich, da gerade Ebbe war, weit nach draußen zurückgezogen hatte. Der Sand wurde zunehmend feuchter. Wir wateten durch schaumiges Wasser, das Zungen im Sand bildete und aussah wie ein großes, rankendes Gewächs. Ein Junge auf einem Sperrholzteller glitt an uns vorüber und drehte neugierig den Kopf nach Aama um. Er sprang herunter und betrachtete uns einen Augenblick, bevor er seine Fahrt fortsetzte.

Die Gischt überspülte unsere Füße und lief hinter uns weiter eilig zum Strand. Aama beugte sich hinunter und warf drei Handvoll Wasser in die Luft. Wieder griff sie in den Schaum und holte eine Prise Sand hoch. Sie bog den Hals nach hinten und drückte den Sand gegen die Kehle und auf die Mitte der Stirn. Sie nahm noch einmal eine Prise, drehte sich zu uns und erteilte uns den *Tika*-Segen. Didi legte die Hände zusammen, beugte sich zu Aama hinunter und hielt ihr die Stirn hin. Danach empfing ich Aamas *tika.* Sie wünschte mir Frieden, viele Kinder und ein langes Leben.

Aus dem Augenwinkel sah ich, wie sich Leute näherten. Der Junge auf der Scheibe kam mit anderen Kindern auf uns zugelaufen und blieb vor Aama stehen. Ungefragt drückte sie jedem von ihnen sogleich Sand-*tikas* auf die Stirn. Als seien sie gebürtige Hindus, legten die Kinder die Hände zusammen und verbeugten sich respektvoll, bevor sie davonrannten. Sie mußten wohl Didi und mich vorher beobachtet haben.

Die Wellen donnerten auf den Strand und erzeugten einen Ton, der an Klostergongs erinnerte und uns zum Meer rief. Aama ließ sich nicht halten, ihr Gesicht war durchtränkt von der Salzgischt und der Vitalität der Brecher, einem brodelnden Zeugnis für die Gegenwart der Götter. Seit wir Nepal verlassen hatten, war fast alles, was wir zu Gesicht bekamen, von Menschen gemacht oder von Menschen verändert. Die Lava-Plateaulandschaft von Ostwashington war durchpflügt und besiedelt. Der Mount Rainier war für Bergsteiger erschlossen worden. Sogar der Columbia River wurde mit Dämmen gezähmt. Aber die Brandung des Ozeans war von Dauer und verläßlich wie der Himalaja.

Didi und ich prüften, wie weit wir ins flache Wasser hinausgehen und zumindest teilweise eintauchen konnten, ohne Gefahr zu laufen, von der Unterströmung mitgerissen zu werden.

»Wie baden die Leute in diesem Mahlstrom?« schrie Aama, war aber kaum zu hören. Angesichts der Größe und Wucht der Wellen blieb sie ehrfürchtig stehen. »Ich wasche diesmal nur mein Gesicht. Und vergeßt nicht – gegen bewegtes Wasser darf man nicht kämpfen, es ist stärker als ihr.« Wahrscheinlich hatte sie das von den Gurkha-Soldaten gehört.

Das Wasser reichte uns fast bis zu den Knien. Aama beugte sich nach vorne und schöpfte mit beiden Händen Wasser aus der Strömung, um es sich über den Kopf zu gießen. Sie rieb sich die Augen, öffnete und schloß sie ein paarmal und massierte sich das Salzwasser in jede Falte, als würde sie einen weichen

Lederbeutel ölen. Und noch einmal, und noch einmal. Schließlich war sie fertig und wandte sich zum Strand. Ich fotografierte. Eine Welle donnerte krachend herbei – die größte bisher –, überschlug sich in unendlichen Salti und kam erst nach etwa vierzig Metern zur Ruhe; dann lief das Wasser zurück. Die Widersee gewann an Geschwindigkeit. Aama schaute auf ihre Füße hinunter, die jetzt vom Schaum verdeckt waren. Ganz langsam, als würde sie von einer unsichtbaren Kraft nach unten gezogen – dem Geist des großen Gangesozeans –, verlor sie den Halt und sank mit durchgedrückten Knien nach vorne, als ließe sie sich in eine Schneewehe fallen. Durch den Sucher der Kamera sah ich sie mit dem Gesicht nach unten ins Wasser tauchen.

Panik – ich sprang zu ihr. Wo sollte ich sie fassen? Sie war so zerbrechlich. Qualvolle Augenblicke des Zögerns, während das Meerwasser über ihren Hinterkopf spülte. Ich hockte mich neben sie in die Strömung und drückte ihre Rippen mit beiden Händen. Der Sog von Sand und Wasser hielt sie wie ein Stück durchnäßtes Treibholz am Boden. Könnte ich ihr etwa die Rippen brechen, wenn ich sie aus dem Sog riß? Warum hatten wir sie nicht festgehalten? Seit Jahren hatte die Furcht vor dem Hinfallen sie begleitet; jetzt war es eingetreten.

Ich zog sie vorsichtig hoch. Langsam, als würde sie aus dem Schlaf erwachen, faßte sie auf dem strömenden, nassen Sand Fuß und hob den Kopf. Sandige, nasse Haarsträhnen hingen ihr übers Gesicht. Sie spuckte Sand und Wasser aus, wir stützten sie von beiden Seiten. Offenbar hatten wir uns noch mehr erschreckt als sie.

»*Hare R-R-Ram*, was ist das Wasser sa-sa-salzig. So habe ich also doch im Ganges-Ozean geba-ba-badet«, stammelte sie befriedigt, tropfnaß, zitternd, grinsend, begeistert von ihrer Taufe. Eins der Kinder, das vorher *tika* von ihr empfangen hatte, rannte herbei und gab ihr ein Handtuch.

Beim Rückweg zum Strand konnte sie gar nicht mehr aufhören, über ihr unfreiwilliges Bad zu reden. »Ich hatte daran gedacht, meinen ganzen Körper einzutauchen – das wäre ideal.

Aber wenn du untergehst und nicht mehr hochkommst und zuviel Wasser einatmest, dann kannst du ertrinken. Ich habe deswegen nicht geatmet, als mein Kopf unter Wasser war. Ein Junge aus meinem Geburtsdorf ist einmal fast in einem Teich ertrunken, der am Bach aufgestaut war. Die Männer fischten ihn heraus, legten ihn auf den Bauch und schlugen ihm auf den Rücken, bis er wieder anfing zu atmen. Manche Leute nehmen Unterricht, um schwimmen zu lernen, aber wenn du am Wasser aufwächst, dann lernst du es ganz von alleine, einfach beim Spielen im Wasser…«

Didi ging mit Aama ins öffentliche Badehaus, um ihre Kleider zu wechseln. Dort versuchte eine Mutter energisch, die Haare ihrer Tochter zu frottieren, die sich dagegen zeternd zur Wehr setzte: »Okay, Mom… Okay, Mom!« Als Didi Aama abrubbelte, ahmte sie im Rhythmus ihres klappernden Unterkiefers lachend das Mädchen nach: »Okay-Mom-okay-Mom«.

Mit Hilfe des Warmluftgebläses wurde das Auto zu einem uterusartigen Zufluchtsort.

»Das Schicksal hat mich diesmal noch nicht in den Tod gerufen«, sagte Aama. »Wenn du leben sollst, dann wirst du leben, was auch geschehen mag. Und wenn es an der Zeit ist, daß du stirbst, dann kannst du nichts tun, um dein Leben zu verlängern. Aber wenn dir dein Leben vor der Zeit genommen wird, vor dem vorherbestimmten Ende, dann wird deine Seele ziellos als Geist zwischen dem Leben und der Ruhestätte der Seelen umherschweifen. Diese rastlose Seele kann den Angehörigen Schwierigkeiten machen, bis ihre normale Lebensspanne zu Ende geht.«

Aamas Worte weckten Gedanken an meine Mutter. Ihr Tod kam unerwartet, vor der Zeit. Sie war plötzlich im Schlaf an einer Herzstörung gestorben.

»Aber das wäre kein schlechter Platz zum Sterben gewesen, hier in diesem Ozean, weil es ein Glücksfall ist, Gangeswasser auf den Lippen zu haben, wenn deine Zeit gekommen ist.« Dennoch freute sich Aama, daß sie noch am Leben war. Ich lenkte das Auto zum Ausgang.

»Warte«, sagte Aama und hielt die Hand ans Ohr, als würde sie auf etwas horchen. »Hole etwas Sand und Steine von den Ghats, wo ich gebadet habe.« Ich parkte in der zweiten Reihe, ließ die Tür offenstehen, rannte zum Strand und kam mit einer Handvoll trockenem Sand und kleinen Steinen zurück.

»Ich werde das auf meinem Speicher aufbewahren, wo niemand drankommt«, sagte sie und wickelte Sand und Steine in ein Stück Plastik, das Didi ihr gereicht hatte. »Didi darf sie nicht anfassen. Sie sind eine Opfergabe und würden beschmutzt, wenn eine menstruierende Frau sie berührte.«

Mit einem resignierten Lächeln fügte sich Didi in Aamas Weltsicht und frottierte weiter behutsam ihre Haare. Ich sagte Didi, daß es Dinge gebe, die auch ich nicht berühren dürfe, wie zum Beispiel den tragenden Dachbalken, der senkrecht durchs ganze Haus verlaufe. Die Schutzgottheit des Hauses wohnt ganz oben in diesem Balken. »Jedenfalls«, hatte ich Didi noch vor der Reise beruhigt, »wird es in Kalifornien nachts nicht so kalt sein wie im Dorf, wenn du auf dem Verandadach schläfst.« Aber wir wußten beide, daß nur Brahmanen-Frauen ihre Häuser während der Periode überhaupt nicht betraten. Die Gurung waren da entspannter; sie strebten erst gar nicht nach der erhabenen Reinheitsebene der Brahmanen.

Das Camping entlang der Küstenstraße ging glatt; Aamas Wahrnehmungen sprudelten in einem ständigen Erzählstrom hervor. Als wir an einem Golfplatz vorbeifuhren, wunderte sie sich, daß Erwachsene wie die Kinder einem Ball nachliefen. Die Sache erschien ihr sinnvoller, als ich ihr erzählte, daß manchmal Geldwetten über das Ergebnis abgeschlossen werden.

Dichter, salziger Morgennebel dämpfte die Geräusche des Highways. Die vorübergleitenden Umrisse der Erdbeerbäume und Kiefern erinnerten an Tempel auf den Ghats von Benares, und wo der Sand sich in der Weiße verlor, glaubte ich fast, Hindupilger zu sehen, die eingehüllt in einfache Baumwolltücher in den Wassern des Ozeans badeten und die Morgensonne andachtsvoll begrüßten.

Wir verlangsamten unsere Fahrt, als wir nach Florence, Oregon, hineinkamen, einer Stadt von Pensionären, von denen viele im Ocean Air Restaurant zu sitzen schienen. Sonnenstrahlen durchbohrten den Nebel und fielen auf Didis Gesicht. Ich schaute sie voller Verlangen an. Wir hatten keine Rückzugsmöglichkeit vor Aama, die nachts im Zelt wie eine mißtrauische viktorianische Anstandsdame zwischen uns lag und noch dazu die meiste Zeit wach war.

Die Kellnerin, mit einer Frisur wie ein Bienenstock, füllte unsere Wassergläser und brachte Besteck, Servietten und einen Ahornsirupspender. Didi erkundigte sich bei ihr nach dem Weg in den Süden und hörte etwas von Höhlen, die wir unbedingt sehen müßten.

»Was ist das?« fragte Aama und nahm das Gefäß mit Ahornsirup in die Hand.

»Es ist so etwas wie Molasse aus Zuckerrohr. Wir streichen es auf die Pfannkuchen, die sie uns gleich bringen wird.«

Aama schüttete eine Kostprobe in ihre Hand und leckte sie auf.

»Es ist süß. Du kannst der Frau sagen, daß wir nicht soviel brauchen, sie kann das meiste zurücknehmen.«

Sie drehte sich um und rollte die Lippen nach innen, so daß ihr Mund aussah wie der Saum eines Beutels. Eine Frau, die so breit wie hoch war, schob sich an unserem Tisch vorbei.

»Wie schläft die Frau in der Nacht? Es sieht aus, als habe sie eine hundert Meter lange Schärpe unter der Bluse um sich gewickelt. Manche Leute sind hier so dick, daß ihr Bauch immer schon vor ihnen am Ziel ist.« Die meisten Nepalesen kennen Fettleibigkeit nur vom Hörensagen, sofern sie nicht in Indien gewesen sind und Punjabis gesehen haben, für die Körperfülle ein Statussymbol und ein Zeichen für Gesundheit ist – ein verständliches Ideal in einem Land, das von Hungersnöten heimgesucht wird.

Die Kellnerin brachte unsere Bestellungen. Aama plazierte mit der Gabel ein Stück Pfannkuchen andachtsvoll auf der Zunge, als sei es das Sakrament der Heiligen Kommunion –

oder *Prasad*, von der Hand des Gurus gereichte gesegnete Nahrung, deren Einverleibung Unreinheit beseitigt. Sie jedenfalls beseitigte im Handumdrehen zwei Pfannkuchen und ein Stück Kuchen und spülte sie mit Orangensaft und Milch hinunter.

Sie rülpste stolz, als wir nach draußen gingen. »Wann schmeckt es besser – wenn du hungrig bist, oder wenn du satt bist?« fragte sie in dem ironisch-spitzfindigen Tonfall, den sie für ihre koanartigen Sinnsprüche parat hatte. Mit ihren achtzig Pfund bewegte sie sich zum Auto wie ein Reptil, das das Mehrfache seines Körpergewichts verschlungen hatte. Auf ihrer Samtbluse glänzten Krümel in der Sonne. Didi bürstete sie mit den Fingern ab und betrachtete Aama nachdenklich wie eine Mutter, die sich fragt, ob das Kind schon allein die Straße überqueren kann. Zu mir sagte sie: »Ich glaube, wir sollten Vorsorge treffen für den Fall, daß Aama uns vielleicht einmal verlorengeht.«

Aama sprach kein Englisch außer »Saft« und »bye-bye«. Auf eine Visitenkarte schrieb ich Anns und Gregs Telefonnummer mit der Aufforderung: »Falls Sie diese Frau finden, rufen Sie bitte folgende Nummer an.«

»Aama«, sagte ich und wartete, bis sie mir ganz zuhörte, »das ist eine Karte mit Ann Toris Telefonnummer.« Seattle war für sie »Ann Toris Platz«. »Steck sie in deine Schärpe, und solltest du uns jemals verlieren, so zeigst du sie den Leuten, die dich finden. Sie rufen dann Ann Tori an, und dann können wir kommen und dich holen.«

»Gut. Das brauche ich. Man kann in diesem Land leicht verlorengehen, und niemand würde mich verstehen.« Sie betrachtete die Karte aus verschiedenen Richtungen. »Besser, du bewahrst das für mich auf«, meinte sie und gab mir die Karte zurück. »Ich habe keinen guten Platz dafür, und sie darf nicht verlorengehen. Du solltest sie zu meinem Paß legen. Oh, das das auch...« Sie holte eine Handvoll Münzen aus ihrer Schärpe und reichte sie mir. »Diesen Haufen Geld hast du auf dem Tisch liegen lassen, bevor du zum Klo gegangen bist; aber

Didi hatte doch schon unser Essen bezahlt, da habe ich das Geld wieder mitgenommen.«

Didi rannte zurück, um das Trinkgeld auf den Tisch zu legen. Die Kellnerin lachte noch immer und sagte, sie habe die ganze Szene beobachtet, und auch die älteren Leute an den Nebentischen lächelten Didi freundlich zu.

An einem Aussichtspunkt hoch über dem Strand gingen wir so nah an den Felsabhang heran wie möglich. Wie Aama und Didi dort am Rand der Steilküste standen, glichen sie den exotisch-ethnischen Gestalten auf den Bildern des Fotografen Cartier-Bresson. Ein guter Ort, um die Gegenwart Bhagwans zu spüren. Drei zerklüftete Felsen ragten steil aus dem Wasser und erschienen wie ein steinernes Porträt der Trinität: Vater, Sohn und Heiliger Geist. Brahma der Schöpfer, Vishnu der Erhalter und Shiva der Zerstörer. »Zusammen sind sie Gott«, hatte mir ein gelehrter Brahmane gesagt. »G-O-D: ›G‹ für *Generator* (Schöpfer), denn Brahma ist der große Erschaffer, der Schöpfer des Universums. ›O‹ für *Operator* (Betreiber), weil Vishnu uns alle erhält und bewahrt. Und ›D‹ für *Destroyer* (Zerstörer) – Shiva natürlich. Das ist Gott.«

»Diese Felsen hat Bhagwan hierhergestellt«, sagte Aama und beschrieb mit ihrer Hand einen weiten Bogen über den Horizont. »Was wissen die Menschen wirklich über diese Dinge? Wir sind nicht fähig zu verstehen, wie Bhagwan das alles macht; wir können nur lernen, seinen Namen zu sagen. Schau nur, was alles aus dem Ozean kommt: Schneckenmuscheln und Kaurimuscheln, Perlen und Edelsteine, Fische und Wasser. Sogar die Kühe und Elefanten sind einst aus dem Ozean gekommen, wie es in den Schriften heißt.« Geheimnisvoll fügte sie hinzu: »Die Menschen machen sich auf die Suche nach der Quelle des Ozeans, aber niemand hat sie je gefunden und ist von dort zurückgekehrt.«

Nicht weit entfernt gelangten wir zum Eingang der Seelöwen-Höhlen. Wir gingen durch den Geschenkeladen und von dort mit anderen Touristen zum Aufzug, der uns zweihundert Meter unter die Erde transportierte.

Die Türen öffneten sich, und wir standen in einer düsteren Kammer, die etliche Fuß unter dem Meeresspiegel lag; von dort öffneten sich zwei Höhlen. Aama trat an die beleuchtete Plakatwand heran, auf der die größere Höhle beschrieben war, fuhr mit den Händen darüber und berührte sie mit der Stirn. Dort war zu lesen, daß in der Form und Zeichnung der Felsen bei rechter Beleuchtung sowohl die Gestalt eines indianischen Mädchens als auch jene der Freiheitsgöttin zu erkennen sei. Weiter gab es keine Hinweise auf die zwei Frauen, die jenseits der Reichweite ihrer Arme in ewiger, unerwiderter Liebe erstarrt waren, eine Metapher für die gespaltene Persönlichkeit, die Amerika in seiner Geschichte entwickelt hat.

Aama ging zu dem Aussichtspodest und verfolgte die undeutlichen Flugbewegungen der knapp unter der Decke vorbeihuschenden Seetaucher mit den Augen. Die Seelöwen thronten auf ihren Plätzen über dem schwappenden Wasser, als würden sie für ein Gruppenfoto posieren, und bellten laut wie Ausrufer vor dem Zirkuszelt. Aama beobachtete sie wie ein Biologe. Mit beinahe wissenschaftlicher Akribie identifizierte sie die jungen und die alten Tiere, die Männchen, die Jäger, die Weibchen und ihre Jungen, und stellte Verbindungen zwischen ihnen her. Sie teilte sie in soziale Verbände, Stämme und Verwandschaftsgruppen ein – die ersten Großfamilien, die sie seit der Abreise von Nepal zu sehen bekam –, ein Bild der Einheit von Arbeit und Spiel, wie sie in einer verlorenen Zivilisation existiert haben mochte.

Aama spürte Zuneigung zu denen, die mit Zuneigung versehen sind. »Sie ziehen ihre Jungen groß, sie schützen sich gegenseitig, sie spielen, sie geben an und sie kämpfen – genau wie die Menschen ...« Wie *dein* Volk oder wie Asiaten im allgemeinen, wollte ich hinzufügen. Tatsächlich hatte das soziale Gefüge der Seelöwen Ähnlichkeit mit den Familienstrukturen, wie sie vor einem oder zwei Jahrhunderten noch bei den meisten Völkern und Gesellschaften der Welt bestanden haben mochten. »Wir Gurung sind in vier Clans unterteilt: Ghale, Ghotane, Lama und Lamchhane. Ein Gurung muß natürlich einen Gurung heiraten, aber nicht aus demselben Clan ...« Aama war nur schwer zum Gehen zu bewegen.

Wir fuhren mit dem Fahrstuhl hinauf und traten in den sonnenhellen Geschenkeladen. Aama steuerte zielstrebig an dem ganzen Glitzerkram vorbei auf das Regal mit den Muscheln zu, das sie schon beim Hineingehen interessiert hatte. Sie nahm eine nach der anderen in die Hand und untersuchte sie eingehend.

»Sind alle Schneckenmuscheln hier nach links gedreht? Die rechtsgedrehten halten böse Geister ab, aber sie sind selten.« Ich wollte nachfragen, aber ihre Aufmerksamkeit war von einer Kaurimuschel gefesselt, der größten, die sie je gesehen hatte; solche gab es wohl nur auf der amerikanischen Seite des großen Gangesozeans. Kleinere Kaurimuscheln gelangen auch nach Nepal und werden dort zu Ornamenten und zu Spielwürfeln verarbeitet.

Aama wählte ein paar aus und drückte sie mir geistesabwesend in die Hand, während sie schon am nächsten Stand war, bei den Jakobsmuscheln.

»Ich werde jedem meiner Verwandten und Nachbarn so eine mitbringen, für Votivlampen; aber wir brauchen die richtige Art. Wenn sie zu dünn sind, können sie brechen; und wenn sie zu dick sind, dann lassen sie sich nur schwer tragen.« Die schalenförmigen Jakobsmuscheln stellen eine geöffnete Hand dar, in die Lämpchen gestellt und den Gottheiten geopfert werden.

Didi erzählte mir, daß diese Muscheln ihren Namen vom heiligen Jakob haben und daß sie von christlichen Pilgern bei ihrer Rückkehr aus dem Heiligen Land als Abzeichen getragen wurden.

»So wie wir«, sagte ich, als ich ihr die Muscheln abnahm und Bargeld aus der Tasche zog, »auch wir sind Pilger, nur haben wir das Heilige Land noch nicht gefunden.«

Aama hatte mich nicht gefragt, wieviel die Muscheln kosteten, und ich sagte es ihr auch nicht. Gegenstände aus der Natur müßten natürlich umsonst zu haben sein, und ich wollte nicht noch einmal eine Szene wie auf dem Campingplatz am Columbia River heraufbeschwören. Als Didi die ganze Muschelladung vor der Kasse ablegte, hütete ich mich davor, ihre Preise zu addieren, aber ich begann mich doch zu fragen, wie lange wir das Geldthema noch würden vermeiden können. Ich nahm mir vor, mit Aama im Auto darüber zu sprechen.

Aama war zu dem Popcornbehälter gegangen und drückte Hände und Gesicht gegen das Plexiglas, so daß sie nichts mehr sah außer einen riesigen Berg aufgesprungener, gelbweißer Maiskörner.

Ein dreijähriger Junge stand neben ihr und zog sie am Rock. »Hi, hi«, rief er zu ihr hinauf. Er hielt ihr einen kleinen Lastwagen vor die Nase, den ihm seine Mutter gerade gekauft hatte, und bedeutete Aama, ihm in eine Ecke zu folgen. Beide setzten sich auf den Boden und rollten den Minilaster zwischen sich hin und her.

Lachend ins Spiel vertieft, bemerkte keiner von beiden, daß sich ein weiter Halbkreis von Zuschauern um sie bildete. Das Auto rollte unter die Popcornmaschine. Der Junge rannte ihm nach, fischte es wieder heraus und lief in Aamas ausgestreckte Arme zurück. Zärtlich fuhr sie ihm mit den Händen durch die Haare. Er ließ die Arme sinken, legte den Kopf zurück auf die Schultern und lächelte in ihr runzeliges Gesicht. Die Mutter des Jungen und alle anderen Zuschauer standen bewegungslos da, gebannt in diesem zeitlosen Augenblick.

Aama hatte den Jungen verzaubert. Er betrachtete das Auto in seiner Hand und reichte es ihr, ohne zu zögern, »da, für dich« – irgendwie ein Geschenk von uns allen.

»Ich liebe Kinder einfach, sobald ich sie sehe. Manche fürchten sich zuerst vor mir, aber meistens sind sie überhaupt nicht schüchtern. Die Kleinen, die noch nicht sprechen, kommen als erste auf mich zu. Wenn sie sprechen lernen und entdecken, zu welcher Kaste sie gehören, dann werden sie vorsichtiger. Die Kleinen lieben mich, weil sie noch nicht gelernt haben, wie man Menschen nicht liebt.«

Wir vertäuten Aama auf ihrem Kindersitz. Sie schaute neugierig in die Tüte mit den Muscheln, als würde sie eine Überraschung erwarten oder das Rauschen des Ozeans hören. Eine Muschel nahm sie heraus.

»Schau, Nani«, sagte sie und knöpfte an mein zuvor gezeigtes Interesse an, »das ist eine linksgedrehte Schneckenmuschel, die einzige Art, auf der man bläst. Die rechtsgedrehten sind Manifestationen von Lakshmi und bringen Reichtum. Krishna und Shiva haben eine in der Hand. Weil sie so selten und so wertvoll sind, hauen einen die Inder manchmal übers Ohr und behaupten, sie hätten eine rechtsgedrehte, obwohl es eine linksgedrehte ist. Ich besaß eine rechtsgedrehte in meiner Mansarde und habe sie zur Andacht benutzt, bis sie mir vor Jahren gestohlen wurde. Der Dieb muß sie mit einem Stock durchs Fenster gezogen haben, denn selbst ein Kind hätte nicht zwischen den schweren Holzbrettern hindurchkriechen können, die mein Mann dort angebracht hat. Als ich es meinem Cousin, dem Schamanen, gesagt habe, erzählte er mir die Geschichte von einem armen Mann, der einst eine rechtsgedrehte Schneckenmuschel auf dem Boden gefunden hatte. Der Mann nahm sie mit nach Hause und verschloß sie in einer Kiste, und jeden Tag um Punkt zwölf Uhr tönte es aus der Kiste *Bwaaaahn... Bwaaaahn*. Der Mann hatte dann immer Glück und wurde sehr reich und mit ihm seine Familie, bis der jüngere Bruder, getrieben von Neid und Gier, eines Tages die Schneckenmuschel stahl. Der Mann verfiel wieder in Armut, und mein Vetter hörte, daß die Muschel in den Händen des gierigen Bruders mittags stumm blieb.«

Ich wartete auf die Moral der Geschichte und fühlte, wie Aama mich anschaute. Ihr Mund blieb geschlossen, aber das Blitzen in ihren Augen ließ mich das Ende erraten. *Wenn etwas zu dir kommen soll, dann geschieht dies zur rechten Zeit*, hatte sie mehr als einmal gesagt. *Wenn du ihm hinterherjagst, flieht es vor dir.* Das waren Worte, die ich zu oft vernachlässigt hatte.

Kapitel 8

»Das hier sieht aus wie das Ende der Zivilisation«, sagte Didi. Wir standen vor einer Wand aus Bäumen, dem Rand eines alten Pazifikwaldes – aber daß es Wildnis sei, konnte man nicht direkt behaupten. Zehn Meter über uns öffnete sich der mechanische Mund eines riesigen Holzfällers aus Zement und begann zu sprechen:

»Hal-lo und will-kom-men im Zau-ber-wald«, begrüßte uns die Stimme des Riesen in tiefem Baß. »Ich bin Paul Bunyan, und das ist mein Ochse Babe. Komm hier entlang und sieh die Wunder der Natur.« Ein meergrüner Auerochse von sechs Meter Schulterhöhe stand treu neben dem Holzfäller.

»Er redet, aber sein Mund bewegt sich nicht richtig«, sagte Aama zu Didi, als wir vom Parkplatz auf Paul Bunyan zugingen. »Ich sehe schon, daß er kein echter Mann ist, aber was hat er denn gesagt?« Didi faßte Aama an der Hand und lotste sie an fahrenden Autos vorbei. »Warte, ich weiß, was er gesagt hat. Er hat gesagt: ›Wie lange ist es her, Aama, daß du nach *Amrita* gekommen bist?‹ – Ha!«

»Er hat gesagt, wir sollten den Weg hinter ihm weitergehen, um noch mehr große Bäume zu sehen«, erklärte ihr Didi. »Aber wir müssen erst bezahlen.«

»Das hab' ich mir gedacht. Wie viele verschiedene Wege gibt es eigentlich, um Geld zu machen?«

Didi und Aama setzten sich auf eine Bank in der Nähe der Füße von Paul Bunyan. Aama hob eine Hand hoch und imitierte das knarrende, roboterhafte Winken von Pauls Zementhand. Wahrscheinlich glaubte sie, sie sei zu klein, als daß er sie überhaupt sah, und so nahm sie die andere Hand noch dazu und fuchtelte über dem Kopf herum wie ein Einpersonen-Fanclub. Sie wollte Paul Bunyan signalisieren, daß sie ihn als echt akzeptierte, oder ihn davon überzeugen, daß sie genauso unecht war wie er. Jedenfalls suchte sie nach einer gemeinsamen Kommunikationsbasis und tat alles, um den Kerl zum Sprechen zu bringen.

Ich wollte weiter zu den echten Redwoods. Wir waren zu Touristen geworden und verloren unsere Fähigkeit, uns kommerziellen Attraktionen von zweifelhaftem Wert zu entziehen. Bei unserer gegenwärtigen Geschwindigkeit würde es noch Wochen dauern, bis wir zu Didis Haus in San Diego kämen. Wir hatten Oregon gerade erst verlassen und wußten, daß uns in Kalifornien eine Ablenkung nach der anderen verlocken würde.

»Warum machen sie eine so schlechte Imitation?« meinte Aama. »Wenn sie einen echten Riesen, der wirklich gelebt hat, neu erschaffen wollen, dann sollten sie das Original ausmessen und es ganz genau nachbauen. Ich bin ja nicht herumgekommen und habe nichts von der Welt gesehen. Aber die Leute von *Amrita* sollten eine alte Frau wie mich doch täuschen können – selbst die armen Yogis, die von Indien zu uns ins Dorf heraufkommen, sind dazu in der Lage.«

»Wir müssen jetzt gehen«, sagte Didi zu Aama, als Paul Bunyan sich zu wiederholen begann, obwohl es keine Tonbandstimme war. Ich entdeckte ein Fenster mit zugezogenen Vorhängen im Nebengebäude: eine günstige Position für einen Kerl am Mikrofon, der wahrscheinlich eine Sonnenbrille trug, Zigaretten rauchte und vor sich hingrinste.

»Sag dem Holzfäller bye-bye«, forderte Didi Aama auf.

»Bye-bye«, schrie Aama krächzend zu ihm hinauf, wie David, der den gestrauchelten Goliath verhöhnt. Und zu sich selbst meinte sie kopfschüttelnd: »Hör dir das an – da sage ich doch tatsächlich ›bye-bye‹ zu einem Zementklotz.«

»BYE-BYE«, tönte es langsam und abgehackt zurück, wie aus einem riesigen, maskulinen Aufziehspielzeug. Wir bekamen es fast mit der Angst zu tun. Ich warf einen schnellen Blick auf das

Fenster und glaubte, der Vorhang habe sich bewegt. Aama und Didi konnten sich auf dem Weg zum Parkplatz nicht beruhigen vor Lachen und stützten sich auf Autos, um nicht umzufallen. Didi versuchte, Aama nicht weiter anzuschauen, um nicht mehr lachen zu müssen – der Bauch tat ihr schon weh –, aber jedesmal, wenn sie den Kopf drehte, wiederholte Aama mit rollenden Augen »bye-bye« wie ein Komödien-Mantra. Eine Touristenfamilie ein paar Parkplätze weiter schaute uns zu und konnte nicht anders als mitlachen.

Highway 101 wand sich weiter in großen Bögen an der Pazifikküste entlang, die mal vom Ozean wegführten und dann wieder zu ihm hin, ein dramatisches Vorspiel zum Redwood-Nationalpark. Plötzlich befanden wir uns in einem grünen Tunnel aus Baumriesen.

»In welchem Land sind wir jetzt?« erkundigte sich Aama. Unsere Augen mußten sich erst an die Dunkelheit gewöhnen. Ab und zu blitzten Sonnenstrahlen auf unsere Windschutzscheibe. »*Mil-ik, mil-ik*. Bhagwan hat eine Kamera und macht bei uns im Auto Fotos«, übersetzte sie. »*Méro baajay* – du liebe Güte –, in unserem Land würden die Bäume niemals so hoch, weil die Leute sie fällen, sobald sie groß genug sind, um damit ein Haus zu bauen.«

Die Einhaltung der Geschwindigkeitsbegrenzung bei der Fahrt durch die Redwoods einzuhalten glich einem Wettlauf in der Kirche. Hinter uns staute sich eine Reihe ungeduldiger Autofahrer, bis Didi von der Straße abfuhr und sie vorbeiließ. Es schien ein guter Ausgangspunkt für einen Waldspaziergang zu sein.

Der weiche Waldboden dämpfte unsere Stimmen, die aus Ehrfurcht vor den gewaltigen Redwoods sowieso schon ganz verhalten klangen. Aama machte ein paar Schritte in den Wald hinein, hob einen Stock auf und benutzte ihn wie einen Zeigestock im Klassenzimmer. Sie deutete auf einen am Boden liegenden Stamm, der vor sich hinrottete. »Ein Baum ist hier umgestürzt und dient neuen Bäumen als Nahrung zum Wachsen, wie Dünger auf den Feldern. Das ist ein heiliger Platz, den man nicht beschmutzen darf. Bhagwan hat hier nur Baumsamen verstreut, keine Menschensamen. Wenn es hier Menschen gäbe, wäre das Feuerholz, das hier herumliegt, schon längst eingesammelt worden.«

Ein alternder, verwachsener Redwood erhob sich neben dem Pfad. Er schien eine düstere, aber charmante Bitterkeit darüber auszudrücken, daß er für immer in diesem Boden festgewurzelt war. Sein gespaltener Stamm – Zeichen einer frühen Verwundung durch Sturm oder Blitz – wuchs in sieben Meter Höhe wieder in eins zusammen und reckte sich dem Sonnenlicht entgegen. Die Öffnung konnte man durchschreiten. Aama rief mich und Didi herüber.

»Kommt, wir gehen durch diesen Baum.«

Ich kannte diesen Brauch schon. Unter den Wurzeln eines Baumes – seiner Quelle der Gesundheit – durchzukriechen, soll Fruchtbarkeit und langes Leben bringen, ebenso wie unter einem Elefanten durchzugehen.

»Wir gehen durch den Stamm und umkreisen ihn dreimal nach rechts«, erklärte Aama, »und dabei singen wir ›Magenbeschwerden – fort!‹ Du, Didi, hast ja noch keine Kinder gehabt, deswegen singst du ›Uterusprobleme – fort!‹«

Didi schaute mich zweifelnd an, aber Aama hatte schon meine Hand ergriffen und bedeutete mir, Didis zweite Hand zu nehmen. Wir drückten uns alle drei durch die Öffnung im Stamm und umkreisten den Baum dreimal, wobei Aama als Vorsinger agierte. Nach dem dritten Umschreiten hielt Aama an, schleuderte ihren Spazierstock nach oben und fing ihn an der Spitze wie ein Tambourmajor geschickt wieder auf. Mit dem Knauf ihres Bambusstocks hieb sie heftig auf den Stamm ein. Ein morsches Stück Rotholz wurde unter der Rinde sichtbar, und es schien, als könnte es abspringen, wenn man nur hart genug daraufschlug.

Instinktiv schauten Didi und ich uns nach Parkwächtern um, die uns sicherlich ohne viel Federlesens alle drei anzeigen würden. Wenn Aama vorhatte, dieses Stück Rotholz mitzunehmen, dann sollte sie besser nicht soviel Radau mit ihrem Stock verursachen, weil dadurch Aufpasser alarmiert werden könnten. Als sie einmal innehielt, brach ich das Stück Holz kurzerhand mit den Händen ab und reichte es ihr. Sie gab es an Didi weiter, die es wie Schmuggelware unter ihre Bluse steckte und den Reißverschluß des Mantels hochzog. Sie sah schwanger aus.

»Das gelbe Sandelholz wird zur Verbrennung von Fürsten und ganz reichen Leuten benutzt«, erklärte Aama, »aber dies sieht wie rotes Sandelholz aus, die Sorte, die mein Vetter, der Schamane, in seine Medizin mischte. Wir nehmen das Stück mit und probieren es aus.« Wir schlenderten zu einer Fußgängerbrücke. Ein Parkwächter ging an uns vorbei, als Aama gerade auf Didis Bauch zeigte und ihren Test erklärte.

Didi verstaute das Stück Holz unter dem Vordersitz und chauffierte uns zur Avenue der Riesen, wo die ältesten Redwoods standen. So plötzlich, wie die Straße in den Wald eingetaucht war, so führte sie uns jetzt auf eine sonnenhelle Lichtung, wo die Natur wieder der Herrschaft und den vielfältigen Zwecken des Menschen unterstellt war. Didi entdeckte einen Wegweiser zu einem riesenhaften Baum und bog ein. Die Leute, denen der Baum gehörte – oder welche die Konzession dafür besaßen, oder ihre Vorfahren – hatten ein tunnelgroßes Loch in den Stamm geschnitten, um denen Geld abzuknöpfen, welche die Schandtat aus nächster Nähe sehen wollten, ohne ihr Auto verlassen zu müssen. Didi zahlte die Gebühr und fuhr ganz langsam auf den Baum zu, nachdem ich die Außenspiegel eingeklappt hatte. Wir krochen schweigend voran. In der Mitte des Baumes rief Aama aus: *»Autoprobleme – fort!«* Ich stimmte in die Invokation mit ein und betete zum heiligen Christophorus, dem Schutzpatron der Autofahrer, daß er uns erhören möge. Mit 130 000 Meilen war unser Straßenfegersohn ebenso betagt wie Aama – in Autojahren.

Wir machten es uns bequem, um nach San Francisco durchzustechen, wo wir am Abend ankommen wollten. Ich fuhr und hörte Aama bei ihrem Monolog zu.

»Es gibt nicht wenig Land in *Amrita* und keinen Mangel an unterschiedlichen Landschaften. Wir haben Bäume gesehen, die dicker sind als mein Haus, weite Ebenen ohne einen Zweig und einen Stein, Wiesen, auf denen das Gras so hoch und dick und grün steht, daß ich am liebsten meine Sichel schärfen und etwas davon schneiden möchte. Was ist besser – in der Stadt zu leben oder auf dem Land? Die meisten Leute scheinen ihre Zeit im Auto zu verbringen, um entweder aus der Stadt heraus- oder hineinzufahren.«

Im Laufe ihres Lebens ist Aama Zeugin geworden, wie die zerklüfteten, teilweise bewaldeten Berghänge ihrer Jugend in einen intensiv bebauten Lebensraum für Menschen und Tiere verwandelt wurden. Subsistenzbauern des Himalaja können nicht mehr darauf hoffen – wie das ihre Vorväter taten und der ganze Westen immer noch tut –, daß der Wohlstand von Generation zu Generation zunimmt. Die Bevölkerung wächst, während die Produktivität des Bodens konstant bleibt oder sogar abnimmt, und schließlich müssen die Menschen in den Dörfern feststellen, daß es einfach nicht genug Nahrung und Ressourcen gibt, um alle am Leben zu halten. Viele haben sich der Völkerwanderung in die überquellenden Städte angeschlossen.

Aama schaute zu mir auf. »Du hast wohl nicht gedacht, daß mir solche Dinge auffallen, nicht wahr?«

»Nein. Aber sind dir die auch schon aufgefallen?« fragte ich und deutete auf eine Schafherde, die rechts auf einer Wiese graste.

Aama schaute hinüber und wunderte sich: »Junge, was laufen diese Schafe schnell – nein, warte, *wir* fahren schnell, und die Schafe stehen einfach nur da!« Highway 101 näherte sich dem Meer, und Aama ließ ihren Blick über die Schafe hinaus zu dem marineblauen Streifen Wasser schweifen, der durch die vereinzelten Bäume schimmerte.

»Ist das dieselbe Küste des großen Gangesozeans, in dem wir neulich gebadet haben?« Als Didi dies bestätigte, sagte Aama: »Die Pilgerinsel Ganga Sagar liegt westlich von Kalkutta, weit draußen im Ozean; sie muß also in der Nähe sein. Ich habe gehört, daß dort Yogis und Saddhus im Winter und im Sommer leben und am Fuß eines wunderbaren goldenen Schreins meditieren, beten und Yoga ausüben, umgeben von Ghats. Aber mein Brahmanenpriester hat gesagt, Ganga Sagar sei nicht viel mehr als ein kleiner Haufen heiliger Felsen, der immer mit Wasser überflutet ist, außer an einem Tag des Jahres, dem ersten Tag unseres Wintermonats Magh, wenn sich das Meer öffnet, um Hindupilger aufzunehmen. Du mußt dich beeilen, baden, deine Opfergaben darbringen und noch am selben Tag nach Kalkutta zurückkehren, sagte er, weil das Wasser wieder steigt und die Felsen überspült. Die Menschen sind weggeschwemmt worden, die versucht haben zu bleiben.«

Aamas Gesicht war abzulesen, daß sie einen solchen Grad an Risiko durchaus in Betracht zog. »Wenn ich gewußt hätte, daß wir diesen Ozean sehen, dann hätte ich meine Gurkha-Verwandten nach Ganga Sagar gefragt. Sie haben erzählt, eine Gruppe Soldaten sei bei ihren Reisen um die Welt auf die Insel gestoßen, und man könne sie auch an mehr als einem Tag im Jahr besuchen. Können wir nicht hinfahren? Die Pilger an den Ghats, die ganz weit draußen in der Strömung gebadet haben, wissen bestimmt den Weg.«

An der Stadtgrenze von Eureka beugte sich Didi über Aama, um die Benzinanzeige zu überprüfen, und erinnerte mich daran, daß wir tanken mußten. Ich ließ die erste Tankstelle aus und nahm die zweite, wo das Benzin einen Cent billiger war, wahrscheinlich auch ein Oktan niedriger.

»Du hast doch erst gestern Kerosin – ich meine Benzin – ins Auto getan«, sagte Aama.

»Das ist schon weg. Das Auto braucht Nachschub.« Ich stieg aus und fühlte mich schlaff und abgespannt vor Hunger und Hitze.

Seit unserem Imbiß auf der Fahrt klebten Salz und Zucker an Aamas Händen. Didi hielt die Metalltür zur Toilette auf, und Aama machte einen Schritt über die Aluminiumschwelle, in der Annahme, daß man nicht drauftreten dürfe. Didi ließ heißes und kaltes Wasser ins Becken laufen, drehte den Spender mit blauer Seife um und spritzte Aama etwas in die Hand. Sie führte die Hand zum Gesicht, als wolle sie sich waschen, ließ statt dessen jedoch die Seife in den Mund laufen, legte den Kopf zurück und gurgelte laut. Da fiel Didi ein, daß ja auch ihr Mundwasser blau war, aber da hatte sich Aamas Mund schon mit Seifenschaum gefüllt, und es half nichts mehr, ihr jetzt den Unterschied zu erklären.

Ein offener Eimer mit einem weißen Müllsack stand neben dem Waschbecken. Aama stellte sich mit gespreizten Beinen darüber und begann ihren Rock hochzuheben, doch diesmal war Didi schnell genug, dem Irrtum zuvorzukommen, und führte sie in die Toilette.

»Ich darf wohl überhaupt nichts mehr selber machen«, sagte sie zu Didi und der gekachelten Wand, noch halb lachend über ihr Bild im Spiegel mit den Seifenblasen im Mund, aber auch den Tränen nahe. »Du mußt mich aufs Klo setzen, mich baden, mich anziehen. Und lesen kann ich auch nicht.« Doch Weinerlichkeit war nicht ihre Sache, und im nächsten Augenblick blitzte Selbstvertrauen in ihren Augen: »Ich weiß die Dinge eben auf meine Weise.«

Ich tankte, kaufte ein paar Lebensmittel und fuhr mit dem Auto dorthin, wo die Toiletten waren. Ich schob unser Campingzeug und die Teppiche zur Seite und nahm den Ersatzreifen aus der Halterung. Wenn wir den Reifen auf dem Dach befestigten, konnte sich wenigstens einer von uns ausstrecken. So tauschten wir größeren Benzinverbrauch gegen höheren Fahrkomfort, auch wenn wir einen Anstrich von Flüchtlingen bekamen. Der größere Luftwiderstand durch den Reifen würde unseren pfeifenden Motor noch mehr belasten, so daß ich mir vornahm, beim nächsten Tanken Super dazuzumischen – ein weiteres Beispiel für die heimtückische Kostenspirale des Lebens im Westen. Je mehr man ausgibt, desto mehr braucht man, um das zu erhalten oder zu schützen, was man erworben hat.

Aama, Sun Maya und die anderen Dorfbewohner entziehen sich diesem Geldstrudel, indem sie sich erst gar nicht darauf einlassen. Sie geben so gut wie kein Geld aus, reisen nie und tun nichts, was das erfordern würde. Bei den Bergstämmen von Nepal gilt Sparen oder Investieren als Egoismus, und reiche Händler oder Geldleiher sind Beispiele für den Archetyp der Gier. Für den Gurung bedeutet Sparen, daß eine wertvolle Ressource aus der Zirkulation genommen wird.

Als wir alle wieder im Auto saßen, fragte Aama ruhig: »Weiß hier jemand vielleicht, wie wir nach Ganga Sagar kommen?« Als ich nicht antwortete, fügte sie hinzu: »Könnte sein, daß wir auf dem Weg eine rechtsgedrehte Schneckenmuschel finden.« Sie ließ ihre Augen anerkennend über das flache Dach gleiten, das die Zapfsäulen beschattete, als seien die klaren Linien und die leuchtenden Farben ein Zeichen dafür, daß es sich hier um eine Einsiedelei großer Yogis oder um eine Sammlung heiligen Wissens handle. Für uns fühlte es sich nicht wie ein heiliger Platz an, aber es ließ sich nicht von der Hand weisen, daß ein Ort, der Benzin verkauft, eine Art Kraftplatz ist.

Aama insistierte: »Geh jetzt da hinein. Es muß dort Leute geben, die deine Sprache sprechen und die uns sagen können, wie wir zu dem Temepl mitten im Ozean gelangen können.«

»Gut, ich frage«, antwortete ich, »aber ich glaube nicht, daß sie es wissen. Sie sind wahrscheinlich keine Hindus, und außerdem haben wir nur ein Auto, das uns dafür nichts nützt. Wir brauchen ein Boot.«

»Ein Boot könnte an Felsen stoßen und dann sinken. Vielleicht gibt es eine Brücke. Wenn nicht, dann wissen die Leute da drinnen vielleicht, was man tun muß. Jahrelang habe ich von Ganga Sagar gehört: durch meinen Vater und meinen Onkel, der uns die Sutren vorgelesen hat, die großen religiösen Bücher, in denen die Kämpfe und Dharma-Taten Krishnas und anderer Gottheiten erzählt werden. Ich bin nur eine einfache Pilgerin, die vor den Tempel treten möchte, um dort ein paar Öllampen im Namen meiner Eltern, meiner Ahnen und verstorbenen Brüder und Schwestern anzuzünden sowie Opfergaben darzubringen und dann zurückzukehren.«

»Didi, würdest du hineingehen und dich erkundigen, wie wir nach Ganga Sagar kommen?«

»Nein. Sie ist *deine* Dharma-Mutter. Frage du.« Ich stieg aus und verschwand in dem Glaskasten, um Kaugummi zu kaufen.

»Sie sagen, sie haben keine Ahnung«, log ich, als ich wieder im Auto saß.

Von der Tankstelle schaukelte das Auto auf die Straße wie ein kleines Boot, das die Heckwelle eines Schiffes kreuzt. Aama kramte in der Lebensmittelkiste.

Allmählich wußten wir, was ihr schmeckte: Meerestiere, besonders Fisch und Chips aus Drive-ins, die Art, die man mit Senf und Tatarsoße aus Wachsbechern in sich hineinstopft mit einer Serviette unter dem Kinn und einer zweiten über den Beinen, und deren Geräuscheffekte beim Essen die Verdauung unterstützen. In Aamas Fall war das Geräusch ein spontanes Zungenschnalzen, auf das ein explosiver Seufzer folgte.

Und Saft in viereckigen Packungen. Sie hatte gelernt, zuerst vorsichtig etwas Saft abzusaugen und sich dann eine Fontäne von Saft in den Mund zu spritzen. »Hast du das Obst in dieser kleinen Schachtel ganz ausgedrückt?« fragte sie. Multivitamin-Gemüsesaft für den Salzbedarf und Tortilla-Chips. Ihr schlechtes Gehör hinderte sie nicht daran, wie die fast zahmen Bergziegen des Olympic-Nationalparks aus weiter Ferne das Geräusch einer knisternden Chipstüte auszumachen. »Was ist das? Möchte ich welche? Eigentlich nicht, aber wenn ihr sowieso etwas eßt...« Ihre Hand verschwand in der knittrigen Tüte und holte genau drei Chips heraus: eins für den Dharma-Sohn, eins für Didi und das letzte für Aama.

Didi steuerte drei Granolariegel bei, aber sie schien beunruhigt zu sein. »Ich rieche Benzin«, sagte sie mit besorgter Stimme.

Ich schnüffelte nach hinten und mußte ihr zustimmen. Es roch eindeutig nach Benzin. Ich überlegte, was die Ursache sein könnte, und mir dämmerte, daß ich den Tankverschluß auf der Zapfsäule hatte liegen lassen. Ich nahm es als gerechte Strafe dafür, daß ich Aama angelogen hatte.

Wir waren schon etwa vierzig Meilen südlich von Eureka. Ich bog auf eine Zubringerstraße ab, stieg aus und starrte auf den offenen Tank. Sollte ich mich damit herausreden, der Deckel sei abgefallen oder so was?

»Verdammt, ich habe den Deckel vergessen«, verkündete ich sogleich, als ich ins Auto stieg in der Hoffnung, durch Selbstkritik Didis Anwürfen zuvorzukommen.

»Du vergißt *jedesmal* den Tankdeckel«, polterte sie zurück. »Und du hättest wahrscheinlich deine Eier vergessen, wenn du sie nicht in kleinen Säcken herumtragen würdest. Vielleicht vergißt du ja nächstes Mal mich oder Aama.«

»Scheiße!« beschimpfte ich das Steuerrad und ignorierte sie.

»Warum verlierst du dauernd dein Zeug?«

»Schau, ich habe meine Gedanken eben meistens woanders.«

»Das kann man wohl sagen!« meinte sie trocken.

Aama saß zwischen uns, und ich wußte jetzt, warum: um uns vom Streiten abzuhalten. Entspannt und reglos thronte sie friedlich zwischen uns wie ein mir bekannter tibetischer Lama mit seinem unverschämten, beinahe einschüchternden Lachen, das tief aus dem Bauch kam. Worte waren ja nur die Garnierung der wirklichen Botschaft, welche die Augen und das Gesicht übermittelten.

»Gyaaskyap«, machte uns Aama lachend nach. »Wißt ihr, was das in der Gurung-Sprache heißt? Ich sag' es euch nicht, weil es schmutzig ist. Ha! *Gyaaskyap*.«

»Dein adoptierter Sohn spricht über den Tankdeckel, den er verloren hat«, klärte Didi Aama auf. Sie starrte auf den Kiesstreifen am Rande des Highways und fing an zu singen: »Heiliger Sankt Antonius, komm und hilf uns, wir haben was verloren und sind ganz ratlos.«

»Warum verlierst du immerzu etwas?« hakte nun auch Aama ein. »Du würdest deinen Kopf verlieren, wenn er nicht angewachsen wäre.« Nicht schon wieder ein Déjà-vu. In meiner Erinnerung bildete sich ein Klumpen aus all den Sachen, die ich in der letzten Zeit verloren hatte. Die hinduistisch-katholische Schuldpatrouille war eine Zeitlang untätig gewesen, rottete sich aber nun wieder gegen mich zusammen.

»Was ist denn so schlimm! Wir können uns doch leicht einen

Ersatzdeckel besorgen«, sagte ich zuerst auf Nepali, dann auf englisch.

»Es ist Verschwendung, Dinge zu verlieren, und es bringt Verdruß«, antwortete Aama. »Du verlierst etwas, jemand findet es, du siehst das Ding bei der Person, die es gefunden hat, beschuldigst sie, es gestohlen zu haben, was geleugnet wird. Alle werden sauer. Wir sagen: ›Zieh die Schnur deines Geldbeutels fest zu, damit du deine Freunde nicht des Diebstahls verdächtigen mußt.‹« Sie schaute mich finster mit einem Blick an, dem ich nicht ausweichen konnte, der gleiche Blick, den meine Mutter auf mich zu richten pflegte, wenn sie herausbekommen wollte, ob ich schwindelte. Mir fielen die Notlügen ein, mit denen ich versucht hatte, mich aus der Affäre zu ziehen.

Aama kratzte sich am Kopf und hoffte, daß ich mir ihre Worte zu Herzen nehmen würde. Eine Weile fuhren wir schweigend weiter.

»Malaysia liegt doch am Meer, also müßte die malaysische Kaserne der britischen Armee hier in der Nähe sein, nicht wahr?« Sie nutzte meinen schuldbewußten Zustand aus, um meine Ehrlichkeit mit einer Frage zu testen, die noch nicht angemessen beantwortet worden war.

»Es ist weit«, sagte Didi.

»Bei unserem Tempo müßten wir schon daran vorbeigekommen sein. Bist du sicher, daß es hier in der Nähe nicht junge Gurung in den Gurkha-Regimentern gibt?«

»Nein, das glaube ich nicht«, sagte Didi und wiederholte dankenswerterweise, was ich Aama zuvor mitgeteilt hatte.

»Wenn irgendwelche Gurkhas in Amerika stationiert wären«, fügte ich hinzu, »dann würden wir bestimmt alles tun, um sie zu sehen.« Aama gab keine Antwort und dachte darüber nach.

Die untergehende Sonne überzog das rostfarbene Gitterwerk der Golden Gate Bridge mit einem majestätischen Leuchten. Aama hielt gerade ein Nickerchen, als wir nach San Francisco hineinfuhren und von der Straßenbrücke in den

Marina District abbogen. Von einer Tankstelle riefen wir unsere Freundin Efale an, um uns den Weg zu ihrem Haus beschreiben zu lassen. Aama wachte auf und schaute sich schläfrig um.

»Warum bleiben wir heute nacht nicht einfach in Ann Toris Haus?« meinte sie in einem sauren, aber gefaßten Ton.

»Was? Wir sind fünf Tage von ihrem Haus entfernt – mehr, als man in einem Monat laufen könnte. Wie kommst du auf die Idee, wir sollten dort übernachten?«

»Nein, es muß in der Nähe sein. Ich kenne diesen Platz hier.« Sie deutete auf die Zapfsäulen, die Werbeplakate und andere Eigentümlichkeiten einer Chevron-Tankstelle. »Wir waren schon einmal hier.«

Auf Whidbey Island hatten wir zweimal an einer Chevron Tankstelle haltgemacht. »Die Straße, auf der wir gefahren sind, kommt mir auch bekannt vor«, meinte Aama unbeirrt. »Welcher Fluch liegt auf dir, daß du im Kreis herumirrst? Oder hast du mich hinters Licht geführt? Ich habe die Sonne und den Mond beobachtet, sie stehen jetzt anders. Bhagwan sagt mir, wo Norden und Süden sind, weil die Sonne und der Mond im Osten auf- und im Westen untergehen.« Sie schoß mir diesen durchdringenden Mutterblick herüber. »Die Sonne und der Mond lügen nicht, und wenn Menschen lügen oder irgend jemanden täuschen, dann sehen es die Sonne, der Mond und Bhagwan.«

Und bestimmt auch Aama. »Die Amerikaner haben einen Menschen auf den Mond gebracht«, war alles, was mir als Antwort einfiel.

»Hat der Mann dort Bhagwan gesehen?« gab Aama schnell zurück. »Wenn wirklich ein Mensch auf dem Mond gewesen ist, hat er dann irgend etwas getan, um seinen Respekt zu erweisen, um die Götter günstig zu stimmen und seinen Besuch zu heiligen? Du sagst, daß dein Volk an diesen Orten gewesen ist, all diese Dinge getan hat, diese Speisen ißt, diese Kleider trägt, dieses Getreide anbaut, dieses ganze Land besitzt – aber mißt du daran den Wert des menschlichen Lebens?«

Ich fühlte einen Anflug von Stolz, gemischt mit Scham, als sie von uns als »deinem Volk« sprach, als hätten wir Amerikaner eine Stammesidentität, eine fest verbundene soziale Struktur, die wir vielleicht nicht verdienen.

*

Efales Haus stand auf einem Hügel über einem Industriegebiet. Sie küßte uns alle überschwenglich auf beide Wangen und bemühte sich, ihren Hund daran zu hindern, an uns hochzuspringen. Didi machte Suppe warm, während Efale uns Wein eingoß. Ich hielt mich an die Popcorn-Schüssel. Aama nahm sich auch ein paar heraus.

»Eigentlich kann ich das gar nicht essen, seit die Mühle in meinem Mund glatt geworden ist. Meine Oberlippe ist nach innen gefallen, wo früher meine Zähne waren, und die zwei einsamen Zähne, die unten noch übriggeblieben sind, stoßen an die Oberlippe, wenn ich esse. Und beide Lippen flattern beim Sprechen herum, so daß meine Nase auch noch daran beteiligt ist und rauf- und runterhüpft. Es muß komisch aussehen.« Sie fuhr sich mit dem Finger über den Gaumen. »Hört nur, wie ich spreche – erstaunlich, daß die Leute mich überhaupt verstehen. Manchmal kommt das Gegenteil heraus von dem, was ich sagen will.«

Ich rief einen Zahnarzt an, den Efale kannte, um mich nach den Möglichkeiten für Zahnersatz zu erkundigen, und beschrieb ihm Aamas Mund.

»Ein Gebiß würde bei ihr vermutlich nicht funktionieren«, sagte er unumwunden mit der Stimme eines Wissenschaftlers. »Leuten über achtzig macht man kein Gebiß mehr, wenn sie vorher noch keins hatten, denn wenn die Zähne schon einige Jahre weg sind, dann zieht sich der Kieferknochen zurück, und das Gebiß hat keinen Halt. Der Patient nimmt es die meiste Zeit heraus.« Ich gab Aama die Auskunft weiter.

Sie schien nicht weiter enttäuscht. »Du solltest sowieso andere Dinge planen – für dich und Didi. Warum Geld für eine alte Frau ausgeben?«

Dann war da noch das Problem mit Aamas Augen. Ich suchte

im Telefonbuch unter »Optiker« und strich einige Nummern an, die ich am nächsten Vormittag anrufen wollte.

Didi lotste uns mit Hilfe einer Straßenkarte durch San Francisco, die mir am Beifahrerfenster die Sicht versperrte, während ich versuchte, mich in dem engen Einbahnstraßensystem zurechtzufinden. Aama hatte auf die Schnelle einen Termin bekommen, und wir durften nicht zu spät kommen.

»Jetzt sag endlich, wie wir fahren müssen«, fuhr ich Didi an.

»Hawa jahaaj girgun khoi?« fragte Aama und machte meinen ärgerlichen Tonfall nach, »wo ist der Flughafen?« Sie lachte ihr glucksendes Bauchlachen. Der Verkehr war zum Stillstand gekommen, so daß wir unser Navigationssystem einstellen konnten. Aama schaute zum Himmel, um die Sonne zu entdecken – für sie der sicherste Orientierungspunkt –, aber sie wurde durch einen Lastwagen verdeckt, hinter dem sich eine lange Autoschlange staute.

»Dieser Lastwagen sieht aus wie die Mutterkuh, und dahinter sind die Kälbchen, die auf die Wiese geführt werden.« Sie horchte: »Die Stadt gibt das gleiche Geräusch von sich wie dort, wo Ann Toris Haus ist. Es klingt wie der Ozean.«

Wir waren schon an dem Laden vorbei, als Didi mich darauf aufmerksam machte. Ich setzte die beiden an der Ecke ab und fuhr einen Block weiter, wo ich ein Parkhaus fand.

Als ich in den Laden kam, traute ich meinen Augen nicht: Aama saß im Warteraum und war tief in eine Unterhaltung versunken. Sie sprach nicht Nepali, sondern Gurung mit ihrem Gegenüber, einem jungen Asiaten, der nur noch Augen und Ohren für Aama hatte. Ihr blumiger tibetisch-birmanischer Dialekt war ein Zauberteppich, der sie beide über Bergkämme trug, über Felder und Wiesen, durch enge Dorfgassen und tief in die Rhododendron-Wälder der Annapurnas. Ich betrachtete ihn näher. Eine Träne schimmerte im Augenwinkel. Didi kam auf mich zu und nahm mich beiseite.

»Stell dir vor, er ist ein Gurkha-Soldat und ein Gurung. Er ist in London stationiert und vor ein paar Tagen in die USA geflogen, um seine Verwandten zu besuchen, die hier ein Restaurant betreiben. Am Wochenende muß er schon wieder zurück nach London. Wir waren gerade ausgestiegen, als er uns auf dem Bürgersteig entgegenkam und Aama auf Nepali mit den Worten ansprach: ›Oh Großmutter‹. Und sofort verfielen sie in Gurung. Er fing am ganzen Leib an zu zittern.«

Der Gurung-Soldat zitterte noch immer. Aama hatte sich entspannt zurückgesetzt und schwelgte in Erzählungen über ihre Verwandten und ihre Tiere, über Fairneß und Ungerechtigkeit, Geburt und Heirat, Armut und Tod; wie sie und er an all dies gebunden seien durch die gemeinsame Kultur, wenn nicht gar durch Verwandtschaft um ein paar Ecken.

Er schaute mich flehend an, als bräuchte er eine Bestätigung dafür, daß dies alles real sei. Ich hätte ihn gerne gefragt, aus welchem Dorf er stamme, aber er war von Aama mit Geschichten gefangengenommen worden, die nur auf Gurung erzählt werden konnten – Geschichten, in denen sich Druck angesammelt hatte und die jetzt ins Leben hinausplatzten. Er hörte mit offenem Mund zu und schien von der Art des Erzählens ebenso verzaubert zu sein wie vom Inhalt der Geschichten, als würden sie einer traumhaften Manifestation seines eigenen kulturellen Erbes entspringen.

Mit einer Hand hielt Aama die Armstütze, während die ausgebreiteten Finger der anderen Hand in der Luft vergangene Ereignisse beschworen.

»... Und dann war da der Mann meiner nächstälteren Schwester. Du wirst ihn nicht kennen, weil dein Dorf ja etwas weiter entfernt ist – zwei Tagesmärsche hast du gesagt? –, aber er wurde im großen Krieg getötet, im Krieg Nummer eins. Oder wenigstens dachten wir das. An dem Tag, an dem die Lamas die Totenzeremonie und das Reinigungsritual angesetzt hatten, kam er zum Dorf hereinspaziert. Er sagte, er sei dem Feind in die Hände gefallen, in Gefangenschaft geraten und geflohen ...«

Der junge Gurung wandte sich an mich: »Ich schaue Aama an und kann immer nur an meine eigene Großmutter denken, sie ist genauso wie sie.« Auch seine Großmutter trug die Stammeskleidung der Gurung-Frauen: eine Bluse aus kastanienbraunem Samt, die unter den Armen zusammengebunden wird. Seit einem Jahrhundert bringen Gurkhas, die aus dem Ausland zurückkehren, Ballen dieses luxuriösen Stoffes mit in die Dörfer.

»... Natürlich wäre es für ihn kein gutes Omen gewesen, das Haus wieder zu betreten, wenn wir die Totenzeremonie schon beendet hätten, und noch schlimmer, wenn er von den Ritualen gehört hätte, wie das einem anderen Familienangehörigen mal passiert ist. Dieser Verwandte ist verschwunden und nie mehr ins Dorf zurückgekehrt; er war böse, daß seine eigene Totenzeremonie sein Leben verkürzt hatte, was in solchen Fällen ja, wie du weißt, vorkommen kann ...«

Tränen standen dem Jungen in den Augen vor Heimweh und aus einem Anflug von Reue, daß er seine Tradition und Familie verlassen hatte, um einem anonymen, utilitaristischen Ziel nachzugehen. Aber der Militärdienst wurde von den meisten Gurung – auch wenn er siebzehn Jahre dauerte – als etwas Vorübergehendes betrachtet. Die Loyalität der Gurkhas zu den heimatlichen Bergen und ihre Treue zur Familie stand selten in Frage, auch wenn sie lange von zu Hause weg waren. So gut wie alle kehrten zurück.

»... Dann, nach dem Tod des Mannes der ältesten Schwester, tauchte ein betrunkener Tunichtgut im Dorf auf und behauptete, er sei niemals dem Feind in die Hände gefallen, sondern sei desertiert, und deswegen bekomme er keine Pension. Aber wie hat er reagieren können, wenn er tot war? Das machte meine Schwester und uns alle sehr ärgerlich ...«

Erst jetzt hatte Aama voll mitbekommen, daß auch ich im Laden war. Sie schaute mich vorwurfsvoll an.

»Nani, und es gibt doch überall Gurung-Rekruten der britischen Armee. Du hast sie vor mir versteckt.« Der Gurung merkte meine Verlegenheit und versicherte Aama, daß bestimmt nicht viele seines Schlages hier in der Gegend seien. Aber seine leibhaftige Gegenwart machte diese Aussage in Aamas Augen unglaubwürdig.

Der Gurung-Junge, wie Aama ihn nannte, wollte uns zu einem traditionellen Mittagessen mit Reis, Linsensuppe und Gemüse zu seinen Verwandten einladen. Er rief sie an, aber keiner war zu Hause.

»Mach dir nichts draus«, tröstete ihn Aama. »Deine Verwandten müssen sicher sehr viel arbeiten. Vielleicht sind sie schon so geworden wie die Leute in *Amrita*. Es ist hier anders als bei uns in den Bergen.«

Die Empfangsdame rief »Mrs. Gurung«, und Didi streckte die Hand aus. Aamas Augen baten inständig darum, die Untersuchung zu verschieben. Aber der Gurung-Junge sagte, er müsse jetzt sowieso gehen, und ich schrieb seine Telefonnummer auf. Er verbeugte sich leicht vor Aama, Didi und mir und entfernte sich, ohne den Blick von uns zu wenden. Erst an der Tür drehte er sich um.

Didi begleitete Aama in ein kleines Zimmer. Der Optiker, ein freundlicher, weißhaariger Herr, ließ Aama vor einem Apparat Platz nehmen, der die Netzhaut diagnostiziert. Er schaute an einer Seite hinein, wo er einen klickenden Schalter bediente, und Aama an der anderen.

»Sie hat den grauen Star auf beiden Augen«, sagte er und bestätigte damit, was wir befürchtet hatten. Ihre Sehfähigkeit war aber noch nicht ernsthaft eingeschränkt, so daß eine Brille ihren Astigmatismus korrigieren konnte. Wir warteten darauf, daß die Linsen geschliffen wurden.

»Wie gefällt dir deine Brille?« fragte Didi, als wir auf die Straße traten.

»In der Ferne kann ich jetzt besser sehen, aber in der Nähe schauen die Dinge milchig aus. Die Brille meiner Schwester, die ich vor Jahren probiert habe, saß anders auf der Nase, weiter oben, glaube ich. Aber jetzt sehe ich so aus wie die Mutter eines Gurkha-Soldaten und fühle mich auch so – besonders seit ich dem Gurung-Jungen begegnet bin. Als er mich auf der Straße angesprochen hat, war es, als hätte mich ein Verwandter im Traum begrüßt.«

Kapitel 9

Der Verkehr auf der Interstate 80, östlich von San Francisco, schob sich langsam an uns vorbei. Aama glaubte im ersten Moment, wir würden rückwärts fahren, dann machte sie sich Sorgen über die rotierende Trommel eines Betonmischers in der Nebenspur.

»Sie sollten das besser festmachen; das Ding rollt herum und kann jederzeit herunterfallen.«

Cecilia, eine Tiertrainerin und Freundin, hatte uns nach Vallejo in den Vergnügungspark »Marine World Africa« eingeladen, wo sie in der PR-Abteilung arbeitete. Die Anlage wurde als ein Safaripark beschrieben, obwohl die Reklamewände neben der Schnellstraße eher wie Werbung für einen privaten Fernsehkanal aussahen, wenn wir nicht den Text gelesen hätten. Der dichte Verkehr aktivierte mein Adrenalin, und ich kämpfte mich aggressiv durch, bis wir auf dem Parkplatz angekommen waren.

Wir trafen Cecilia auf einer Service-Straße hinter den Büros, und sie zeigte uns die Giraffen. Ein Königstiger wurde angekettet von zwei Dompteuren an uns vorbeigeführt. Aama sprach sanft mit ihm und streichelte sein Fell, wie ein Kind eine Katze streichelt.

»Erstaunlich, wie ehrfürchtig und mutig Aama mit dem Tier umgeht, wenn man bedenkt, daß im Süden von Nepal Menschen von Tigern angefallen werden«, sagte Cecilia. Sie schaute auf die Uhr und schlug vor, zum Aquatheater zu gehen, wo es eine Delphin- und Killerwal-Show gebe; sie habe ganz vorne, neben dem Spritzdeck, Sitze für uns reservieren lassen.

Das Freilufttheater war proppenvoll. Als das Wasser des

Bassins in Bewegung geriet, wurden die Kinder ganz aufgeregt und stellten ihren Eltern ungeduldig Fragen.

Ein Mann am Mikrofon stellte Yaka vor, den weiblichen Killerwal des Parks. Unsere Köpfe wanderten hin und her auf der Suche nach Lebenszeichen des Tiers, aber die Wasseroberfläche beruhigte sich wieder auf unheimliche Art.

Plötzlich, als habe der Wal nur darauf gewartet, daß ihm das Publikum zublinzelte, schoß Yaka aus der Tiefe des Bassins nach oben und landete auf dem Spritzdeck. Mit hoch gebogenem Schwanz blickte sie wie ein übergroßes Badewannenspielzeug freundlich in die Menge.

Dann glitt die Walfrau wie ein Schiff nach der Taufe ins Wasser zurück, mitten unter einen Schwarm von Delphinen, die im Gleichtakt durchs Wasser tanzten. Die Show war eröffnet.

»Diese Fische sind abgerichtet wie Hunde und sehen aus, als wollten sie etwas zu fressen. Von was ernähren sie sich?«

»Von anderen Fischen, von kleineren«, sagte ich.

»Hat deine Freundin Fische, die wir ihnen zuwerfen können?«

Nachdem die Delphine ihren Auftritt beendet hatten, tauchte Yaka wieder auf und führte die Nummern der Delphine noch einmal im Zeitlupentempo vor: Sie sprang über ein Seil, das mannshoch über das Wasser gespannt war, spielte mit einem Ball und ließ einen Mann auf ihrem Rücken reiten.

Langsam leerte sich das Aquatheater. Die Kinder waren jetzt noch lauter als vor der Show und erzählten Geschichten von wirklichen Tieren, die noch besser waren als die im Fernsehen. Cecilia arbeitete sich gegen den Strom der Menschen vom Ausgang zu uns vor und rief: »Würde Aama gerne den Killerwal begrüßen?«

Ich sagte Aama, daß sie eingeladen worden sei, dem Riesenfisch persönlich zu begegnen, sie dürfe ihn sogar berühren.

»Welchen der großen Fische?« fragte Aama. Für Erklärungen war nicht viel Zeit. Didi und Cecilia nahmen sie in ihre Mitte und führten sie zum Rand des Bassins.

»Wo ist er?« fragte sie mit skeptischer Neugierde und ließ ihre

Augen über die Wasseroberfläche gleiten. Die Trainerin, die eine Pfeife zwischen die Lippen gepreßt hatte, beugte sich über den Rand und schlug mit der flachen Hand heftig an die Bassinwand, ein Signal, das uns – wie wir aus der Welt der Fernseherfahrung wußten – ein baldiges Wasserereignis verhieß.

Yaka schoß wie eine Rakete aus dem Bassin und bäumte sich hoch über Aama auf. Während sie auf ihrer Schwanzflosse balancierte, drehte sie den Kopf zur Seite und schaute mit ihrem rechten Auge auf die winzige Gestalt herunter. Aama wich vor dem Koloß einen Schritt zurück, wischte sich einen Wasserspritzer aus dem Gesicht, beobachtete, wie sich die Walfrau tiefergleiten ließ, und streckte ihr die Arme entgegen, als wolle sie sich der lockenden Rachegöttin Kali selbst als Opfer darbringen, um so Verdienste für sich und andere zu erwerben – einer Göttin, die Blut liebt, ganz besonders das menschliche. Aama bekam das Maul von Yaka zu fassen und ertastete es mit den Händen wie eine Blinde. Sie zog sich an der Unterlippe der Walkuh hoch, reckte sich auf die Zehenspitzen und gab ihr einen dicken Kuß aufs Maul. Dann drückte sie ihre Stirn an Yakas Unterkiefer und segnete sie, als würden sie dieselbe Sprache sprechen. »Mögest du gesund sein, viele Kinder haben und hundert Jahre alt werden, in Frieden und Harmonie mit deinesgleichen leben und mit all den anderen Fischen und Lebewesen des Meeres. Möge dir nicht das Unglück beschieden sein, daß Menschen dich essen, und bitte iß auch du keine Menschen, sondern finde genügend kleine Fische, um dich davon zu ernähren . . .«

Langsam ließ sich Yaka zurück ins Wasser sinken. Aama hielt dennoch das riesige Maul fest. Ihr Segen war noch nicht vollständig. Didi und mir stockte der Atem. Aama ließ nicht los, sie wurde nach vorne gezogen, und wir sahen sie schon mit dem Wal in der Tiefe verschwinden, um dort vielleicht doch noch Ganga Sagar zu entdecken. Im letzten Augenblick gab sie widerstrebend nach, und wir sprangen nach vorne, um sie zu halten. Sie lächelte uns mit einer Mischung aus Triumph und Bedauern an.

Wir kletterten in unser Walmobil, durchschifften den ozeanähnlichen Parkplatz und gelangten auf den Freeway. Aama schwärmte von der Schönheit des Tigers und der Anmut der hochbeinigen Tiere mit dem langen Hals, die sich Blätter von den Baumspitzen pflücken – man könne sie gut als Futtersammler einsetzen. Dann rühmte sie die Kunstfertigkeit der Amerikaner, denen es gelänge, einen solch riesigen mechanischen Fisch zu bauen, daß man fast meinen könne, er sei lebendig.

Didi und ich schauten einander verblüfft an. »Was?« stotterte ich, »du... du denkst, der große Fisch sei nicht echt, nicht lebendig?«

»Uhn-uh. Er ist eine Maschine«, schnaubte sie selbstgewiß, »und ich bin stolz, daß ich mich nicht habe reinlegen lassen; das Ding ist doch nur dazu da, Leute hinters Licht zu führen.«

»Aber Aama, es ist ein wirklicher Wal, der im Ozean mit anderen Walen schwimmt«, erklärte Didi. »Er atmet sogar so wie wir, deswegen kann er an der Luft sein, und er bekommt wie wir Kinder. Er legt keine Eier.«

»Versuch nicht, mich für dumm zu verkaufen«, gab Aama zurück. Es ärgerte und belustigte sie zugleich, daß Didi ihr etwas ausreden wollte, was sie schließlich selbst erlebt hatte. Didi und ich grinsten uns staunend an, was es noch schwerer machte, überzeugend zu klingen. Ich gab es auf, mich im Verkehr vorwärtszukämpfen, und setzte mich hinter einen Lastwagen, um Aamas Darlegungen aufmerksamer folgen zu können.

»Kein Fisch von dieser Größe könnte jemals so hoch springen; die kleinen Flügel an den Seiten helfen ihm wahrscheinlich zu fliegen. Ich bin zwar aus den Bergen, aber ich kenne mich trotzdem mit Fischen aus – wir fangen manchmal kleine im Bach unterm Dorf. Und diese riesige Maschine war auch nicht schleimig wie ein wirklicher Fisch. Sie fühlte sich so rauh an wie die Papiertaschentücher, mit denen du die Scheibe putzt. Wahrscheinlich ist das Ding aus Gummi, und innen drin besteht es aus Federn und Drähten und Strom. Oder vielleicht sind es zusammengenähte Tierhäute, ich war mir nicht sicher.«

Ich wußte, daß jeder Widerspruch ihre Überzeugung nur noch mehr festigen würde. Meine Gedanken rasten, ich suchte nach einem anderen Ansatzpunkt.

»Gut, wenn der Fisch eine Maschine ist – warum hast du ihn dann gesegnet?«

»Ich habe es getan«, antwortete sie ganz sachlich, »um euch und allen, die zuschauen, einen Spaß zu bereiten. Die Leute, die das ganze Ding leiten, sind doch eure Freunde, nicht wahr? Ich wollte nicht vor allen sagen, daß ich weiß, daß das Ding nicht echt ist, das hätte euch nur in Verlegenheit gebracht. Wir sollten doch glauben, es sei echt, oder wenigstens ich sollte es glauben. Sie haben wahrscheinlich im Publikum herumgeschaut und gesehen, daß ich die einzige Ausländerin war, jemand, der noch nicht erfahren hat, daß es ein Trick ist, und deswegen haben sie mich nach vorne gerufen.«

»Aber er *ist* echt«, flehte ich sie an, »glaub es mir.« Sie hatte mir geglaubt, als ich ihr gesagt habe, die Erde sei rund.

»Hast du ihn angefaßt? Hast du ihn gefühlt?« blitzte sie mich und Didi an.

»Nein, aber …«

»Aber ich habe ihn berührt, und ich weiß, daß es eine Maschine ist. Wenn wir noch mal eine sehen, zeige ich es euch. Aber sag deinen Freunden nicht, daß ich ihr Geheimnis kenne. Vielleicht hätte ich es euch gar nicht sagen sollen.«

*

Didi und ich wollten noch zum Laden an der Ecke, um für eine Party am Abend einzukaufen. Aama war auf der Couch eingeschlafen. Sie hatte Ähnlichkeit mit einer Moorleiche. Ich horchte auf ihren Atem, wie es Eltern bei ihrem neugeborenen Baby tun. Vielleicht war es ihr vergönnt, dem Tod im Schlaf zu begegnen oder ihm näher zu kommen als wir anderen, weil sie sich nicht so wie wir ans Leben klammerte. Wir hatten sie fast nur im Auto dösen sehen, weil sie nachts kaum länger als vier Stunden schlief.

Als wir zurückkamen, war Aama verschwunden. Ich suchte

im Eßzimmer nach ihr und im Fersehzimmer und fühlte einen Augenblick den Alptraum von Eltern, die ihr kleines Kind vermissen. Aber da hatte sie Didi schon auf dem Küchenboden vor dem Kühlschrank entdeckt.

»Mir war kalt, und ich bin aufgestanden und habe nach einer Decke gesucht, da habe ich diese große weiße Kiste gefunden, aus der unten heiße Luft hervorkommt. Manchmal kommt heiße Luft, dann wieder nicht, aber die Kiste macht vorher immer ein Geräusch.«

Wir stellten die Lebensmittel auf den Küchentisch. Aama hatte Langeweile und wollte etwas tun. Didi legte ein Brett vor sie auf den Boden mit zwei großen Zwiebeln und drückte ihr ein Messer in die Hand. Wie ein Küchenchef machte sie sich sofort daran und schien froh darüber zu sein, daß sie Arbeit hatte. Didi reichte mir ein kühles Bier und goß Wein in einen Kaffeebecher, den sie neben Aama auf den Boden stellte.

Efale brachte noch mehr Lebensmittel und Getränke, und ein weiterer Freund gesellte sich zu uns: der gutgenährte Fred, Weltreisender und Treckführer im Himalaja. Fred sprach fließend Nepali und hockte sich neben Aama auf den Boden, um sich mit ihr zu unterhalten. Wie immer bei Fremden wollte sie zuerst wissen, wie viele Kinder er habe.

»Oh, natürlich viele, viele«, witzelte er. »Und warum auch nicht? Du siehst ja an meinem Umfang, daß ich ein reicher Mann bin.«

Weitere Gäste umringten die beiden auf dem Küchenboden, angezogen von Aamas und Freds sichtbarem Gefühl sprudelnden Wohlbehagens. Ein paar standen noch im Wohnzimmer und unterhielten sich.

Aama winkte ihnen durch die offene Tür zu. »Ruft alle her und sagt ihnen, daß unter dieser Kiste warme Luft herauskommt. Diese Betten mit den weichen Seitenteilen im großen Zimmer sind nicht zum Sitzen da, sondern zum Schlafen.«

Aus der Stereoanlage ertönte Musik, und weitere Wein- und Bierflaschen wurden geöffnet.

Didi und Efale mußten an den Kühlschrank. Aama stand auf,

um Platz zu machen, und stützte die Hände auf die Knie. Sie starrte auf die überquellenden, hell erleuchteten Fächer.

»Mein lieber Mann. Das ist ja ein Schaufenster! Kann man das alles kaufen?« Tatsächlich war der Kühlschrank nicht viel kleiner als die kleinen Buden auf dem Basar, wo der Ladeninhaber jeden Gegenstand erreichen kann, ohne sich vom Platz zu bewegen.

»Das ganze Essen ist nur für die Leute hier«, sagte Didi.

»Aber eure Freundin lebt doch allein«, entgegnete Aama. »Das kann sie doch unmöglich alles essen! Und warum habt ihr noch mehr gekauft?«

Mehr. Ein Schlüsselwort unserer Kultur. Ich fühlte mich in die Enge getrieben.

»Es ... es ist so ähnlich wie eure Gurung-Hochzeiten, wo die Leute Wagenladungen von Brot und Reis und Gemüse verzehren und ganze Wasserbüffel.«

»Habt ihr für diesen Abend einen Wasserbüffel geopfert?« fragte sie hoffnungsvoll.

Didi und Efale drängten uns sanft ins Wohnzimmer, um in der Küche Platz fürs Buffet zu schaffen. Fred brachte Feuerholz aus dem Keller.

»Was tust du?« fragte Aama. Nichts war sicher vor ihren Attacken, die vom Wein beflügelt wurden.

»Ich mache Feuer hier im Kamin.«

»Warum so ein schönes Haus unter Rauch setzen und alles schwarz machen?«

Fred übersetzte Aamas Kommentar, und sie wurde immer mehr zum Mittelpunkt. Während die Gäste sich der bunten Fülle auf ihren Tellern widmeten, nutzte Aama die relative Stille, um sich über die Eigenheiten von Amerika zu verbreiten für den Fall, daß sie uns noch nicht aufgefallen wären. Und den meisten von uns waren sie in der Tat noch nicht zu Bewußtsein gekommen.

Sie betrachtete die Aschenbecher und allen möglichen Schnickschnack, der auf den Tischen und Bücherregalen herumstand. »Die Leute hier lassen ihre schönen Sachen herumliegen, so daß sie jeder mitnehmen kann. Und sie halten die Türen ihrer Häuser tagsüber zu. Überall, wo wir hinkommen, scheint es, als sei niemand zu Hause. Wenigstens in den Abendstunden, bei Sonnenuntergang, sollten die Türen offen sein, damit die Götter zurückkehren und das Haus schützen können.«

»Sogar in L.A.?« fragte ein Gast.

»Und jemand hat zwei Autos im Nebenzimmer abgestellt«, sagte sie und deutete auf das Garagentor. »... und ihr kocht unten euer Essen *und dann geht ihr hinauf und pinkelt und scheißt direkt über der Küche*. Wer weiß, wo es hingeht, wenn es vom Wasser weggespült wird. Das große weiße Gefäß, das halbvoll ist mit Wasser, auf dem ihr sitzt, das sieht aus wie eine große Schüssel, in die man bei einem Fest Reis füllen könnte.« Fred hielt seinen Teller am ausgestreckten Arm von sich weg und verzog argwöhnisch sein Gesicht.

»Unsere Leute sind vielleicht arm, aber wir würden nie solche Dinge tun.« Aama nahm einen kräftigen Schluck Wein, leckte sich über die Lippen und schaute dann jeden einzeln an. »Wer seid ihr? Ihr wißt nicht einmal, wer ihr seid.«

Fred brauchte ihre dramatische Tonlage nicht zu übersetzen. Die Gäste hörten auf zu essen und betrachteten einander. Eine Frau stellte die Musik leise. Die meisten Leute hier hatten diverse Midlifekrisen durchlitten oder sonstige karmische Knotenpunkte. Sie hatten im Anschluß daran oft neuen Sinn in ihrem Leben entdeckt, manche suchten immer noch nach neuer Orientierung oder taten sich, wie Fred von sich sagte, an dem existentiellen Sahnekuchen gütlich, den Gott oder Buddha oder Bhagwan oder sonst jemand aus dem Ärmel zieht, wenn du es am wenigsten erwartest.

»Hier in Amerika können die Leute tun, was sie wollen«, sagte ich, »deswegen fällt ihnen die Entscheidung schwer, was sie tun sollen.« Aama schaute mich an, als sei das nur ein Teil der Angelegenheit.

»Ihr behandelt eure Verwandten wie Fremde und Fremde wie Verwandte. Deine Brüder und Schwestern sind überall verstreut, und ich frage mich, ob du überhaupt weißt, wie sie mit dir verwandt sind. Du redest und lachst mit jemandem, und im nächsten Augenblick läßt du ihn fallen und fängst mit jemand anderem an – über dieses Radio oder Telefon oder was es ist. So verlierst du deine Aufrichtigkeit und deine Vertrauenswürdigkeit. ›Wenn du eine Kuh aufziehst, schenkt sie dir Nahrung, aber wenn du einen Bruder aufziehst, dann schenkt er dir Bruderschaft.‹ Und warum sind manche Paare verheiratet und haben keine Kinder, während andere Kinder haben und nicht verheiratet sind? Und jeder hetzt zu seiner Arbeit, als gäbe es die Arbeit nicht mehr, wenn er später hinkommt. Heute nachmittag habe ich Leute auf einer Bank an der Straße gesehen, die Tüten aufgemacht und Essen herausgeholt haben. Jeder saß allein da und las etwas beim Essen. Haben sie darüber gelesen, wie man ißt? Ich glaube schon – weil ein anderer mit einer Hand geschrieben hat, während er sich Essen in den Mund steckte. Er muß wohl die Lehren über richtiges Essen aufgeschrieben haben, welche die anderen dann gelesen haben.«

In früheren Jahrhunderten waren Lesen und Schreiben in Nepal für religiöse Texte reserviert, und das geschriebene Wort galt als heilig. Später, als Schreiben für Regierungszwecke eingesetzt wurde, machte man sich die Heiligkeit des geschriebenen Wortes zunutze, so daß die Regierung und jetzt die Wirtschaft ungewohnten Respekt genießen.

»Manche Leute sind groß und andere klein, aber ich war schon immer der Meinung, daß die Körpergröße nichts mit dem Verstand zu tun hat.« Der gut genährte Fred setzte einen entrüsteten Ausdruck auf: außer bei mir natürlich.

»Und nur, weil du lesen kannst und vielleicht reich bist, heißt das nicht, daß du weißt, wie man richtig lebt. Dazu brauchst du auch Weisheit. Nur wenige Menschen wissen im voraus, welche Wirkung ihre Handlungen haben werden.« Aama hatte alle Aufmerksamkeit auf sich gezogen und schaute jeden in der Runde an. Allein mit der Modulation ihrer Stimme führte sie eine tragikomische Oper auf mit Streichern, Pauken und Trompeten, und jede Stanze wurde von einem Lachen gekrönt.

»Irgendwie erschafft ihr aus Büchern und Maschinen ein Leben, das ihr produktiv nennt. Maschinen können sprechen, schreien, sie können sich bewegen, und es gibt sogar ganz schlaue, riesengroße Fischmaschinen, die atmen und schwimmen wie wirkliche Tiere...«

Efale hatte von unserem Ausflug zum Safaripark gehört. Während Aama redete, schlug sie Didi vor, auf dem Weg nach Süden das Monterey Bay Aquarium zu besuchen, wo man Meeressäugetiere und vielleicht sogar Wale in Bassins hinter Glaswänden beobachten konnte. Vielleicht würde sie das überzeugen.

»... Aber für euch ist das wahrscheinlich gar nichts Besonderes. Vermutlich könnt ihr sogar einen Toten zum Atmen und Sprechen bringen, indem ihr seinen Körper öffnet und eine Atemmaschine und eine Sprechmaschine einbaut, wie diesen Kasten, mit dem man Stimmen einfangen kann. Es ist komisch, daß ihr das alles könnt, und dabei versteht ihr es nicht, mit euren Händen zu arbeiten, zu säen und zu ernten – das machen ja auch Maschinen. Was würdet ihr ohne sie tun? Maschinen sind eure Götter. Wenn sie es nicht wären, dann hätte ich inzwischen doch mal jemanden gehört, der Bhagwans Namen anruft, oder nicht?«

Sie schöpfte Atem, und wir atmeten mit ihr. »Und wenn ihr mit jemandem sprechen wollte, dann redet ihr in eine Maschine und hört den anderen aus der Maschine heraus antworten. Vielleicht ist Bhagwan da drinnen, und *er* ist es, mit dem ihr alle sprecht.«

Aama hatte das Telefon auf dem Kaffeetisch im Auge. Plötzlich lehnte sie sich vor, als würde es klingeln. Sie mußte wohl gespürt haben, daß jemand anrufen wollte, denn dies war tatsächlich der Fall, als sie den Hörer abnahm. Die Gäste beobachteten sie schweigend. Sie packte den Hörer mit beiden Händen und hielt die Ohrmuschel wie ein großes Mikrofon vor ihren Mund. Zwar hatte sie der Wein sehr mutig gemacht, aber die Erwartung, die Stimme einer wichtigen Person zu hören, schüchterte sie doch ein.

Zögernd, aber laut sprach sie auf Hindi in die Ohrmuschel, in der Sprache der heimkehrenden Gurkhas, die Weltläufigkeit signalisierte: »*Aachaa, bya baat hai?* – Ja, was gibt es?« Hurtig legte sie den Hörer wieder auf, als habe sie etwas falsch gemacht. Ohne aufzuschauen, wußte sie, daß ihr Publikum vor Lachen beinahe platzte. Sie versuchte ihre Gesichtszüge zu beherrschen und wiederholte das Spielchen. Erneut nahm sie den Hörer ab und rief in die Ohrmuschel: »Hallo, Bhagwan? Bist du es . . .? Was? Ich kann dich nicht hören . . . Ich kann gar nichts hören . . .« Sie legte den Hörer zurück.

»Nein, da drin ist er nicht«, sagte sie lakonisch.

Am nächsten Morgen wachte ich mit einem Kater auf, aber auch mit Lust. Didi wurde langsam wach, und durch die Parterrefenster betrachteten wir die Lagerhäuser, welche die Aussicht auf die Silhouette von San Francisco verstellten. Aama schlief in einer Nische um die Ecke; vermutlich war sie schon aufgestanden und geisterte wie üblich in der Wohnung herum; aber es war nichts zu hören. Die Aufregung der letzten Nacht hatte ihr vielleicht doch etwas zugesetzt, so daß sie sich ausschlief. Didi und ich lagen auf dem Rücken und genossen die Ruhe und das Alleinsein, bevor uns der Alltag wieder voll in Beschlag nehmen würde, in dem wir die Rolle verantwortlicher Eltern übernehmen mußten. Didi amüsierte sich noch über Freds Gummigesicht, als er die Eigenheiten der Dorfbewohner, der ausländischen Touristen und der Regierungsbürokraten nachmachte, und über Aamas Imitation des wohlbeleibten Fred, der einen schmächtigen Lastenträger auf einem Bergpfad zum besten gegeben hatte.

Heftiges Verlangen wallte in mir auf, das sich nun schon seit geraumer Zeit angestaut hatte. Ich biß Didi sachte in die Schulter. Sie sagte, ihr Rücken täte ihr weh, und rollte sich auf ihre Seite. Mit den Knöcheln meiner rechten Hand wanderte ich methodisch ihre Wirbelsäule hinauf. Sie seufzte müde, noch war sie nicht bereit für den Tag. Ich knetete ihre weichen Schultern und ließ meine ausgebreiteten Hände über ihre Brü-

»Warum fährst du mit dem Motorrad immer da, wo der Wind bläst?«

»*Hare Om*, segne mich und meinen Dharma-Sohn und meine Dharma-Schwiegertochter und die Fahrer des Flugzeugs und all die Menschen, die uns auf dieser Reise begleiten, denn Unwissenheit darüber, was mir zustoßen wird, leitet mich. *Hare Om*.«

»Wo bin ich hingekommen? Eine alte Frau, die es monatelang nicht bis zur Quelle am Rand ihres Dorfes schaffte, reist jetzt quer durch Amerika!«

leiben diese Leu-
, denen all die
are gehört, über
acht hier in ihrem
sar, oder neh-
en sie alles mit
ch Hause und brin-
n es morgen früh
eder mit? All die-
Sachen kann man
ufen – aber wo
d die ganzen
äufer?«

»Möge dir nicht das Unglück beschieden sein, von Menschen gegessen zu werden, und mögest d bitte keine Menschen ess sondern viele kleine Fische finden, um dich d von zu ernähren.«

Das Schicksal gewährte mir die Gelegenheit, im heiligen Wasser des großen Ganges-Ozeans z baden, im Namen meine Eltern und Vorfahren.

Trotzdem sind diese Leute irgendwie anders. Sie erinnern mich an die Gurung. Auch sie leben von Produkten, die sie mit ihrer eigenen Hände Arbeit erschaffen haben.

Sie hielt die zertretenen Maiskolben hoch und schüttelte sie vor Harvs Gesicht. »Die Körner hier weinen – sie weinen, wenn sie weggeworfen werden und fordern uns auf, hungrig zu bleiben.«

»Die Häuser sehen von hier oben viel höher aus, als wenn man von unten hinaufschaut. Das sind Autos da unten, nicht wahr? Sie sehen aus wie Perlen auf einer Kette. Die Leute bleiben wohl nicht in ihren Städten. Sie sitzen in ihren Autos und fahren entweder in die Stadt rein oder raus.«

Linke Seite: Ein andächtiges Publikum in Disneyland. »Störe nicht die Ruhe der Dinge, an denen du vorbeikommst, und mögen deine Tage glücklich sein.«

»Warum seid ihr hergekommen – nur um hier wie Schafe oder Ziegen herumzustreunen? Kennt ihr die Götter, die unter dem heißen Wasser wohnen?«

»Sonderbares ›Amrita‹!«

ste und runden Hüften gleiten. Am Morgen waren ihre Muskeln steif, und ich gab ihnen Zeit, sich zu lockern. Allmählich schmolz ihre Zurückhaltung, ihr Körper wurde weich und geschmeidig wie Ton beim Kneten. Sie drehte sich zu mir, und wir fielen einander wie Puzzlesteine in die Arme und Beine. »Yoga bedeutet Einheit«, murmelte ich geheimnisvoll im Akzent eines indischen Pandit.

»Aama schläft noch – können wir leise sein?« flüsterte sie.

»Ich weiß nicht. Kannst du es?«

Ich hatte vergessen, die Rollen des Ausziehbettes festzustellen, so daß es hin und her schwankte und an die Holzverkleidung der Wand stieß. In Ermangelung anderer Hilfsmittel benutzte ich meine Hand als Stoßdämpfer zwischen dem Aluminiumrahmen und der Wand, was mich hinderte, mich einer ansonsten angenehmen Empfindung zu überlassen. Die Federn quietschten, der Rahmen knarrte und die Räder rumpelten ...

Aama rührte sich. Wir versuchten uns zu beeilen. Geräuschvoll stapfte sie, bekleidet mit Unterrock und einem Tom-und-Jerry-T-Shirt, in denen sie geschlafen hatte, aus ihrer Nische heraus.

»Kray-kray-kray«, sang sie vor sich hin, als würde sie jemanden rufen. *»Kray-kray-kray.* Wo seid ihr? Kommt heraus, bestimmt habt ihr Hunger.« Didi und ich erstarrten. Offenbar sah uns Aama nicht unter dem Berg aus Leintüchern, Decken und Kissen, aber das, wonach sie rief, schien sie unter unserem Bett zu vermuten. Sie legte eine Hand auf das Fußende und beugte sich tief nach unten, um unter das Bett schauen zu können. »Irgendwo müssen diese Hühner doch sein ... Wer hat sie bloß ins Haus gelassen, sie werden Dreck machen.«

Didi unterdrückte ein Lachen; wohl oder übel mußte ich die Störung hinnehmen und lachte mit ihr. Aama hörte uns nicht, als sie aber merkte, daß sich das Bett bewegte, fuhr sie hoch. Ich hob den Kopf, während Didi unter den Decken verborgen blieb, aber ihr Körper zeichnete sich deutlich neben mir ab.

»Ach, da seid ihr. Da sieh mal einer an. Yeeehhh. Das ist es also, was ihr beide tut.« Aama saß am Fußende des Bettes.

»Didi sollte aufstehen und über deine Beine fallen«, fügte sie sarkastisch hinzu. Aama war neulich sehr ärgerlich geworden, als Didi im Halbschlaf auf dem Weg zum Bad fast über sie gestolpert wäre. Man nennt das *Nagnu*, eine Respektlosigkeit, wenn es absichtlich geschieht: wegen der beschmutzenden Energie, die in Wellen aus den Fußsohlen ausströmt. Ich hatte Didi eingeschärft, stets darauf zu achten, aber in Amerika vergaß sie es manchmal, besonders am Morgen, bevor sie Kaffee getrunken hatte. Ich hatte Didi offenbar nicht genügend diszipliniert, wie ich Aamas Ton entnahm, in dem die Eifersucht mitschwang, daß ich Didi mehr Aufmerksamkeit gab als ihr.

»Ich habe auch schon mal gesehen, daß Didi über dich einen Schritt gemacht hat«, fuhr Aama fort, »über ihren eigenen Ehemann. Sie ist einfach über deine ausgestreckten Beine getreten und in ihren Gummisandalen weitergelaufen, *pitik, pitik, pitik*. Wir sagen, daß dadurch deine Lebenszeit verkürzt werden kann. Aber wer bin ich schon, daß ich euch so etwas sage? Wenn es hier jeder tut, dann macht es vielleicht nichts. Aber es ist wichtig, seinen Ehegatten zu achten.«

Den Gatten jedenfalls mehr als die Schwiegertochter, hätte ich beinahe eingewandt. In Aamas Augen verkörperte ich eine gute Partie, wohlhabend und intelligent; mir nicht ehrerbietig gegenüberzutreten, war ein Zeichen von Egoismus und Torheit. Aama war jedoch von Didi abhängig. Sie begann uns beide zu manipulieren, und wir waren leichte Beute, da wir uns der Herausforderung, Kinder aufzuziehen, noch nicht gestellt hatten. Wir waren Eltern, ohne zu wissen, wie – Eltern, die weder verheiratet noch geschieden waren.

Didi seufzte, schlüpfte in ihren Morgenmantel und verschwand im Bad – die Gelegenheit für Aama, mir leise ihre Ansichten mitzuteilen.

»Warum holst du dir nicht eine Neue?«

»Was für eine Neue?«

»Frau.«

»Aber wir sind nicht verheiratet.«

»Nun – du brauchst Kinder, damit du jemanden hast, dem du

dein Erbe vermachen kannst, um Glück in dein Leben zu bringen und deinen Geist zu entspannen.«

»Und was ist mit Didi? Was würde sie sagen, wenn ich sie einfach verließe?«

»Nein, wer sagt denn etwas von verlassen? Du nimmst dir einfach noch eine Frau dazu, das habe ich dir ja schon früher gesagt. Natürlich mußt du Didi zuerst heiraten, bevor du dir eine zweite Frau nehmen kannst.« Ich war erleichtert, daß sie doch nicht so schlecht von Didi dachte. »Eine zweite Frau erhöht deine Chancen, Nachkommen zu haben. Die Männer in unserem Dorf haben Zweitfrauen meist dann, wenn sie genug Geld und Land besitzen, um sie zu unterhalten. Du baust einfach zwei getrennte Küchen für sie. Das kannst du dir doch sicher leisten.«

Ich hatte schon genug Entscheidungen zu treffen – zwischen potentiellen Partnerinnen, unterschiedlichen Lebensstilen, im beruflichen Bereich. Ich wußte nicht einmal, in welchem Land ich leben wollte. Kein Wunder, daß ich verwirrt war. Ich dachte an alte Freundinnen und an relativ neue, von denen ich im stillen hoffte, daß sie noch auf mich warteten. Warum auch nicht, schließlich war ich ja nur eine Weile in Asien gewesen. Ich könnte sie nach unserer Reise anrufen, wenigstens um Hallo zu sagen. Als Aama damals in Oregon das erste Mal auf das Thema Zweitfrau zu sprechen kam, hatte ich es für einen Witz gehalten. Jetzt schien es mir, wenn ich von den gesetzlichen Hindernissen in Amerika absah, eigentlich eine vernünftige Idee zu sein.

Aama schaute mir ins Gesicht. »Sage aber Didi nichts davon, daß ich das vorgeschlagen habe.«

Didi kam aus dem Bad zurück und kroch im Morgenmantel unter die Decke. Sie lag auf dem Rücken, schaute an die Decke und sprach mit ungewohnter Deutlichkeit.

»Ich habe schon mitbekommen, daß Aama etwas von Heiraten gesagt hat. Es ist ihr peinlich, verstehst du, daß wir nicht verheiratet sind. Sie versucht es sogar, vor anderen zu vertuschen. Hast du nicht gehört, daß sie den Verwandten im Dorf und Fred und dem Gurung-Jungen gesagt hat, wir seien verheiratet?« Sie sah mich ernst an. »Gestern abend, nachdem du Aama zu Bett gebracht hast und betrunken weggeknackt bist, habe ich noch mit Efale gesprochen. Weißt du, was sie mir geraten hat?« Sie wartete darauf, daß ich ihr den Einsatz gab.

Aama füllte die Pause: »Ihr beide schlaft miteinander, obwohl ihr nicht verheiratet seid. Bei uns Gurung tun das ein Junge und ein Mädchen nur, wenn ihre Eltern zugestimmt haben, daß sie heiraten. Heutzutage gehen die Teenager in die Schule und tun, was sie wollen, ohne Erlaubnis der Eltern – so wie ihr. Aber ihr solltet vorsichtig sein, sowohl euren Eltern als auch euch zuliebe.«

»Ich muß jetzt aufstehen und mich bewegen«, erklärte ich Didi und Aama und stieg aus dem Bett. Ich zog mir eine Trainingshose und ein Sweatshirt über, um joggen zu gehen. So konnte ich der unerfreulichen Diskussion entfliehen, die ich kommen fühlte, und meinen Kater loswerden. Ich spürte Aamas Gereiztheit und Didis Enttäuschung, als ich das Zimmer verließ.

Kapitel 10

Nach einer halben Stunde Jogging auf dem Bürgersteig den Hügel hinauf war der Dampf verflogen, und ich aalte mich in Efales Haus ausgiebig unter der Dusche. Das heiße Wasser tat noch sein übriges, um die Erhitzung durch das Rennen in eine reinigende Euphorie zu steigern.

Als ich den Gürtel meiner Hose zuschnallte, fragte mich Aama, wo ich gewesen sei.

»Ich bin gelaufen wie die Armeesoldaten beim Training.«

»Ja, ja, deine Lauferei kenne ich – du steigst ins Auto und fährst überall dorthin, wo du angeblich hingerannt bist.«

Didi hatte das Auto gepackt. Efale stand neben uns auf dem Bürgersteig und verabschiedete uns mit warmer Herzlichkeit, dann umarmte sie Aama. Sie hielt Aamas Hände zwischen den ihren fest, als wolle sie sie wärmen.

»Du bist jemand ganz Besonderes, Aama. Du bist eine Prinzessin oder eine Königin.«

»Das muß ich wohl sein«, antwortete Aama, nachdem ich übersetzt hatte, »denn genauso behandeln mich die Leute!«

Wie die Cable Car mühte sich unser Wagen den Potrero Hill hinauf und bog dann nach Westen ab zum Highway 1. Außer einem Besuch im Monterey Bay Aquarium hatten wir nichts vor, brauchten uns also nicht sonderlich zu beeilen. Wale gab es dort allerdings nicht, wie wir telefonisch in Erfahrung gebracht hatten, dafür aber Seeottern, die man durch die Glaswände beobachten konnte. Die wollten wir Aama zeigen und ihr deutlich machen, daß sie mit den Walen verwandt und durchaus lebendig waren.

Zu dritt schlenderten wir die Straße entlang, hin zu den Gebäuden des Aquariums. Wir drückten die Türen auf und gingen zur Kasse.

Aama blieb stehen. Sie legte den Kopf in den Nacken und schaute in die geräumige Glaskuppel, die den Innenhof überwölbte und in der die Geräusche widerhallten. Wir drängten sie weiterzugehen. Dann sahen wir, was ihren Blick gefangenhielt.

»Da ist es also«, sagte sie ruhig: eine erklärende Handbewegung war überflüssig.

Zwei lebensgroße Plastikattrappen von Killerwalen hingen an Seilen von der Decke. Darunter reckten Kinder lachend ihre Hälse nach den schwarzweiß gezeichneten Burschen.

»Hier bewahren sie also die mechanischen Riesenfische auf, nachdem sie sie in der Show vorgeführt haben«, meinte sie und fühlte sich endlich gerechtfertigt. »Wenn es echte Fische wären, hätten die Leute sie längst geschlachtet und aufgegessen. Schau die Kinder an – sogar die wissen, daß es ein Trick ist!«

Didi hatte die Eintrittskarten gekauft. Wir fühlten uns ausgenommen. Vorwärts also zum nächsten gigantischen Täuschungsmanöver.

»Das Bassin ist mit Wasser aus dem Gangesozean gefüllt«, erklärte Didi Aama, als wir vor dem maritimen Minitaur-Ökosystem standen, zu dem auch ein Taucher mit Sauerstoffflasche gehörte. »Dieser Mann putzt die Fenster von der Innenseite.«

»Ha, er putzt die Fenster«, schnaubte Aama spöttisch und schaute vom Glas zu den Fischen und von den Fischen zum Taucher. Ihre von Adern überzogenen Hände umklammerten das Messinggeländer und hielten sich an einer Welt fest, die sicherer schien als die Phantasielandschaft vor unseren Augen. Sie schaute sich nach den anderen Besuchern um, von denen einige lächelten; dann sprach sie leise zu sich selbst.

»Ist das alles ein Witz oder eine komische Show wie bei uns im Dorf das Theater und der Klamauk, das die unverheirateten Kinder veranstalten? Soll ich lachen, oder soll ich böse sein? Warum sind diese Leute alle hergekommen? Und dieser Mann da drinnen, der seine Wasserpfeife raucht, der sollte aus dem

Wasser kommen, wenn er mit dem Baden fertig ist. Seine Kleider sind ja pitschnaß …«

»Das sind alles wirkliche, echte Tiere, Aama, und ein echter Mensch«, sagte ich.

»Ja, ja, natürlich sind sie echt – genauso echt wie die Fische oben an der Decke. Komisch, was du ›echt‹ nennst.«

Auf der Galerie, auf der das Anfassen der Tiere erlaubt war, holte Didi einen Seestern aus einem flachen Bassin und reichte ihn Aama. Ein Wärter in einer kastanienbraunen Weste kam zu uns herüber, drehte ihn um und erklärte, wie er sich ernährt, indem er seine winzigen Fühler zum Mund hinbewegt. Aama hörte kurz zu, dann warf sie den Seestern ärgerlich ins Wasser zurück.

»Hier ist eine Kaurischnecke, Aama.« Didi deutete auf einen durchsichtigen Plastikcontainer, an dessen Wand sich die Schnecke angesaugt hatte. Aama versuchte sie vom Plastik abzuziehen.

»Was ist hier los – hat jemand die Kaurischnecke angeklebt oder was?«

»Nein, sie ist *lebendig*, das ist ihr Fuß, mit dem sie sich an Felsen festsaugt.«

Aama schien darüber nachzudenken, während sie heftig an dem Container rüttelte. Sie betrachtete verschwommen die anderen Exemplare von Meerestieren, Seeigeln, Venusmuscheln und Meerohren – dann wurde sie stumm. Ihre Hand zitterte leicht.

Wenn Aama sich wohl fühlte, entfaltete sie sich wie eine Seeanemone und nahm ihre Umgebung mit strahlender Begeisterung in sich auf. War sie jedoch verunsichert, so zog sie sich zurück und versuchte, sich zu tarnen. Dann konnte ihr die freundlichste Geste als diabolisch erscheinen, oder zumindest als nutzlose Verschwendung. Diesmal nahm der Kulturschock die Wucht einer brechenden Welle an und vermittelte ihr das Gefühl, zu sterben oder in die Hölle geraten zu sein. Die Flut des unerklärlich Neuen spülte ihre Fähigkeit zu Beobachtung und vernünftiger Reaktion restlos weg. *Wenn du untergehst, dann denk daran, daß du nicht atmen darfst*, hatte sie in den Wellen von Oregon erklärt. Wie wir gesehen hatten, war sie darin Experte.

Im ungewissen, auf welcher Seite des Bassins wir standen, zog sich Aama in eine Dimension zurück, von der die Menschen um sie herum, die sich hier vergnügten, nichts wußten. Wie kam es überhaupt, daß sie noch am Leben war und wozu? Karma und Schicksal hatten sie dazu auserkoren, übrigzubleiben, während doch alle Gleichaltrigen schon hinübergegangen waren. Der Sinn und Zweck ihrer Langlebigkeit waren ihr ein Rätsel.

Bhagwan – sie glaubte nicht einfach an Bhagwan, nein, sie fühlte ihn, sie war Teil von ihm, ein faßliches Stück des Unfaßbaren. Meine Intuition sagte mir *a posteriori*: Bhagwan existiert. Ganz gewiß sorgte er für sie auf einer Ebene, die Didi und mir unzugänglich war. Ich fragte mich, ob wir diesen unsichtbaren Partner nicht schon als ganz selbstverständlich ansahen.

Wir wandten uns dem Ausgang zu. Ich fragte Didi, wieso gerade die natürliche Welt – und nicht die unpersönliche Welt der Technik – den Kulturschock ausgelöst habe.

»Sie fühlt sich wahrscheinlich zwischen diesen beiden Realitäten gefangen«, meinte Didi. Wie soll man sich in einem fremden Land orientieren, wenn man nicht mehr weiß, was wirklich und was unwirklich ist? Wir brauchen unsere vergangene Erfahrung oder vielleicht göttliche Intervention für eine klare Erkenntnis, aber sie kommt eben nicht immer.«

Glücklicherweise hielt Aamas Zustand weniger als eine Stunde an. Plötzlich war der Spuk wieder vorbei, als seien die Hormone, die ihre Angst ausgelöst hatten, völlig umgewandelt. Selbst in ihren schwachen Stunden wußte Aama, daß Gefühle vorübergehend sind – wie die Wellen des Ozeans: ein Tal, ein Gipfel, doch immer dasselbe Wasser; die Turbulenzen spielen sich nur an der Oberfläche ab. Es beeindruckte mich, daß Aama mit dem Kulturschock besser zurechtkam als ich, nachdem ich zum erstenmal nach zwei Jahren in die Vereinigten Staaten zurückgekehrt war. Damals mußte ich wochenlang mit einer schmerzhaften sozialen Lähmung kämpfen.

Als Hilfsmutter für sechs ihrer dreizehn Brüder und Schwestern – von denen immer mindestens einer irgendwie daneben war – wußte Didi, wie man mit Durchhängern umging.

»Aama, vor ein paar Minuten habe ich Stuhldrang gespürt«, teilte sie in einem ablenkenden, sonnigen Ton mit.

»Wirklich? Gut. Wann war das letzte Mal? So weiß ich, wie lange etwas her ist. Bei mir sind es jetzt drei Tage – seit wir im Wald der Baumriesen waren. Werden wir noch mehr solche Bäume sehen?«

»Hast du Durst? Ich glaube, wir haben Saft im Auto.«

*

Aama preßte ihre Nase gegen die gläserne Schiebetür unseres Parterrezimmers im River Inn, nahe Big Sur. Ein Bach schlängelte sich durch den baumbestandenen Garten hinter dem Motel..

»Fließt dieses Wasser zum Ozean, oder kommt es von dort?« fragte Aama.

»Zum Ozean. Warum?«

»Wenn du einen Kalender hast, dann können wir feststellen, wann Janai Purni ist, der Vollmond im August. Ich sollte an diesem Tag baden, am besten in Gewässern, die in den Ganges münden.«

In meiner Schlaftrunkenheit vor dem Frühstückskaffee dämmerte mir, daß uns ein heiliger Tag ins Haus stand. Ich griff nach meiner Aktentasche am Fußende des Bettes und holte einen nepalesischen Kalender heraus, der aus locker gebundenen Reispapierblättern bestand, die mit roten und schwarzen Schriftzeichen bedruckt waren. Ich fürchtete, daß wir Janai Purni um eine Woche verpaßt hatten, wollte mich aber doch vergewissern. Sollte ich es übersehen haben, so wollte ich es Aama nicht erst später gestehen. Nein, es verblieb noch ein Monat bis dahin. Aber heute war Nag Panchami, der Tag, an dem man die *nagas* günstig stimmen konnte, die Schlangengeister, in deren Obhut die Qualität und Quantität des Wassers lag. Ein guter Tag, um im Ganges oder im großen Gangesozean zu baden. Ich machte Aama darauf aufmerksam.

Sie kramte in ihrer Reisetasche und holte den Toilettenbeutel heraus. Darin bewahrte sie das Samengehäuse der Seifenwurzel auf, einen der wenigen persönlichen Gegenstände, die sie aus Nepal mitgenommen hatte. Die ockerfarbene Oberfläche der daumengroßen Samenschale glänzte vom Öl an ihren Handflächen wie poliertes Hartholz. Der Samen war oben aufgeschnitten und ausgehöhlt. Im Tempel von Paupatinath hatte ein Priester den Samen mit *biphut* gefüllt, mit Asche aus dem nie erlöschenden Scheiterhaufen für rituelle Opfergaben. Diese Asche ist eine Form von *prasad*, ein Gnadengeschenk der Götter an die Menschen.

Sie reichte mir die Samenschale und bat um Wasser vom Waschbecken. »Dreh nicht den Hahn auf, ein Tropfen genügt.« Vorsichtig ließ ich einen Tropfen hineinlaufen. Sie schaute in die Höhlung, nickte zustimmend und tauchte ihren kleinen Finger ein, der als einziger hineinpaßte. Sachte hob sie ihren Arm und führte den kleinen Finger, der wie eine Antenne aus der Faust herausragte, an die Stirn; sie berührte die Spitze eines Dreiecks zwischen den Augen: das dritte Auge Krishnas, das geistige Auge, den *Tika*-Punkt. Überraschenderweise blieb an der Stirn nichts haften. Sie bog den Hals leicht nach hinten und berührte ihren Kehlkopf, den Ort der Verletzlichkeit durch Geister.

»Es wird weiß, wenn es trocknet«, flüsterte sie. Ihre Augäpfel rollten nach oben und warteten, als wolle sie sehen, ob es auf der Stirn schon geschehen sei. Und tatsächlich erschien ein runder, kreideartiger Fleck auf der Stirn. Sie lächelte über die kleine magische Darbietung, die sie uns vorgeführt hatte. Der heilige Tag konnte beginnen.

Wir mußten nicht weit gehen, um das rituelle Zubehör für die Nag-Panchami-Opfergaben zu finden. Direkt neben dem Motel gab es einen im New-Age-Trend liegenden Geschenkeladen mit Mineralien, Medaillons, Kristallen, Kupferarmreifen und anderen Requisiten, um nichtmaterielle Energien anzuziehen. Das Licht brach sich in den Kristallen in Regenbogenfarben und schuf im Laden eine Atmosphäre, in der es schien, als sei Geld ein hervorragendes Mittel, um sich in den Besitz mystischer Kräfte zu bringen. Die Ladenbesitzerin war im Himalaja gewandert und erkannte Aama als Nepalesin.

Didi legte Kerzen und Räucherstäbchen an die Kasse. Die Frau nahm die Gegenstände und drückte sie Aama ehrfürchtig in die Hand.

»Wenn sie eine wahre Pilgerin ist, dann kann ich ihr nichts verkaufen, was als Opfergabe in einem Ritual benutzt wird.« Offenbar hatte die Frau ihre Hausaufgaben im Hinduismus gemacht. Sie führte zwar keinen zinnoberroten Mennigepuder, aber sie öffnete eine Spiegeldose mit Rouge, und Aama inspizierte sie. Ja, das kam der richtigen Farbe nahe genug. Tumerik war ein Ersatz für Safran. Rasenschnitt konnte als Symbol für *dubo* gelten, das Gras, das Mäuse fressen und das gebraucht wurde, weil die Maus das Vehikel von Ganesh ist, dem Beseitiger von Hindernissen, dem wohlbeleibten und mildtätigen Gott des Glücks.

Wir besorgten noch Tumerik, Kuhmilch und Bananen-Götterspeisen, *naga.* Didi fand ein Heftchen Streichhölzer im Handschuhfach, und Aama holte eine Muschelschale aus der Tüte mit den Kostbarkeiten von den Seelöwen-Höhlen. Auf dem ersten Parkplatz am Meeresufer, den wir erreichten, hielt ich an.

Nag Panchami wird im Juli gefeiert, auf der Höhe des Monsunregens, wenn die Götter an trockenen Orten Zuflucht suchen und die Dämonen freies Feld haben. Die schlangengleichen *nagas* sind die ersten wohlwollenden Götter, die wieder auftauchen; ihrem Beispiel folgen andere nach, und zusammen schüchtern sie die Dämonen so ein, daß sie sich in ihre Verstecke zurückziehen. Die Wintermonate beginnen an diesem Tag, und der Monsun legt sich allmählich. Die Ernte kann nun heranreifen.

Am Strand breitete Aama die Opfergaben und Ritualgegenstände aus und schickte mich mit der Muschel weg, um Ozeanwasser zu holen. Etwa zwölf Leute, die dort picknickten oder ein Sonnenbad nahmen, kamen näher, hielten aber respektvoll Abstand und verbargen ihre Neugierde hinter vor der Brust gekreuzten Armen.

»Kann niemand Kuhfladen finden, oder wenigstens ein paar Tropfen Kuhurin für eine alte, verschrumpelte Dame?« fragte Aama mit Blick auf die Zuschauer. Als sei es eine Selbstverständlichkeit, richtete ich mich aus der Hocke auf und fragte, ob irgend jemand Kuhfladen auftreiben könne. Niemand regte sich. »Und sind hier jungfräuliche Mädchen?« Aama hielt hoffnungsvoll Ausschau, denn Jungfrauen waren in diesem Ritual vorgeschrieben. Ansehen konnte man es im Gegensatz zu Nepal niemandem. Hindufrauen kennzeichnen ihr geöltes Haar mit roten Streifen, wenn sie verheiratet sind. Wieder gab ich Aamas Frage an die Zuschauer weiter. Sie drehten ihre Köpfe weg und suchten bei den nebenstehenden nach Hinweisen auf die gewünschte Eigenschaft. Ein junger Mann und eine Frau tauschten ein heimliches Lächeln aus. Die Gesichter von zwei Männern spannten sich an, als hätten sie den Verdacht, daß in jenem Teil der Welt, wo diese Frau herkam, Jungfrauen geopfert würden.

Eine frische Brise machte es schwer, die Räucherstäbchen anzuzünden, doch Aama verfügte über Geduld und Autorität. Zeit ist nicht Geld, besonders nicht bei der Gottesverehrung. Didi zündete die Kerzen an und stellte sie aufrecht in den Sand. Aama schnitt eine Banane mitten durch, steckte je eine Hälfte neben die Kerzen in den Sand und versah sie mit Räucherstäbchen. Eine fiel um, und Aama richtete sie wieder auf, ohne Anstoß daran zu nehmen, daß sie nun voller Sand war. Während sie mit dem Daumen beider Hände die Fingerspitzen berührte, als würde sie zählen, sang sie ihre Segenssprüche: »Das Schicksal gewährt mir die Gelegenheit, dieses Land und diese Menschen mit heiligem Wasser zu segnen im Namen meiner Eltern und deren Eltern, so wie sie uns gesegnet haben. Es ist das mindeste, was ich als ihr Nachkomme tun kann, wo wir doch Ganga Sagar nicht erreichen konnten...«

Das war alles für heute. Das kurze Bad und das Opferritual brachten ihr Entspannung und Erfüllung, und auch mir und

Didi – wie die erste Mahlzeit nach dem Fasten. Aama zerschnitt die saubere Hälfte der Banane, das *prasad*, in kleine Stückchen und reichte sie herum. Zwei der Zuschauer nahmen dankbar davon, zögerten aber, sie zu essen, als könnte diese Medizin für sie zu stark sein. Dann ging Aama selbstvergessen zum Meer, setzte sich ins Wasser und badete.

*

In Santa Barbara hatten unsere Freunde Geoff und Janet ihr Gästezimmer für uns hergerichtet. Während Didi und Janet in Erinnerungen schwelgten, ließen Geoff und ich ein paar Bierdosen knallen und landeten im Fernsehzimmer. Aama schlurfte zu der abgedunkelten Nische, angezogen vom blauen Licht, das sie auf den Vorhängen tanzen sah. Sie spähte vorsichtig um den Kasten herum, als sei das nun endlich ein Haushaltsheiligtum, umgeben von einem heiligen Kreis.

Sie setzte sich so, daß sie den Bildchirm fast nicht mehr sehen konnte, lehnte sich aber zur Seite, steckte die Zunge zwischen die Lippen und schaute mit gespannter Aufmerksamkeit Louis Rukeyser zu, der sich mitten in seinem komischen, verzerrten Rückblick auf die vergangene Woche der Nation befand. Sie schaute zu uns, zum Bildschirm, dann wieder zu uns und lachte, als sei ihr etwas peinlich.

»Warum spricht dieser Mann nur mit mir und nicht mit euch? Er scheint nicht zu merken, daß ich ihn nicht verstehen kann.«

Der nächste Tag war ein Sonntag. Trotz des verführerischen Hintergrundsummens des hedonistischen Südkalifornien überlegten Didi und ich, wie wir Reste der spanisch-katholischen Kultur dieser Gegend, in der noch ein gewisser Grad an Moralität und Tugend bewahrt worden war, ausfindig machen könnten. Als sie in der zweiten Klasse ihrer Konventschule war, erzählte Didi, hätten die Schülerinnen 75 Dollar für die Adoption von heidnischen Babys gesammelt, um deren Seele zu retten. Das Geld wäre an Ort und Stelle besser angebracht gewesen, meinte sie jetzt.

Beim Frühstück erläuterte Didi Geoff und Janet den Sinn

unserer Reise: Aamas Suche nach irgendeinem Hinweis auf Heiligkeit oder Frömmigkeit in diesem Land. Janet schlug vor, die historische Mission von Santa Barbara zu besuchen und das Vedanta Center, einen Hindutempel mit einem Kloster. Geoff riet uns, die Cold Springs Tavern nicht auszulassen, einen Motorradlertreff in den Santa-Ynez-Bergen über der Stadt. Seit Jahrzehnten gibt es jeden Sonntag eine Art Pilgerzug dorthin.

Die Santa-Barbara-Mission war im späten 18. Jahrhundert vom Franziskanerorden gegründet worden, und der erste Abt der Mission ist im Kirchhof begraben. Als wir über den mit Schiefer belegten Hof gingen, fragte ich mich, ob das Wort »Abt«, das von dem im Nahen Osten gebräuchlichen Wort für Vater abstammt, wohl etwas mit *aapa* zu tun hat, der Gurung-Bezeichnung für Vater, oder mit dem deutschen Begriff *Opa*. In den meisten südasiatischen Sprachen ist das Wort für Mutter eine Variation von »Aama« und verwandt mit vielen Worten für Liebe.

»Das ist etwas anderes hier«, sagte Aama, als sie unter den Touristen in der alten Kapelle der Mission stand. »Hier verehren die Menschen Gott.«

»Frühe Siedler haben den Tempel vor fast zweihundert Jahren gebaut«, erklärte ihr Didi.

»Menschen haben den Tempel gebaut?« fragte Aama und gab sich dann selbst die Antwort: »Das ist nicht ganz richtig. Bhagwan hat ihnen den Tempel geschenkt, und sie haben ihn hier errichtet.« Singend nahm sie Didis Hand und ging die Stufen zum Altar hinauf. Ihr Gebet auf Nepali-Sanskrit hallte von der hohen Decke zurück und vermischte sich mit dem alten Latein und Spanisch, das noch in den Dachbalken zu hängen schien.

Trotz ihrer malerischen Schönheit wirkte die Mission eher wie ein Museum als eine lebendige Kirche; ihr Geist war durch die Masse der Touristen verwässert, die sich wie Puppen auf dem Fließband hindurchbewegten und deren Neugierde auf die Überreste ihrer Kultur sich in engen Grenzen hielt. Jetzt war das Fließband zum Stehen gekommen. Eine Frau, deren

Hautfarbe derjenigen Aamas ähnelte, trat aus der zweiten Kirchenbank nach vorne und stellte sich neben Aama vor den Altar. Zusammen beteten sie und schlossen die anderen Besucher in ihre Fürbitten ein.

An der Wand in unserer Nähe schien ein dunkles Gemälde sein eigenes Licht auszustrahlen. Jesus mit Heiligenschein war darauf zu sehen, der einladend die Arme ausstreckte: »Kommt zu mir, die ihr mühselig und beladen seid, und ich werde euch erfrischen.« Seine Hände hatten die Haltung des buddhistischen *Varada*-Mudras, der symbolischen Geste für ein Gnadengeschenk. Barmherzigkeit floß aus den Fingern Jesu, und der durchscheinende Heiligenschein erzeugte eine Aura von spiritueller Reinheit, wie sie überlicherweise auch um den Kopf Buddhas und anderer erleuchteter Wesen dargestellt wird. Jesus konnte Hindus und Buddhisten nicht fremd sein.

Draußen fragte Didi Aama, wie ihr unser Tempel, die Kirche, gefallen habe.

»Wie kann ich etwas über eure Tempel sagen, wenn ich nicht sicher bin, was die Menschen hier für eine Absicht haben? Tempel allein sind nichts ohne die fromme Hingabe von Männern und Frauen.« Als ich das hörte, hoffte ich um der südkalifornischen religiösen Tradition willen, daß wir im Hindutempel nicht mehr religiöse Aktivität antreffen würden als in der katholischen Kirche.

In Janets Auto gelangten wir zur Einfahrt der Vedanta-Gesellschaft Südkaliforniens. Das Zentrum leitete ein Jünger Swami Vivekanandas, einer der ersten Inder, die vor einem Jahrhundert die östliche Mystik in den Westen gebracht haben. Ein elegantes Bauwerk mit einer überdachten Terrasse wurde von einer makellosen Parkanlage umgeben und machte eher einen japanischen als einen indischen Eindruck. Die Vögel sangen in fröhlicher Unschuld. Ich hatte das Gefühl, wir seien Eindringlinge in eine abgemessene Symmetrie.

Von unserer Mission vorwärtsgetrieben, stiegen wir die breiten Stufen zum Tempel hinauf. Ein freistehendes Schild am Eingang forderte uns auf, Ruhe zu bewahren und unsere

Schuhe auszuziehen. Didi flüsterte, daß sie angesichts dieser perfekten Ordnung vermute, die Vedanta-Jünger würden vor einem Hindutempel in Indien oder Nepal zurückschrecken – mit seinen grellen Farben, den streunenden Rindern, dem Trompeten der Muschelhörner, den Glocken, Räucherstäbchen und dem Rauch der Feueropfergaben –, einer Umgebung, die viel zu geschäftig war für eine Gesellschaft, die in edler Abgeschiedenheit religiösen Trost suchte.

Die Tür stand offen, und düstere Stille waberte nach draußen. War das kratzende Geräusch beim Öffnen von Aamas Schnürsenkeln vielleicht zu ehrfurchtslos? Eine Frau in einem handgesponnenen Baumwollsari erschien aus dem Nichts und schritt lautlos die Stufen hinauf. Sie betrachtete uns fast inquisitorisch, und ich erklärte höflich, daß Aama aus Nepal gekommen sei und, wenn möglich, Räucherstäbchen anzünden und Opfergaben darbringen wolle.

»Wir tun das im Namen derer, die uns darum bitten, damit die Leute nicht immer zum Altar gehen – so wird es normalerweise gemacht.« Offenbar müssen auch hier Mittelsmänner eingeschaltet werden, wie bei den Katholiken in der Grotte von Oregon.

»Wer ist sie?« fragte Aama und bewunderte den Sari der Frau. »Gehört sie deiner Rasse an?«

»Sie ist eine der Jüngerinnen hier.«

»Hast du mit ihr Hindi oder englisch gesprochen?«

»Englisch. Sie sagte, der Swami sei nicht da, aber wir könnten hineingehen und meditieren.«

»Trägt der Swami die heilige *Janai*-Schnur? Ist er ein Brahmane?«

»Ich denke, ja.« Ich nahm an, daß er zu einer »zweimal geborenen« Kaste gehörte: – Die erste Geburt fand, wie die aller Menschen, auf der physischen Ebene statt. Später, nach einem langen Weg der Reinigung und des Fastens, werden Brahmanen ein zweites Mal in der spirituellen Welt geboren, in ihrer karmischen Form. Als Zeichen der Authentizität tragen sie die Baumwollschnur, genannt *janai*, die sie autorisiert, nach dem Tod ihrer Eltern brahmanische Riten zu vollziehen. So wie der jüdische Junge, der zum alten Mann geworden ist, mit dem *tallith*, dem Gebetsschal, beerdigt wird, der ihm bei seinem Bar Mizwa überreicht wurde, so wird der Hindu mit seiner *janai* begraben.

Wir gingen auf Zehenspitzen hinein, und unsere Augen gewöhnten sich allmählich an die muffige Dunkelheit einer Kapelle, deren Architektur darauf angelegt war, ständiges Zwielicht zu erzeugen. Vielleicht sollten durch die Nachahmung düsterer Grabesstille Nachtoderfahrungen gefördert werden. Die Dumpfheit fühlte sich recht beruhigend an und war nach einem hitzigen Arbeitstag sicherlich eine angenehme Zuflucht. Einige der Leute sahen aus, als seien sie eingenickt.

Aama ging zum Altar und verbeugte sich tief vor dem schwach erleuchteten Foto von Ramakrishna, dem großen ökumenischen Pandit um die Jahrhundertwende – keine Gottheit, aber ein Zeuge für die Fähigkeit des Menschen, Heiligkeit zu erlangen, also in diesem Leben die Gegenwart Gottes in sich zu verwirklichen. Sie ließ sich dann mit gekreuzten Beinen auf den Boden nieder und blieb eine Weile völlig still sitzen, die Handflächen vor dem Gesicht zusammengelegt. Auf diese Weise tauchte sie ganz natürlich in den Yoga der Hingabe an Gott ein. Bhakti-Yoga war einer der Übungswege des Vedanta, wo alles, was man tut, Gott dargebracht wird und ihn verherrlicht, wodurch der Übende mit der Quelle der Liebe in Kontakt kommt. Als sie aufschaute, machten wir weltlicher eingestellten Mitmenschen Anstalten zu gehen. Es schien nicht der richtige Zeitpunkt für Meditation zu sein. Allerdings versicherten mir meditierende Freunde, daß der Zeitpunkt niemals richtig erscheint und es bei dieser Übung genau darum geht, den Ablenkungen zu widerstehen.

Aama räusperte sich und fragte wieder nach dem Swami. Ein Mann warf uns einen strengen Blick zu. Wir schlichen uns hinaus auf die Treppe und zogen uns flüsternd die Schuhe an. Sogleich erschien ein anderer Mann in Socken und stellte das »Ruhe«-Schild mit unerbittlichem Ernst an den Rand der Veranda, so daß wir es noch einmal lesen mußten – eine schriftliche Abmahnung. Aama kann durchaus still sein, aber nicht auf Kommando.

»Hinduismus ist nicht so sehr eine Religion wie eine Kultur«, hatte mir ein gebildeter Brahmane erklärt. Die Vedantas von Kalifornien scheinen den religiösen Teil gemeistert zu haben, aber in Abwesenheit einer identifizierbaren Kultur. Vielleicht war das zu zynisch. Alle Religionen führen uns in ihrer Essenz zum selben Ziel: der Verwirklichung Gottes. Vedanta war einer der Wege zu diesem Ziel, ein schmaler Pfad durch den wurzellosen, verwilderten Dschungel der modernen Welt.

Bevor Janet ihr Auto startete, mußte sie die Heckklappe öffnen, was manchmal dazu führte, daß die Alarmanlage losging. Innere Stimmen – die Stimme des Collegekids und des verspielten tibetischen Lamas – wisperten mir zu, daß sie darauf hofften: – auf den schrillen Protest, daß wir bisher an diesem Sonntag nicht mehr als zehn Menschen gesehen hatten, die ihren Glauben hingebungsvoll praktizierten.

Wir fuhren nach Santa Barbara hinunter, um etwas zu trinken und Geoff und den Kombi abzuholen.

Als wir am Haus waren, verlangte Aama ihren Bambusstock. Ich erinnerte mich schwach daran, daß ich ihn in der Durchgangshalle für die Besichtigung des Hearst-Schlosses, wo wir am Tag zuvor gewesen waren, auf den Boden gelegt hatte. Im Trubel der Wartehalle hatten wir zu Mittag gegessen, waren aber dann weitergefahren, ohne das Schloß gesehen zu haben. Die Schlange war zu lang, ein Zeugnis für die weitverbreitete Sehnsucht, einen Blick hinter die Kulissen der Reichen zu werfen – wie abgehoben und einsam sie auch sein mochten. Vivekananda und Jesus konnten solchen Massenandrang nicht aufweisen.

»He, Didi«, rief ich vom Boden des Fernsehzimmers, wo ich unter der Couch nach dem Stock suchte, »wie geht dieser Sankt-Antonius-Vers noch, wenn man etwas verloren hat?« Vielleicht war das Ding ja doch irgendwo im Haus.

»Komm, wir wollen los«, rief Didi von draußen. »Wir sitzen

im Auto und warten auf dich.« Ich lief hinaus und suchte ein letztes Mal unter dem Vordersitz, bevor ich einstieg. Geoff saß am Steuer. Er mußte in den ersten Gang hinunterschalten, um die Steigung zum San-Marcos-Paß hinaufzukommen. Oben bog er auf die Old Wagon Road ab und parkte unseren mechanischen Walfisch.

»Können wir denn nicht im Schatten anhalten?« fragte Aama. Ich gab den Vorschlag an Geoff weiter, der den Wagen wieder anließ und einen neuen Platz suchte, wobei er irgend etwas murmelte wie: »... daß andere Leute immer schlauer sein müssen ...«

Eine Musikband hatte sich mit ihrem ganzen technischen Zubehör draußen aufgebaut, und Rock 'n' Roll dröhnte durch den dichten Laubwald, der Cold Springs Tavern umgab. Wir mischten uns unter die alternden, aber respektablen Easy Rider in Ledermontur und die Ex-Hippies und Künstler aus einer benachbarten Kolonie, die aus baufälligen Ferienhäuschen bestand und sich Forellen-Club nannte. Ein paar Leute sprachen Didi und Janet an und fragten, ob Aama eine Indianerin sei. Eine der Frauen wollte sie berühren; in einem Lokal, wo der Paarungsinstinkt vorherrschte, folgte sie einem Mutter-Tochter-Instinkt. Aama reichte allen Umstehenden die Hand.

Am Picknicktisch neben uns saß eine blonde Frau und stillte ihr vier Monate altes Baby. Kinder, alte Menschen, Schwache und andere, die nicht auf der Höhe des Lebens stehen, scheinen sich abseits der zwanghaft Jungen zusammenzufinden.

»Wie viele Kinder hat diese Frau?« fragte die junge Mutter.

»Nur eins, aber sie hat vier Enkelkinder und einen Urenkel«, antwortete Didi.

»Weiß sie, was man tun muß, wenn eine Frau keine Kinder bekommen kann? Meine Schwester kann es nicht.«

Didi gab die Frage an Aama weiter. Aamas Gesicht leuchtete auf – endlich jemand, der Kinder haben wollte.

»So etwas liegt in der Hand Gottes«, übersetzte Didi. »Erinnere deine Schwester daran, daß sie jeden Morgen beim Waschen den Namen Bhagwans sagt, und laß einen Priester ein

Ritual ausführen. Oder vielleicht weiß einer eurer Ärzte Rat. Und wenn sie einen Weg gefunden hat, um fruchtbar zu werden, dann laß es unbedingt meine Schwiegertochter wissen«, fügte Aama noch schnell hinzu in der Hoffnung, daß ihre Worte die Frau erreichen würden, bevor Didi mitbekommen hatte, was sie da gesagt hatte.

Aama fischte ein paar Münzen aus ihrem Geldbeutel und drängte sich dann durch den Haufen kraftstrotzender Kerle, die mit dem Bierglas in der Hand herumstanden. Sie stieg auf eine der Band-Plattformen und warf die Münzen vor einem Mikrofon auf den Boden. Der Sänger dankte lachend und schaute sie neugierig an. Durch die Geldspende hatte Aama den musikalischen Darbietungen ihre Reverenz erwiesen und erwartete nun, daß die Straßenmusikanten weiterziehen würden, um sich anderswo ein paar Münzen zu verdienen.

Aber es war Aama, die zur Vorderseite der Taverne weiterzog. Sie setzte sich auf eine Bank neben zwei alte Frauen, die ihre Hände auf den Stock und den Kopf auf die Hände gelegt hatten und vergnügt dem bunten Treiben zusahen. Sie besuchten in der Gegend ihre Söhne, wie sie mir sagten. Ihr silbergraues Haar hatte einen bläulichen Schimmer, der sie wie eine Aura umstrahlte. Aama fragte sie, aus welcher Art von Pelz ihre Hüte seien.

Ein schwerer, aber muskulöser Mann mittleren Alters, einer der Söhne, gesellte sich zu der Gruppe alter Damen. Er war sauber angezogen, aber seine Tätowierungen und seine buschigen Koteletten ließen auf eine Vergangenheit schließen, die im wesentlichen um Harleys gekreist sein dürfte. Er sprach mich an:

»Gehören Sie zu dieser Frau?«

»Ja.«

»Woher kommt sie?«

»Aus Nepal.«

»Hat sie einen Stock?«

»Hm, nein, im Moment gerade nicht. Sie hatte einen, aber ich habe ihn gestern verloren, oder vielleicht heute.«

Der Ex-Motorradfahrer griff nach hinten und zog eine dicke

Brieftasche aus seiner schwarzen Levis. Er holte einen Zwanzigdollarschein heraus und reichte ihn mir.

»Hier, kaufen Sie ihr einen.«

Es war mir zwar peinlich, aber ich gab das Geld an Aama weiter und erklärte ihr, es sei ein Geschenk, um einen neuen Stock zu kaufen. Sie betrachtete den Schein mit der Neugierde eines Teenagers, der auf dem Speicher seines Großvaters eine Kiste mit ausländischen Münzen gefunden hat. Wieviel es wert sei, fragte sie. Über fünfhundert Rupien, sagte ich ihr. Sie schaute zu dem Mann auf und zog ihre Lippen zu einem engen Kreis zusammen, eine der Möglichkeiten, Dankbarkeit auszudrücken, wenn es dafür, wie im Nepalesischen, kein besonderes Wort gibt. Er nickte.

Aama zu mir: »Du hast meinen Stock also wirklich verloren.« Ich versuchte, das Bild loszuwerden, wie Aama auf der Straße hinfällt, die wir gerade überquert haben.

»Ich glaube, wir haben ihn in der Halle stehenlassen, wo wir gestern gegessen haben. Er hat dir doch nicht wirklich gefehlt, oder?«

»›Wer etwas vergißt, bleibt anderen in Erinnerung‹«, zitierte sie mißbilligend. »Aber du willst doch nicht wirklich einen neuen Stock kaufen, oder? Ohne Stock komme ich sehr viel besser zurecht als ohne die Nahrungsmittel, die man mit diesem Geld kaufen kann. Du liebe Güte, kaufen hier die Leute wirklich Stöcke für so viel Geld? Ich schneide mir einfach einen neuen Bambusstock ab, wenn ich wieder im Dorf bin.«

»Sie sagt vielen Dank«, teilte ich dem Mann mit, »und wenn es mehr Geld als nötig ist, dann wird sie mit dem Rest Kleider für ihre Enkel kaufen.« Das war hart an der Grenze. Irgendwann wird man mich erwischen, besonders weil die Leute intuitiv mitbekommen, was Aama sagt. Aber sie hatte bestimmt nichts dagegen, wenn ich höflich ihren Dank zum Ausdruck brachte.

»Dieser Mann muß alte Leute mögen. Oder vielleicht gibt er nur mit seinem Geld an. Oder er ist verrückt. Und was hat er eigentlich alles auf seinen Arm gestempelt?«

»Sie ist Ihnen wirklich sehr dankbar«, sagte ich wenig überzeugend.

Janet kam herüber und meinte, wir sollten aufbrechen, um das Abendessen vorzubereiten. Gäste seien eingeladen.

»Aama, winke dem Herrn doch zum Abschied noch mal zu.« Schließlich war es eine mildtätige Geste an diesem Sonntag.

Sie vollführte eine Geste mit ihrer Hand, die unter den Gurung soviel bedeutet wie: »Geh vorsichtig und bleibe gesund«, die für Amerikaner aber heißt: »Schau, daß du weiterkommst, hau ab!« So konnte eine Geste in ihrer Kultur Achtung und Segnung bedeuten, während sie in unserer ganz andere Emotionen hervorrief. Ich nahm ihre Hand und zeigte ihr, wie wir winken.

»Bewege deine Hand hier am Handgelenk rauf und runter, nicht hin und her.« Sie legte den Kopf zur Seite und schaute ihrer Hand zu wie ein Kind einer Handpuppe. »Ja, so ist es richtig«, ermutigte ich sie. »Oder du hältst die Hand still und winkst nur mit den Fingern.« Sie versuchte es, und es gelang ihr. Dann probierte sie, ob eine Kombination beider Bewegungen vielleicht noch besser wäre, und schnappte nach ihrem Daumen, als würde sie einen Moskito fangen. Im Auto übte sie weiter.

»›Bye-bye‹ winkt man nur, wenn man geht, nicht, wenn man ankommt, richtig?«

»Richtig.«

Und was tust du mit deiner Hand, wenn du jemanden begrüßt?«

»Du schüttelst die Hand.«

»Oh ja, das tun die Männer in unserem Dorf jetzt auch, wenn sie aus den Städten zurückkommen.«

Kapitel 11

Aama beobachtete Janet, die eine Artischocke aß.

»Ein Armee-Pensionist hat sie mal in unserem Dorf angepflanzt. Er hatte die Samen aus Indien und nannte sie *Haatichawk.* Elefantenbiß, aber ich habe nie gewußt, wie man sie ißt, erst recht nicht ohne Zähne.«

Didi schabte für Aama das Fleisch von den Artischockenblättern auf den Teller. Mit zerlassener Butter würde Aama diese graugrüne Substanz sicherlich genießen. Butter und Kalorien bedeuteten, daß man nicht gleich nach dem Essen wieder hungrig wurde. Schweres Essen symbolisierte Sicherheit und Wohlstand und verlieh Aama, wenn es auf dem Tisch stand, ein Gefühl von Selbstvertrauen.

»Ihr eßt grüne Blätter, roh...« die Gäste nahmen sich mit einem Holzbesteck Tomaten und Salatblätter aus einer übergroßen Salatschüssel »...wie Kühe und Büffel das Gras.«

Ich verstand, was sie meinte, und teilte die Meinung der Gurung über Diät-Nahrungsmittel: Warum mehr zahlen für Essen, das weniger Energie liefert? Die Bauern in Nepal berechneten den Nährwert ihres Ernteertrags pro Quadratmeter und versuchten, ihn durch die Fruchtfolge zu maximieren. Gemüse und Obst waren zwar schmackhaft und dekorativ, aber von geringem Nährwert.

»Mir ist aufgefallen, daß die Leute hier den Mais direkt vom Kolben herunteressen und dann Maiskörner liegenlassen. Und irgendwo haben deine Freunde etwas gegessen, das aussah wie lange, weiße Würmer. Sie haben den Kopf oder den Schwanz der Würmer in den Mund gesteckt und den Rest eingesaugt, so wie Enten fressen.«

Es klang, als läge eine ihrer spontanen Strafpredigten in der Luft. Ich lehnte mich zurück und nahm einen Schluck Wein.

»Nicht nur das, die Leute stehen auch mitten beim Essen auf und nehmen sich mehr. Sie beschmutzen die Schüsseln mit den Händen, mit denen sie gerade gegessen haben. Immerhin gehört ihr alle zur selben Kaste. Haltet ihr euch an gar keine Gebräuche, wenn ihr eßt?«

»Deswegen bekommst du immer als erste, Aama, damit du dich nicht vergiftest.«

»Und warum servieren sie keinen Tee?«

»Aber du hast gesagt, daß du keinen Tee trinkst.«

»Sie sollten ihn trotzdem anbieten.«

»Du solltest uns nicht mit vollem Mund kritisieren«, gab ich als Retourkutsche zurück. Sie sah mich zweifelnd an. Ich fühlte, wie wenig sie unsere Kultur und unsere Motive gutheißen konnte, aber ich war nicht sicher, ob es irgend jemanden kümmerte. Es war Sommer, und wir waren in Kalifornien.

»Wir alten Leute sagen einfach, was uns in den Kopf kommt, da kann man nichts machen – also sei drauf gefaßt! ›Wenn wir Gelegenheit haben zu essen, dann geht alles auf einmal hinein. Wenn wir Gelegenheit haben zu sprechen, kommt alles auf einmal heraus.‹«

»Nettes Sprichwort, Aama.« Meine weingetränkten Worte waren eher folgsam als aufrichtig.

»Wer würde Sprichworte sagen, die nicht nett sind?«

Wir spürten beide, daß wir möglicherweise zuviel gesprochen und getrunken hatten. Aama stand auf, trug ihren Papierteller zur Küchenspüle, drehte beide Hähne voll auf und hielt den Pappteller in den aggressiven Strahl. Sie klatschte die aufgeweichte Pappe aufs Abtropfgestell und kehrte zu ihrem Platz zurück. Didi stand auf und drehte die Hähne zu. Sie erklärte den Gästen, daß in Gurung-Dörfern, wo es Wasserleitungen gibt, das Trinkwasser frei aus den Hähnen läuft, unbeschränkt wie die Bäche in den Bergen.

»Diese Strohmatte hier, wo mein Teller stand, ist mit Essen verschmutzt«, nörgelte Aama. »Didi, wirf sie weg.«

Didi unterhielt sich weiter mit Janet über Disneyland. Janet konnte uns nicht begleiten, aber wir drei würden ihren Sohn Jesse mitnehmen. Didi erzählte Aama von unserem Plan, ein außergewöhliches Fest zu besuchen mit Tänzern und Spielen und riesigen ausgestopften Tieren.

»Wo ist es? Müssen wir viele Tage fahren?... Vielleicht bekommen wir gar keine Eintrittskarten«, setzt sie höflich hinzu, um nicht direkt zu zeigen, daß sie sich etwas wünschte.

Als wir sie ins Bett brachten, gähnte sie wie eine satte Löwin.

*

»Ruf diese Leute und die Tiere hier herüber, damit ich ihnen Geld geben kann – auch die jungfräulichen Mädchen, die da tanzen. Wieviel brauchen sie?«

Aama saß auf der Tribüne, an der die Disneyland-Parade vorbeizog, und kramte in ihrer Schärpe. Kinder und Eltern, Bummler, Einkaufstüten und Ballons umgaben uns. Ein Wagen in der Form eines Düsenflugzeugs fuhr an uns vorbei. Märchenhafte Wesen tanzten und drehten sich und hopsten auf den Flügeln und um die bauchigen Räder herum. Parademusik kam aus den Bäumen und den Gebäuden. Wir mußten schreien, um einander zu verstehen.

»Wir haben schon gezahlt, Aama, als –...«

Sie warf eine Handvoll Münzen in das bunte Treiben und breitete dann ihre Arme aus, als wolle sie Gott und die Welt umarmen oder ihren alten Körper hinter sich lassen und mit den Farben, der Bewegung, den Kindern und dem Lärm verschmelzen.

Der Zug bog langsam nach rechts ab, die Menschen verließen die Tribüne und zerstreuten sich.

»Kann ich eins von diesen glänzenden Dingern haben, um es meinem neuen Urenkel mitzubringen?« fragte Aama. Ein silbriger Ballon in Form eines Mäusekopfes schwebte über Aama; er war am Handgelenk eines Kindes angebunden, das neben ihr stand.

»Wie willst du denn damit ins Dorf zurückreisen?« erkundigte ich mich, denn ich hatte nicht viel Lust, vier Dollar für etwas zu bezahlen, das den Tag kaum überstehen würde.

»Wir haben doch das Geld, das uns der Mann für den Stock gegeben hat«, insistierte Aama. Ich nahm mir vor, den Stock bald zu kaufen, damit Aama nicht immer auf die Spende zurückkommen konnte. Didi suchte für Aama und Jesse einen Ballon aus und band sie ihnen ans Handgelenk.

Die Menge schob uns weiter bis zur Hauptstraße. Didi kaufte an einem auf alt getrimmten Handwagen eine Tüte Popcorn und reichte sie Aama. Sie warf sich ein paar Körner einzeln in den Mund, aber sie landeten alle hinter ihr. Schneewittchens sieben Zwerge marschierten vorbei – drei Schritte vor, zwei zurück, drei Schritte vor, zwei zurück – und schwangen ihre Arme in einem perfekten, absurden Rhythmus. Aama hielt ihnen eine Handvoll Popcorn hin, als ob sie Tiere anlocken wolle. Ihre Backen waren zu einer Vorratskammer für Popcorn geworden und wölbten sich prall nach außen. In einer komischen Choreographie kamen die Zwerge zum Halten, indem die ersten stehenblieben und die anderen aufrückten, bis sie dicht an dicht standen. Sie konnten gerade noch Aamas »Namaste« erwidern, bevor sich eine Horde Kinder auf sie stürzte.

In einem Geschäft an der Hauptstraße begrüßte uns ein Disneyland-Botschafter in Rock und Krawatte mit Walkietalkie in der Hand und plauderte mit Didi und mir, während Aama sich umsah. Er machte uns die vertrauliche Mitteilung, das Mickymaus höchstpersönlich in Kürze in Erscheinung treten werde, beugte sich zu uns und flüsterte hinter vorgehaltener Hand: »Dieser Ort ist verzaubert.« Sein steifer Kragen widerstrebte dem heftigen Versuch seines Zeigefingers, ihn zu lokkern.

Aama war wieder bei uns angekommen.

»Aama, wir werden jetzt einem Tier begegnen, das in Amerika eine Art Gottheit ist«, sagte ich und mühte mich wie gewöhnlich um eine treffende Übersetzung.

»Mickymaus ist die Königin der Tiere und der ganzen Tierkaste, die du neulich mit Jesse im Fernsehen gesehen hast.«

Durch einen Wald von Ballons und Zuckerwatte erblickten wir Mickymaus, wie sie vor einem Schloß auf und ab paradierte und wie ein Politiker der Menge zuwinkte. Wir drängten uns nach vorne, und sie blieb hoheitsvoll vor Aama stehen. Aama versuchte, ihre übergroßen behandschuhten Hände zwischen ihre Hände zu nehmen und führte sie bei jeder Silbe ihres Segensspruchs auf und nieder, als würde sie einem Boxer zusprechen. Mit den Fingerspitzen tastete sie über die Höhen und Tiefen des künstlichen Gesichts, um ihren Segen durch die biegsame, aber undurchdringliche Gummihaut zu zwingen. »Ich bitte um Entschuldigung, daß ich unvorbereitet komme, aber in aller Bescheidenheit möchte ich meinen Respekt ausdrücken, meinen Segen überbringen und dafür beten, daß deine Wünsche und die deiner Kinder, die dich lieben, in Erfüllung gehen mögen...« Zum Abschluß zwickte sie Mickymaus so fest in die Nase, daß die Adern auf ihrer Hand hervortraten.

Didi zog Aama zur Seite, um sie in Sicherheit zu bringen. Ein Haufen Kinder fiel über das riesige, vermenschlichte Nagetier her – Kinder, die ihr ganzes Fernsehleben darauf gewartet hatten, vor das leibhaftige Angesicht ihres Idols zu treten. Hier war sie, die Königin aller Mickymäuse, unsterblich wie vielleicht der eingefrorene Walt Disney selbst, und schlich sich wie ein Trojanisches Pferd in die Herzen der Kinder, den Bauch voller unwiderstehlicher Konsumgüter. Eine überdimensionale Inkarnation von Ganeshs heiligem Reittier, der Maus.

In den frühen siebziger Jahren hatte uns unser Anthropologie-Professor daran erinnert, daß »Animation« vom lateinischen Wort *anima* abstammt, was Seele bedeutet. Er sagte auch, daß das innere Heiligtum des magischen Königreichs für einfache Touristenpilger nicht zugänglich sei und daß das Aschenbrödelschloß – in das wir nicht hineindurften – in Wahrheit leer sei. Das Schloß spiegelte, wenngleich das seinen Entwerfern unbewußt sein mochte – die diversen Ziele von Pilgerreisen wider: den mühevollen Pfad zu Shivas Eisphallus in Indiens Amarnath-Höhle; die Kaaba, das Heiligtum von Mekka, in dem der heilige schwarze Stein bewahrt wird, dem sich die Muslime aller Welt beim Gebet zuwenden.

Wie großartig und göttlich auch die Hüllen dieser heiligen Stätten sein mögen, in ihrem Kern sind sie buchstäblich leer. In der Tat pulsiert das Herz der tibetischen, tantrischen Philosophie um den Begriff der Leere: Alle Phänomene haben ihren Ursprung im Geist. Dabei hat der Geist keine unabhängige, nachprüfbare Existenz. Er existiert – wie die buddhistischen Weisen lehren – als Licht und Erkenntnis, ohne Form, doch allgegenwärtig. »Wenn du glaubst, dann ist es Gott, wenn nicht, dann ist es nur ein Stein«, hatte Aama gesagt. Die Dorfbewohner bemalen gewöhnliche Steine mit Farbe, so daß sie sich in Gottheiten verwandeln. Technisch gesehen ist die Farbe aber nicht wesentlich.

Wir schlenderten die überfüllten Wege entlang und hielten mit der Kamera die mythischen Mediengestalten aus Didis und meiner Jugend fest. Es fühlte sich vertraut an, wie eine aufsteigende Erinnerung – das kollektive Unbewußte. Alle Menschen sind auf ihrer Pilgerreise verbunden, denn sie streben zum selben Ziel: drei Schritte vor, zwei zurück. Der Gedanke war lustig, wenn auch schwer vorstellbar, wie eine Disneyland-Theologie uns bei der Befreiung aus dem Kreislauf von Geburt, Tod und Widergeburt würde helfen können.

Die Stimung im Park nahm bei Sonnenuntergang noch in ihrer Ausgelassenheit zu und tauchte uns in ein Chaos aus Musik, Trillerpfeifen, dem Klamauk der Fahrt auf das Matterhorn und bunten, korpulenten Amerikanern. Aamas Gesicht bewegte sich langsam nach oben. Der Himmel war mit bunten Ballons gesprenkelt, die den zunehmenden Mond umtanzten. Sie legte die Hände zusammen und verneigte sich, ohne die Menschen um sie herum zu beachten.

Wir machten uns auf den Weg zurück zum Parkplatz. Dort öffnete ich alle Autotüren, um das Wageninnere abkühlen zu lassen. Jesse kam weinend ums Auto herum. »Mein Ballon ist weg – und auf den Berg bin ich auch nicht gefahren.« Sein Ballon schwebte dreißig Meter über uns und war auf dem Weg zum äußeren Weltraum. Didi hatte Aamas Ballon ins Auto getan, wo er an der Decke klebte.

»Gib Jesse diesen«, sagte Aama. »Solange wir hier auf der Erde sind, besitzen wir etwas und sagen, ›das ist meins‹. Aber wenn wir gestorben sind, welchen Sinn hat dann noch ›mein‹ und ›dein‹?«

⁕

»Wir müssen Geschenke für Didis Mutter kaufen – besonders du, Nani, denn sie ist deine Schwiegermutter.«

»Blumen?«

»Blumen sind gut, aber das genügt nicht.«

»Ich könnte ihr die Holztöpfe schenken, die wir bei den großen Bäumen gekauft haben. Sie ist eine Gärtnerin und kann sie mit Blumen bepflanzen.«

»Holztöpfe für deine Schwiegermutter? Ist das keine Beleidigung? Wie wäre es mit Kupfer oder einem Ballen teuren Stoff?« Aama hatte Verständnis für die Erwartungen einer neuernannten Schwiegermutter. Wenn ich ihr Angebot annehmen und in die Heirat eines Dorfmädchens einwilligen würde, dann mußte ich in diesen Fragen auf dem laufenden sein. Wie konnten die Gurung so leichtlebig sein und gleichzeitig alles so genau nehmen?

»Manchmal geben wir einem nahen Verwandten einen Schal. Wenn wir ihn überreichen, dann legen wir ihn dem anderen um den Hals und singen ›*Shaaaaaaaai, shaai, shaai, shaai*‹ – ›sie ist eingefangen‹ –, was bedeutet, daß seine Seele einen sicheren Platz in ihm gefunden hat.« Aama drehte sich in ihrem erhöhten Sitz zur Seite, legte Didi die Hände auf die Schultern und hauchte ihre *shaais* in einem beruhigenden, tiefer werdenden Tonfall – wie ein Reifen, dem die letzte Luft entströmt.

Didi sagte, ihre Verspanntheit sei weniger geworden, als ob Aamas Hände sie aufgesaugt und an die Erde abgegeben hätten. »Ich habe noch einen Pashima-Schal übrig, Aama«, sagte sie. »Und ich glaube, du solltest ihn meiner Mutter geben.«

Mrs. Thunder kam uns in der Einfahrt entgegen. An ihren

Armen hatte sie frische Kratzer von den Rosen und an den Beinen Erde vom Unkrautjäten. Ihr Gefolge bildete eine Schar von Neffen und Nichten. Die jüngeren hielten abwechselnd Aamas Hand und berührten ihr Kleid auf dem Weg zum weitverzweigten Adobe-Ranchhaus aus den fünfziger Jahren. Ein Gemälde des heiligen Michael, des Erzengels und Behüters der Kinder, hing im Eingang.

Vom langen Gang zweigten die Türen zu zahlreichen Kinderzimmern mit Stockbetten ab und getrennten Badezimmern für Mädchen und Jungen. Die Wände waren mit den Fotos dreier Generationen der Thunder-Familie bedeckt – ein beeindruckender Bevölkerungsquerschnitt Amerikas: Ingenieure, Missionare, Geschäftsleute, Studenten, Eltern und Großeltern. Mrs. Thunder – Didi sagte, ich solle sie Genevieve nennen – war ihnen allen auf der Spur geblieben. Sie vermutete, daß Didis Großmutter, die in den sechziger Jahren gestorben war, mittlerweile 147 lebende Nachkommen hatte. Bei dieser expansiven Reproduktionsrate würde es, über den Daumen gepeilt, in hundert Jahren an die zehntausend von ihnen geben.

Aama hatte ein angeborenes Gespür für das Verwandschaftsgeflecht, die Linien, aus denen sich die Netze bilden, die uns zusammenhalten und auffangen, wenn wir fallen. Didi holte den Schal hervor, und Aama überreichte ihn Didis Mutter mit beiden Händen; er wirkte wie ein Strang aus diesem Netz. Genevieve dankte Aama und gab ihr ein kleines Fenster aus bemaltem Glas, das sie selbst gefertigt hatte. Wie Aama zog Genevieve ein paar Enkel auf, und beide hatten neuerdings einen Urenkel.

Ich beneidete Didi um ihre Mutter und wünschte mir, meine eigene Mutter könnte hier dabeisein. Ich war neunzehn, als sie starb, genau so alt wie Didi beim Tod ihres Vaters.

Als Didi ein Kind war, hatte Genevieve den Spätnachmittag damit verbracht, für ihre vierzehn Kinder zu kochen, die fast auf zwei Generationen verteilt waren. Sie aßen in Schichten – zuerst die Jüngsten – in einem achteckigen Eßzimmer, das ans Haus angebaut worden war. Mittendrin stand ein runder Eßtisch von drei Meter Durchmesser. Didis Vater hatte in der Mitte eine Drehplatte eingebaut, damit jeder leicht ans Essen herankam; wenn sie in Bewegung war, bekam man das unangenehme Gefühl, als drehe sich der ganze Raum.

Als wir abends am Tisch saßen, fragte jemand Genevieve flüsternd, ob wir Aama mit in die Kirche nähmen, wenn wir in San Diego wären, und ob Didi sich denn gar keine Mühe gebe, sie zu bekehren.

»Was sagt Aama?« wollte eine von Didis Nichten wissen.

»Sie sagt, daß Mom sicher mehr als zehn Kilo Reis braucht, um uns alle sattzubekommen, und daß das sehr teuer sei.«

»Reis ist teuer?«

»Ja, dort, wo Aama herkommt, schon. Sie ißt meistens Mais und Hirsebrei.«

»Was ist das?«

»Sie lebt genauso wie Familie Feuerstein!« rief ein Neffe aus.

Ein anderer Neffe, ein Teenager, schrubbte unter dem Tisch einen Riff auf einer imaginären Gitarre und sagte, er finde es cool, seine Stratocaster-E-Gitarre in die Schule mitzunehmen und die Mitschüler auf Heavy Metal anzuturnen. Er ähnelte dem Porträt des jungen Mannes, das hinter Didis Stuhl hing: ihr Urgroßvater Major George Francis Thunder bei den königlichen Füsilieren in Bombay. Während wir den Tisch abdeckten, studierte Aama das Gemälde, als sei darauf ein Mitglied eines verlorenen Stammes abgebildet.

»Als mein Mann und ich vor fünfzig Jahren in Indien waren, sah ich weiße *Sah'bs*, die Briten, in Automobilen ohne Dach herumfahren. Sie führten kleine Hunde an Leinen herum und nahmen die Tiere sogar mit in die Wagen. Die *Memsah'bs* hatten helle Haare und trugen Kleider, nicht Saris. Sie gingen anders als wir, und sie schauten sich ins Gesicht und lachten laut, als würden sie bellen. Wir hatten Angst vor ihnen, aber ich sah sie nur aus der Ferne – von meinem Platz in der Sonne, wo die Gurung-Soldaten ihre Stiefel putzten. Sie wienerten sie, bis sie glänzten und das Licht wie eine Messerklinge reflektierten; und wenn sie herumgingen, dann machten die Stiefel *krrik-krrik* ...«

Es gab nicht genug Schlafzimmer im Familienhaus, so daß Didi, Aama und ich bei Didis Schwester Barbara übernachten mußten. Im Auto meinte Aama. »Bei so vielen Brüdern und Schwestern, Didi, sollten der Hals und die Arme deiner Mutter mit Goldschmuck bedeckt sein. Und Nani, dir hätte ein Ehrenplatz gebührt; man hätte dir Brot und Alkohol servieren und dir ein weißes Stück Stoff als Turban um den Kopf schlingen sollen – als neuem Schwiegersohn ...«

Eher ein neuer Außenseiter, dachte ich. Ich hütete mich davor, Didis Familie zu nahe zu kommen, vor allem deshalb, weil ich nicht wußte, ob ich Didi näherkommen wollte. Unter achtzehn Verwandten konnte man eine gewisse Anonymität wahren, und von ihrer Familie ging kein Druck aus.

Insbesondere nach dem Tod des Vaters wurde, so erzählte mir Didi, keinem der Kinder besondere Aufmerksamkeit zuteil, und sie hatten gelernt, nicht darum zu bitten. Die jüngeren Mädchen trugen Socken und Unterwäsche gemeinsam, die nach der Wäsche in eine große Schublade kam, auf der »Mädchen« stand. Ich verstand jetzt, warum Didi das Gefühl hatte, ich würde Aama verwöhnen. Oder war sie eifersüchtig auf Aama, weil ihr so viel Beachtung geschenkt wurde wie Didi in ihrem ganzen Leben nicht?

In Barbaras Haus schaute ich durch die Glasschiebetür auf die von unten beleuchteten Wolken über San Diego. Aama saß aufrecht auf der Matratze neben uns, bis zur Taille unter der Decke. Sie sprach zu dem leblosen Fernsehbildschirm, als würden darauf die Gesichter von Didis Schwestern erscheinen.

»*Jeti* ... *Maaili* ... *Saaili* ... *Kaaili* ...« Sie benutzte die Verwandtschaftsbezeichnungen, die Didis Geschwister nach dem Alter einordnete. Bei jedem Namen wurde sie nachdenklicher, als ob sie sich an ihre eigene verlorene Verwandtschaft erinnerte. »Welche war *Kaaili*? Ach ja, die in Hongkong. Dann *Raaili* – das bist du, Didi ... Und *Taaili* war mit uns im großen Wald, in der Nähe von Ann Toris Haus. Danach kommen *Tulo Kaanchi* und *Saano Kaanchi* ... wie viele sind das insgesamt?«

»Acht«, antwortete ich ermattet in die Dunkelheit.

»Aber waren es nicht neun Schwestern?«

»Du kannst dir die ganzen Schwäger und Schwägerinnen besser merken als ich.«

»Aber wie rufst du jemanden, wenn du nicht weißt, wie er mit dir verwandt ist – ach ja, du rufst sie bei ihren Namen, und dazu mußt du dir deinen Mund verdrehen, um ihn rauszukriegen.« Sie atmete tief ein und redete schnell, um an diesem Punkt einmal Klarheit zu schaffen. »Also gut, ich will dir sagen, wie du sie auseinanderhältst: Die Männer deiner Schwester werden *Byena* genannt. Sie nennen deine Schwest... – ich meine, die Schwestern ihrer Frauen, *Didi*. Die Kinder deiner Schwestern sollten deine älteste Schwester *Jyethi Aama* nennen, dann *Maaili Aama* und so weiter bis hinunter zu *Raaili Aaji* – das bist du, Didi, für die Kinder deiner Schwestern – nicht *Didi*, weil ja, wie wir alle wissen, *Didi* ›ältere Schwester‹ bedeutet, und irgendwie haben dir deine Leute den Namen ›Didi‹ gegeben – und dann weiter hinunter bis zu *Kaanchi Aama*. Das ist so viel leichter, als sich Namen zu merken.«

Ein gewöhnlicher Name offenbarte wenig. Verwandtschaftsbezeichnungen jedoch, die verschieden waren, je nachdem, wer wen anspricht, machten das ganze Gewebe der Abstammungslinien deutlich – Verwandte, die sich in ihrer Beziehung zueinander definierten.

»Ich habe schlecht geschlafen«, verkündete Aama wie gewöhnlich am Morgen. Der weichen Matratze fehlte die gewohnte Unbehaglichkeit einer einfachen Strohmatte. Wie die meisten älteren Menschen schlief sie weniger als in jüngeren Jahren, hatte das aber noch nicht ganz akzeptiert. Für einen Bauern oder einen Fischer gibt es selten gute Tage oder gute Jahre.

Sie richtete sich lustlos im Bett auf und bat mich, das Haaröl warmzumachen, das wir für sie gekauft hatten, um es in die Kopfhaut einzumassieren. Das Öl auf dem Eßlöffel spritzte und zischte, als ich es über der Gasflamme erhitzte. Ich goß es in den Müll und nahm statt dessen Pflanzenöl, das vielleicht nicht so verunreinigt war. Am Abend vorher hatte sie über Arthritis geklagt, Maisöl auf Arme und Beine gerieben und *»a-wee, shyaa«* gejammert, wenn sie die Beine in eine unbequeme Position bringen mußte. Die Altersbeschwerden ähnelten einem Kater.

Didi warf sich einen dünnen Morgenmantel über und stieß meinen Kleiderhaufen mit dem Fuß zur Seite.

»Da ihr zwei so tut, als wäret ihr verheiratet«, sagte Aama und schaute Didi an, »solltest du da nicht jeden Morgen Nanis Füße waschen als Zeichen deines Respekts?«

Didi lachte, dann wurde sie ernst. »Nein. In Amerika machen die Frauen und Freundinnen, was sie wollen. Wir sind unabhängig.« Sie wühlte in Aamas Reisetasche nach ihrer Schärpe. Muscheln, Steine, kleine Geschenke, diverse Fundstücke, die zwischen den Kleidern verstreut waren, fielen heraus. Die Sammlung wurde immer größer.

»... Ich fürchte, Nani«, sagte Aama, während sie Didi zuschaute, »daß du den Leuten sagen wirst, welche Geschenke ich in Amrita bekommen habe. Wenn ich es nicht schaffe, diese Dinge alle ins Dorf zu bringen, dann wird mich mein Schwiegersohn fragen, wo sie sind, und er wird behaupten, daß ich sie verstecke oder verkauft habe, um Geld zu machen. Dann werden sie das Geld sehen wollen. Wirklich, diese Geschenke könnten eine Last werden.

›Oh Hirte in deinem Hirtenwagen,
Hast du Käse und Honig für uns?‹
›Madam, ich kann nicht allen geben,
Wie kann ich also einem geben?‹«

»Wenn du dir Sorgen machst, Aama, daß du in Amerika zu viele Dinge ansammelst – warum werfen wir das ganze Zeug nicht einfach weg?« meinte Didi mit Nachdruck. Aama sank noch ein wenig mehr in sich zusammen, als Didi ihre Tasche umstülpte. »Ich fang' mal damit an, daß ich einige von diesen Kleidern wasche.« Als Didi sie aus dem Haufen herauszog, fielen noch weitere Mitbringsel auf den Boden. Ich sagte Aama, sie solle sich keine Sorgen machen, und holte eine Schachtel aus Barbaras Garage, um Aamas Kostbarkeiten nach Seattle zu schicken und auf diese Weise unser Gepäck zu erleichtern. Persönlich belastete mich die Familie mehr als die Sachen.

Didi verlor allmählich den Spaß an der Sache – wir beide, Aama und ich, waren für sie schwierig. Von mir war sie frustriert, weil ich nicht auf sie einging, und Aama reizte sie, weil sie ständig wegen dem Heiraten stichelte. Didi war das Dienstmädchen einer Ersatzmutter eines Nicht-Ehemannes geworden und hatte es satt, sich Aamas Mißbilligungen, ihren Sarkasmus und ihre versteckten Vorwürfe weiter anzuhören. Aber viel ändern konnte sie nicht daran, und wahrscheinlich würde unsere gemeinsame Reise nicht mehr allzu lange dauern.

Ich umarmte Didi, und wir redeten kurz miteinander. Aama war schlecht gelaunt, was uns nicht überraschte. Allerdings hatte Didis Familie sie tief beeindruckt, insbesondere weil sie so groß war. Aama sagte nicht viel dazu, aber es war deutlich, daß Didi dadurch in Aamas Augen eine starke Aufwertung erfuhr und sie ihr jetzt für eine formale Heirat weit geeigneter erschien – deswegen die Idee mit dem Füßewaschen.

Didis Schwestern wollten uns nicht abreisen lassen, bevor wir einen Ausflug über die Grenze nach Mexiko zur Stadt Tecate unternommen hatten – in Erinnerung an ihre heimlichen Wochenendspritztouren mit Tanz und Tequila, fern vom Konvent und den US-Gesetzen.

In Tecate kamen wir in der Nähe des Marktplatzes an einer Hochzeitsgesellschaft vorbei samt einem Cadillac-Kabrio, das in glitzernden Regenbogenfarben bemalt und mit Blumen geschmückt war. Ja, das wäre eine Hochzeit nach Aamas Geschmack.

Das Gasthaus, in dem die Schwestern sich ausgetobt hatten, war laut und voll. Der Geruch von Gewürzen hing in der Luft, und pompöse Ölbilder zierten die Wände.

Aama war erschöpft, aber die Schwestern wollten noch tanzen. Da der Parkplatz des Gasthauses bewacht wurde, brachten

Didi und ich Aama in Barbaras Kleinbus, klappten die Liege herunter und deckten sie zu. Wir hofften, daß sie einschlafen würde. Fünfzehn Minuten später kamen wir zurück, um nach ihr zu schauen. Sie kauerte zitternd unter den Decken, und dicke Tränen rannen ihr über die Wangen. Sie führte uns vor, was sie glaubte, das ihr zugestoßen sei.

»Ich dachte, ich hätte etwas gesehen. Banditen haben vielleicht mein Gold und meinen Schmuck bemerkt, als ich ins Auto stieg. Nicht alle Menschen hegen gute Absichten. Mein Dharma-Sohn und Didi sind da drinnen beim Tanzen, sicherlich sind sie inzwischen betrunken und nicht mehr bei sich. Jetzt ist es soweit, ich bin allein und verlassen. *Was ist das?* Jemand leuchtet herein, und Leute schauen durchs Fenster und sehen mich. O Bhagwan, was nun? Ich verstecke mich unter der Decke, daß es so aussieht, als sei niemand da. Ich zittere. Wenn ich heute abend meinen letzten Atemzug tue, dann ist es Bhagwans Wille. Jetzt bewegt sich das Auto. Ich bin tot. Nein, ich weine. Sie schleppen das Auto zu dem Wald, an dem wir vorbeigefahren sind, und dort werden sie mich fertigmachen. Vielleicht könnte ich meine Ohrringe abnehmen und sie ihnen geben, aber ich kann nur hier liegen und den Namen von Bhagwan aussprechen. O Bhagwan. Meine Enkelinnen kommen mich auch nicht mehr so oft besuchen wie früher, und meine Verwandten vergessen mich. Wann wird wohl meine Tochter erfahren, was mit mir ist, und was wird sie tun, wenn man es ihr sagt...?«

Das war mehr als ein bißchen Angst bei Dunkelheit. Von Krankenhausnachtschwestern hörte ich später, daß alte Menschen oft völlig die Orientierung verlieren, wenn sie in einem dunklen Zimmer aufwachen. Daß sie nicht gerne reisen, liegt nicht an der Beschwerlichkeit des Reisens, sondern daß sie Angst haben, nicht mehr nach Hause zurückzukehren. Das Draußen, die Ferne, ist bedrohlich, das Zuhause erscheint sicher.

»Ich habe vor nichts Angst, außer vor Menschen«, sagte Aama schließlich. »Ich habe einen Tiger geküßt und einen großen mechanischen Fisch, habe Brücken über Bergflüsse überquert und bin dreimal hingefallen – aber ich bin nicht gestorben.«

Didi versprach Aama, sie nie mehr allein zu lassen, und ich schloß mich ihr an.

Kapitel 12

Der Wagen schluckte Benzin wie ein Düsenflugzeug, als wir das Becken von Los Angeles hinter uns gelassen hatten und die San-Gabriel-Berge hinaufkletterten. Der Verkehr wurde dünn, die kahlen Berghänge öffneten sich zur Mojavewüste, und ein Gefühl von Weite und Freiheit wurde in uns wach.

»Spielen ist wie eine Droge«, sagte Aama warnend, als sie sich daran erinnerte, was ich ihr am Abend vorher über Las Vegas erzählt hatte. »Es hat viele meiner Verwandten ruiniert. Frauen spielen sowieso nicht. Nani, du kannst ja gehen und wetten, während Didi und ich im Auto bleiben. Stell dir vor, es sähe mich jemand. Bestimmt würde es das Dorf erfahren, und alle würden auf mich deuten und mich auslachen: ›Schaut nur, eine alte Spielerin ist sie geworden und hat das bißchen Vermögen weggeworfen, das sie fürs Alter gespart hatte.‹«

Besonders spaßig würde es für niemanden sein, herumzuhängen und ein paar Männern, die auf Strohmatten saßen, beim Kartenspielen zuzuschauen. Aber es war unwahrscheinlich, daß sie die zwei kostenlosen Nächte im Las Vegas Hilton ausschlagen würde, die meine Tante und mein Onkel bei einer Tombola gewonnen und an uns weitergeschenkt hatten. Das Essen in den Kasinos war billig. Wenn wir uns nicht zum Spielen verführen lassen würden, sagte ich zu Didi, dann könnte diese Spielhölle billiger sein als ein Campingplatz. Ich nahm die Ausfahrt nach Las Vegas, und als wir in der Lobby des Hilton-Hotels standen, genoß ich es ein paar Augenblicke, mich wichtiger zu fühlen, als ich wirklich war.

Wir aßen am Buffet im Tropicana. Danach schlenderten wir den Bürgersteig entlang und blieben an der Ecke von The

Dunes und Caesar's Palace stehen. Aama betrachtete staunend das wogende, bunte Lichtermeer. Für sie war es eine Opfergabe mythischen Ausmaßes.

Sie hob die aneinandergelegten Handflächen dreimal zur Stirn und murmelte dabei vor der 25 Meter hohen Lichtorgel von The Dunes ehrerbietige Grußformeln. Sie hatte die Form eines Minaretts und war mit Hunderten kleiner Glühbirnen bespickt. Die Lichter gingen nacheinander an und aus, so daß in weniger als einer Sekunde eine Lichtwelle vom Boden bis zur Spitze lief.

»Diese Lichter steigen und fallen ohne Pause, als würden sie ›Namaste‹ sagen. Und diese Farben – was für ein wunderbares Geschenk an die Götter! Ob die Leute, die sie bedienen, auch nicht vergessen, die Götter anzurufen, wenn sie die Lichter ein- und ausschalten?« Sie sprach in Richtung einer Limousine, die an einer Ampel hielt. »Wenn hier nicht schon Gottheiten sind, dann kommen sie bestimmt gerne her.« Aama hatte oft gesagt, man solle so viel Licht anzünden, wie man sich leisten könne, egal ob Neon oder sonst etwas. Die Götter, insbesondere Lakshmi, die Göttin des Wohlstands, kommen nicht gerne zu dunklen Plätzen. Der lange Weg durch die Wüste erschien mir als eine passende Vorbereitung auf die Lichterflut und das Dolcefarniente. Läge Vegas näher an einer großen Stadt, dann wäre es nur ein weiterer Vergnügungspark und eher ein Dorn im Fleisch einer Stadt als eine funkelnde Oase der Phantasie und Hoffnung.

»He, warte einen Moment...« Eine halbbetrunkene, halbkultivierte Stimme ertönte von hinten auf dem Bürgersteig. Ich drehte mich um und sah einen Mann, der uns zuwinkte. »Ich weiß, wer diese Frau ist!«

Ich hatte ein illustriertes Buch über Aama und ihr Leben im Dorf geschrieben, das seit ein paar Jahren vergriffen war. Sollte hier in Vegas etwa jemand sein, der es gelesen hatte?

»He, Joe.« Er drehte sich nach seinem Freund um, während seine Arme weiter ausgestreckt blieben. »Guck dir diese Frau an, Joe. Es ist Mutter Teresa.«

Er schaute in meine Richtung und kniff die Augen zusammen. »Sind Sie mit ihr unterwegs?« fragte er mißtrauisch. Offensichtlich hatte er erwartet, daß ein Begleiter von Mutter Teresa einen heiligeren Eindruck machen würde als ich.

»Ja, aber ...«

»Ist gut. Nicht zu glauben. Was für ein Zufall! Hat sie Lust zu spielen?«

Zögernd sagte ich ja und fragte ihn um Rat. Er schien sich hier gut auszukennen. Kurz zuvor hatte Didi gemeint, sie würde doch ganz gerne in ein Kasino hineinschauen – einfach nur so. Jetzt stand sie hinter dem Mann und signalisierte mir, daß etwas nicht in Ordnung sei. Ich zuckte mit den Schultern.

»Caesar's Palace«, verkündete der Mann und leckte sich einen Tropfen Spucke von der Unterlippe. »Ich geh' mit euch rein – Junge, sie wird begeistert sein!«

Aama fragte: »Ist das wieder ein Freund von dir, der plötzlich aus dem Nichts auftaucht, nachdem du dich am Telefon mit ihm verabredet hast? Manchmal habe ich das Gefühl, daß auch ein entfernter Verwandter von mir zu Besuch kommen wird, und meistens kommen sie dann tatsächlich daher.«

»Nein, der hier nicht«, sagte Didi. »Aber ich werde spielen, wenn du willst, Aama. Sollen wir einen Versuch wagen?«

»Um Glück im Spiel zu haben, solltest du ein Amulett tragen, das ein Stück von deiner Nabelschnur enthält – das Stückchen, das noch hängenbleibt nach der Geburt und abfällt, wenn es trocken ist – und die Plazenta von der Geburt einer schwarzen Katze. Ich weiß nicht, wo meins ist, aber meine Tochter hat ihr Amulett immer noch.«

Das sollte wohl »ja« heißen. Sie sprach wie eine Anstandsdame, die sich genötigt sah, darauf aufzupassen, daß Didi und ich nicht den Kopf verloren.

Wir betraten einen erhöhten Gehweg, der uns an weiteren Lichtorgeln, Springbrunnen und Statuen römischer Götter und Göttinnen vorbeiführte – Glücksgottheiten, wie ich hoffte. Las Vegas muß wohl aufgrund der zufälligen Entdeckung geschaffen worden sein, daß der menschliche Körper Photonen, Alkohol und Hamburger in einen unwiderstehlichen Spieldrang verwandeln kann.

»Also vergeßt nicht«, gab Aama zu bedenken, »wenn ich hier irgend etwas Schlechtes tue, dann fällt das auf meine Familie und meinen Stamm zurück. ›Aama ist an so einen Ort gegangen, und das und das hat sie getan…‹ Das werden meine Verwandten sagen.« Sie verlangte nicht von uns, die Sache zu verheimlichen, wollte uns aber doch wissen lassen, daß wir einfach vergessen sollten, was hier auf uns zukam. »Wir haben Glück, daß wir an einem Festtag hier sind«, meinte sie aufgeregt.

Die Halle mit den Spielautomaten hatte den Charme einer Schließfachabteilung im Bahnhof. Unser Begleiter war plötzlich verschwunden; wahrscheinlich arbeitete er als Abschlepper des Kasinos. Ich wechselte einen Zehndollarschein in eine Rolle Münzen, die ich aufbrach und in meine Jackentasche fließen ließ. Wir setzten uns auf drei leere Hocker vor eine Reihe einarmiger Banditen.

Aama schaute zu, wie ich ein 25-Cent-Stück in den Schlitz warf und den Hebel herunterzog. Kein Gewinn. »Es müssen zwei oder drei gleiche Früchte in einer Reihe stehen, damit man gewinnt«, erklärte ich ihr und deutete auf die Fenster. Ich warf eine Münze in ihren Automaten und zeigte ihr, wie man den Hebel bedient. Sie packte ihn mit beiden Händen und zog und rüttelte mit aller Kraft daran herum, bis der ganze Automat wackelte. Dabei ließ sie die kreisenden Zitronen, Orangen, Pflaumen und Kirschen keinen Augenblick aus den Augen. Eine Frucht nach der anderen blieb stehen. Kein Gewinn. Sie hing immer noch an dem Hebel und riß daran, aber es rührte sich nichts.

»Du mußt wieder Geld einwerfen, sonst tut sich nichts«, erklärte ihr Didi, die an ihrem Automaten eine Pause einlegte.

»Und wo sind die Münzen?«

Ich gab ihr eine Handvoll. Sie schaute durch die mit Früchten beladenen Fenster hindurch und konzentrierte sich auf irgendeinen Punkt im Inneren des Apparats. Nach acht Versuchen klackerte ein kleiner Gewinn in die Schale. Es sei ja wohl an der Zeit, daß sie etwas gewinne, meinte sie trocken.

Die fünfzehn Münzen in ihrer Hand waren bald weg. »Nimm die Münzen aus der Schale, mit denen kannst du weiterspielen«, riet ihr Didi.

»Darf man sie wieder einwerfen?« Sie zögerte; dasselbe Geld wieder in dem Apparat zu versenken, erschien ihr wie eine Art monetärer Inzest oder Autokannibalismus. Aber es funktionierte: Zehn Münzen klackerten heraus, und dann sogar zwanzig. Das hielt sie bei Laune, aber es dauerte nicht lange, bis fast nichts mehr übrig war. Den Blick auf die Fenster fixiert, wischte sie mit den Fingern sorgfältig die Rundung der Geldauffangschale aus wie eine Blinde, welche die letzten Körner aus einer Reisschale streicht. Nichts. Sie suchte an beiden Seiten des Automaten, dann auf dem Boden und unter ihrem Hocker. Voller Optimismus zog sie noch einmal am Hebel. Keine Reaktion.

»Diese Maschine braucht mehr Geld, um weiterzuarbeiten.«

»Braucht die Maschine mehr Geld, oder brauchst *du* mehr Geld?« fragte ich sie.

»Die Maschine braucht mehr.«

Ich griff in die Tasche, holte eine weitere Handvoll Münzen heraus und ließ sie in ihre Geldschale klimpern. Ihr Gesicht erhellte sich.

»Ach da sind sie. Du hast sie versteckt!«

»Versteckt? Natürlich habe ich sie versteckt, damit du sie nicht alle verspielst. Diese Maschinen essen Geld und geben dir gerade so viel zurück, daß du glaubst, du würdest gewinnen.«

»Aber ist das nicht Preisgeld, das dir die Maschine gibt?«

»Geld ist Geld – es ist genau das gleiche Zeug, mit dem wir auf dem Basar Lebensmittel kaufen. Aama, wir sind erst seit kurzem hier, und weißt du, wieviel wir schon verloren haben? Ungefähr achthundert Rupien. Stell dir mal vor, was du damit im Dorf kaufen könntest.«

Sie richtete sich kerzengerade auf und rührte sich nicht. Ihr Blick durchdrang die Fenster und die Rückwand des Automaten, während sie ihre Erfahrung der letzten paar Minuten bedachte. Der Bann wurde durch ein tiefes, glucksendes Gekicher gebrochen, und sie verfiel in ein stilles Selbstgespräch. »Wo bin ich nur hingekommen? Diese alte Frau aus den Bergen nimmt das ganze Geld und steckt es in diese Maschine. Ist mein Büffel im Stall, und hat er genug Futter? Ist in mein Haus eingebrochen worden? Meine Verwandten möchten sicher, daß ich Spaß habe, und so schlimm kann es nicht sein, weil es ja hier auch Frauen tun – ich habe welche gesehen. Jedenfalls würde ich im Dorf nie spielen wollen, und ich benutzte ja nicht mein eigenes Geld – also spiele eigentlich nicht ich. Aber wie toll wäre es, einen großen Gewinn zu machen! Fünfhundert Rupien sind viel.«

Aama schaute mich wie ein ertapptes Kind an, das hofft, mit seiner Ausrede durchzukommen. Sie nahm die eine Münze, die ich noch in ihre Schale geworfen hatte, zwischen die Finger. Bedächtig, als sei es ein Ritualgegenstand, berührte sie damit die Stirn, murmelte ein kurzes Glücksmantra und küßte sie. Sie warf die Münze ein und zog sofort am Hebel. Zehn Geldstücke rasselten heraus. Eine Minute später schaffte sie fünfzig Münzen und beobachtete befriedigt, wie sie in die Geldschale klackerten. Sie war so auf das Gerät fixiert, daß sie die übergewichtige Dame, die an uns vorüberging – sonst ein beliebtes Objekt ihrer Kulturbetrachtungen –, gar nicht bemerkte.

»Aama, wir müssen gehen«, sagte Didi. Wir waren müde, und es war am besten, jetzt, im Aufschwung, abzubrechen.

»Mein Geldbeutel ist richtig schwer. Wieviel haben wir gewonnen?« Sie hatte diskret gewartet, bis wir draußen waren, bevor sie sich danach erkundigte; denn – wer weiß – vielleicht hatte jemand im Kasino ihren schamlosen Profit beobachtet oder uns in Nepali darüber sprechen hören. Sie hatte die Arme vor der Brust verschränkt und den Geldbeutel unter der Bluse versteckt.

»Nicht allzuviel«, sagte ich und versuchte die enttäuschende Antwort zu vermeiden, daß ihr praller Geldbeutel nur einen Bruchteil jener dreißig Dollar enthielt, die Didi und ich gewechselt hatten.

»Was hältst du davon?« schlug ich ihr vor, »wir lassen dich hier, du benutzt dein Mantra, um mit diesem Automaten klarzukommen, und Didi und ich bringen dir jeden Tag das Essen und sammeln deine Gewinne ein. Auf diese Weise finanzieren wir unsere Reise.«

»Ja, vielleicht«, meinte sie aufrichtig. »Ich habe bisher in meinem Leben Glück gehabt. Ich habe nie größere Schulden gehabt oder sonstige Geldprobleme. Das Mantra vermag schon zu helfen, aber es läßt sich nichts erzwingen. Spieler sind nervös. Sie sagen sich: ›Komm, Geld; komm, Geld.‹ Doch wie kann jeder gleichzeitig gewinnen? Für die meisten Menschen ist Reichtum wie das Wetter. Aber ich habe gewonnen, weil Bhagwan sich einer alten Frau erbarmt hat. Wie könnte ich hierbleiben und Bhagwans Erbarmen ausnutzen?«

Wir stiegen in den Lift des Parkhauses und fuhren zum dritten Stock hinauf, wo unser Wagen stand.

»Uch, sie wiegen uns schon wieder«, bemerkte sie. »Nach dem großen Essen und mit all den Münzen sind wir jetzt bestimmt schwerer.«

Als wir am nächsten Morgen aus der Stadt hinausfuhren, grollte Aama immer noch darüber, daß Didi die Münzen eingesammelt hatte, die nun in kleinen Fünferhaufen auf dem Boden des Hotelzimmers gestapelt worden waren. Aama hatte sich im Unterrock und Tom-und-Jerry-T-Shirt zum Zählen hingesetzt, als Didi sie anziehen wollte.

Didi schaute aus dem Fenster und meinte, wenn wir wollten, könnten wir noch einen Tag bleiben und uns von einem Priester im weißen Anzug mit Cowboystiefeln trauen lassen in einer dieser winzigen Kapellen mit der falschen Fassade. Aama könnte als Trauzeugin fungieren.

Machte sie Witze, oder war das ein Teil ihrer schwelenden Rebellion gegen den Konvent. Ich verzichtete auf eine Antwort. Im Augenblick war mir das Auto wichtiger. Das Radio meldete, die Temperatur sei auf 35 Grad gestiegen.

Auf einem verwaisten Abschnitt der Route 66 brausten wir über die flimmernde Hochfläche von Arizona. Wir ließen Kingman und Peach Springs hinter uns und gelangten an den Grand Canyon.

Wenn man den Himalaja gesehen hat, fühlt es sich merkwürdig an, nach unten anstatt nach oben auf ein kolossales Naturphänomen zu schauen, das mehr von der Abwesenheit als vom Vorhandensein von Materie geprägt ist. Aama hielt sich am Geländer des Gehwegs fest und näherte sich vorsichtig dem Abgrund.

»Wohin bin ich gekommen? Eine alte Frau, die seit Monaten nicht nach unten zur Quelle am Fuß des Dorfes gegangen ist, sieht jetzt *das*. Warum hast du mir vorher nichts von diesem Platz erzählt?« fragte sie wie so oft. »Nicht im Traum hätte ich mir vorstellen können, daß es so etwas gibt.«

Didi und ich hatten aufgegeben, ihr im vorhinein viel zu erklären. Aamas Vorrat an Welterfahrung enthielt nicht genug Einzelteile, um sie zu neuen Bildern zusammenzufügen. Wenn wir es dennoch versuchten, so pflegten wir häufig zur Antwort zu bekommen: »Warum sollte eine alte Frau, die bald sterben wird, noch zu solchen Orten reisen wollen – ich habe schon alles gesehen, was es zu sehen gibt.«

Sie starrte auf den Fluß, der sich wie ein Band auf dem Boden des Canyons schlängelte, und wandte sich dann ab, als sei so viel Großartigkeit nicht auf einmal zu fassen. Dieses *darshan* von Bhagwan, der das machtvolle Zeugnis der Natur und der Göttlichkeit geschaffen hatte, war aus der Nähe kaum zu ertragen.

Eine weißhaarige Dame mit einem freundlichen, neugierigen Gesichtsausdruck kam auf uns zu.

»Entschuldigen Sie, aber darf ich diese Frau umarmen?«

»Ich werde sie fragen«, antwortete Didi.

Die beiden fielen sich in die Arme. Es schien das Natürlichste von der Welt. Die Frau war voller Energie. Ihr Mund bewegte sich, als sei sie uns eine Erklärung schuldig, könne aber nicht die richtigen Worte finden. Didi sagte etwas von der Begeisterung, die in uns allen steckt und gärt und die an solch überwältigenden Plätzen spontan freigesetzt wird und ansteckend ist. Wenn du deinen Geliebten nicht bei dir hast, dann mußt du den

Nächstbesten umarmen. Didi und ich hielten uns eine Weile fest in den Armen. Ich spürte, daß ich gerne einmal hierher zurückkommen würde, um zu klettern und die Gegend zu erforschen oder mich auf dem Fluß treiben zu lassen und zu träumen.

Wir fuhren durch Arizona weiter gen Osten. An einer Tankstelle in Tuba City erblickte Aama jemanden, der wie ein Asiate aussah – ein Tibeter oder vielleicht sogar ein Gurung, meinte sie.

»Diese dunkelhäutigen Leute sind die Nachkommen der Ureinwohner von Amerika, die sich lange, lange vor den Weißen hier niedergelassen haben«, sagte ich ihr. »Vor vielen Jahren wanderten einige deiner weit entfernten Vorfahren vom Himalaja am Nordrand des großen Gangesozeans nach Amerika. Ein Teil siedelte sich auf den trockenen Ebenen an wie diesem Grasland, das du hier siehst, und mit Pfeil und Bogen jagten sie eine Art wilden Ochsen, der wie ein Wasserbüffel mit langem Fell aussieht. Noch vor weniger als zweihundert Jahren war die ganze Gegend, durch die wir gefahren sind, seit wir Ann Toris Haus verlassen haben, Wildnis, außer den kleinen Siedlungen deines Volksstamms. Sie hatten ihre eigenen Bräuche, Zeremonien, Feste und ihre eigene Religion, die in vieler Hinsicht deiner ähnlich war.«

An der Grenze des Navajo-Indianerreservats fuhren wir an einem indianischen Andenkenstand vorbei, zu dessen Besuch uns Schilder aufforderten, auf denen stand: UMDREHEN – ZURÜCKFAHREN. SIE SIND GERADE AN GUTEN INDIANERN VORBEIGEFAHREN. Den nächsten Stand zierte ein nicht ganz authentisches Tipi. Wir hielten davor an, und ich erklärte Aama, daß dies die Art von Zelt sei, in dem der amerikanische Zweig ihres Volksstammes gelebt habe. Es war leicht auf- und abzubauen und konnte – auf der Suche nach guten Jagdgründen – von Pferden transportiert werden.

Didi stieg aus und sah die Decken durch, die zum Verkauf angeboten waren, während Aama schnurstracks auf das Tipi zuging, die Türklappe zur Seite schlug und laut zu sprechen begann.

»Kennst du meine Verwandten?« erkundigte sie sich auf Nepali. »Wer bist du?« probierte sic es auf Gurung. Aus der Neigung ihres Kopfes war zu schließen, daß sie mit jemandem redete, der auf dem Boden saß. Ein Navajo-Teenager, der anscheinend gerade aufgewacht war, trat aus dem Tipi heraus. Aama schaute zu mir.

»Sie haben vergessen, wie man unsere Sprache spricht. Nani, frag den Jungen in deiner Sprache, ob sie irgendwelche meiner Vorfahren kennen.« Ich sagte zu ihm, daß Aama neugierig sei, was offensichtlich war. Er lächelte. »Sie müssen schon sehr lange von uns getrennt sein«, fuhr Aama fort, »deswegen kennen sie wahrscheinlich auch nicht unsere Ehegebräuche, und das heißt, daß sie nicht wissen, *wen* sie heiraten sollen. Auf diese Weise verlieren sie ihre Kultur. Wahrscheinlich vermischen sie sich auch noch mit euch Weißen.«

Wir gingen zurück zum Auto. »Auch wenn wir vielleicht Zweige aus demselben Baum sind, so haben sie getan, was sie tun mußten, um zu überleben, und so sind sie zu einem anderen Volk geworden.«

»Das ist nicht alles, Aama«, sagte ich in dem Bemühen, ihr unsere Geschichte nahezubringen. »Die ersten Weißen, die in Amerika angekommen sind, waren der Meinung, sie hätten Indien erreicht; sie trieben Tauschhandel mit dem amerikanischen Zweig deiner Rasse, den sie Indianer nannten. Aber sie merkten bald, daß es nicht Indien war: Es war *Amrita*, der Nektar der Unsterblichkeit, wie du es nennst. Und so muß ihnen das wilde, saubere, fruchtbare Land wohl erschienen sein.«

In jeder Pause meiner Erzählung steuerte Aama ein »unnh« bei, aber nach und nach zog sich der Laut in die Breite – ein Signal, daß sie abschweifte. *Uuuhnh*... Ihrem eigenen Bewußtseinsstrom mit all seinen Zuläufen vermochte sie eine ganze Tankfüllung lang zu folgen, aber wenn andere sprachen, döste sie ein, sofern sie nicht in das Gespräch verwickelt wurde.

»Meine Gurung-Vorfahren konnten nicht lesen und nicht schreiben, sonst hätten sie vielleicht aufgeschrieben, wann diese Leute aufgebrochen sind. Gibt es hier jemanden, der mehr darüber weiß?«

Das könnte sein. Die Parallelen zwischen der tibetischen und der indianischen Kosmologie, insbesondere des Zuni-Stammes, hatten mich schon lange interessiert. Freunde im Südwesten drängten uns, mit Aama zu Großmutter Carolyn Tawangyma zu fahren, einer Hopi-Ältesten.

Die rötliche Lateriterde des Hochlands, auf dem das Hopi-Reservat lag, war mit Felsbrocken übersät. Aama deutete auf den Horizont. »Kommen wir da drüben zu den Wolken?«

»Vielleicht.« Über dem Gipfel des dritten Tafelberges, des Third Mesa, türmten sich Gewitterwolken in blaugrauen Spiralen auf. Aama verfolgte den Regenbogen, der neben dem Auto mitzureisen schien.

»Wir sagen, wenn du zum Ende des Regenbogens kommst, dann findest du einen Geist, der eine Wasserpfeife raucht.« Wir bogen in einen Feldweg ein, und das Auto rumpelte durch Schlaglöcher und über Schotter. Inmitten der ersten Welt hatten wir eine dritte Welt betreten.

»*Hoonna, hoonna, hoonna* – ›nein, nein, nein‹, sagt uns das Auto. ›Ich fühle mich nicht gut, ich fühle mich nicht gut.‹ Kannst du es nicht hören?« Ich konnte durchaus und ging mit dem Steuerrad und Gaspedal so sanft um, als würde ich ein altes Pferd reiten.

Großmutter Carolyn, ihre Tochter und ihr Schwiegersohn waren gerade nach Hause gekommen. Ihr Haus hatte den Charme der Siedlungen amerikanischer Ureinwohner, wie man sie auf Fotografien um die Jahrhundertwende sieht – als sei es um die Leute herumgewachsen, die darin wohnen. Wir wurden hineingebeten, und Carolyn schob ein Blech mit Plätzchen in den Ofen. Sie trug eine mit Rüschen verzierte Schürze.

»Ihr habt Glück, daß ihr mich erwischt habt«, sagte sie mit einer klaren und gleichmäßigen Stimme. »Ich war den ganzen

Tag draußen, um Goldastern zu sammeln und im Garten zu arbeiten. Erst vor zwei Tagen bin ich aus Genf zurückgekommen.«

»Genf in der Schweiz?« Ich klang wie ein ignoranter US-Weißer.

»Ja, ich war dort, um auf einer Friedenskonferenz zu sprechen. Aber immer wenn ich weg bin, muß ich an mein Maisfeld denken und an meinen Garten.« Es hörte sich so an, als läge Genf ganz in der Nähe, so wie sich Aama Nepal vorstellte. Von zu Hause fort zu sein, änderte bei beiden nichts daran, daß Feld und Garten ihre Aufmerksamkeit brauchten.

Ich erzählte Carolyn, daß Aama eine amerikanische Ureinwohnerin habe treffen wollen, um mehr über die gemeinsame Abstammung zu erfahren.

»Ja«, begann Carolyn, »unsere Prophezeiungen sagen voraus, daß ein Volk aus dem Osten kommen wird, um dem Westen Erwachen zu bringen. Und wenn der Westen die Lektion versteht und annimmt, dann wird sich die ganze Menschheitsfamilie auf dem gemeinsamen Weg an den Händen fassen. Aber wenn wir versagen, dann wird ein anderes Volk von dort kommen, wo die Sonne aufgeht, und sie werden in Massen vom Himmel fallen wie Regen. Sie werden kein Mitleid haben und dieses Land in einem Tag besiegen. Alle, die sich dem Großen Geist nicht anvertraut haben, werden vernichtet werden: Der ›Kürbis der Asche‹, die Atombombe, wird fallen.«

Die Hindus und Buddhisten kennen eine unheimlich ähnliche Prophezeiung: den völligen Umsturz am Ende des Kali Yuga, des schwarzen Zeitalters, der Ära der Zerstörung. Das Kali Yuga hat bereits begonnen.

Carolyn und andere Führer der amerikanischen Ureinwohner hatten ihre Friedensbotschaft auch den Vereinten Nationen überbracht. Während sie ihre dortigen Bemühungen beschrieb, zeigte sie uns die geflochtenen Kornschwingen und Zeremonienkörbe, die sie aus Goldastern geflochten hatte.

»Von unseren Vorfahren haben wir gelernt, daß die Gebete der Menschen stark genug sind, um die Zukunft des Lebens auf der Erde zu beeinflussen.« Carolyn und Aama hielten die Körbe, als seien sie die physische Verkörperung dieses Gebets, durchtränkt mit Beharrlichkeit, und haltbarer als die vergänglichen, weltlichen Begriffe. »Der Schöpfer lehrt uns Mitgefühl für alles Leben und Liebe zu all seinen Geschöpfen. Und das Gesetz des Schöpfers kann nicht verändert werden, so wie die Gesetze des weißen Mannes in den sogenannten Demokratien.«

Ich übersetzte Carolyns Worte für Aama.

»Ihre Religion, ihr Dharma, ist ähnlich wie unsere«, sagte Aama. »Diese Frau ist nicht aus unserem Land, und doch kann sie die verschiedenen Formen Gottes sehen.« Sie schaute Carolyn an und dann deren Tochter. »So wie unsere Bergmenschen die Menschen aus den Ebenen nicht verstehen, so spricht deine Rasse eine andere Sprache als die Weißen. Wenn die Menschen sich nicht verstehen, dann hören sie einander nicht zu und haben manchmal Angst voreinander. Aber ob wir nun gemeinsame Vorfahren haben oder nicht – nichtsdestotrotz sind wir in Wirklichkeit alle ein Volk.«

»Ja, Aama, wir sind alle in der Schöpfung vereint«, sagte Carolyn. »Und jetzt, wo die tibetischen Buddhisten in dieses Land gekommen sind, hat sich ein spiritueller Kreis geschlossen. So wie das Bewußtsein für die Problematik Tibets wächst, so geschieht es auch mit der Anerkennung der Hopi.«

Ich empfand es als ironisch und traurig, daß die Hopi der Empörung der Amerikaner über die chinesische Besetzung Tibets bedurften, um Hilfe für ihre – oder besser: unsere – Lage hier zu bekommen.

Die kaukasischen und mongolischen Rassen kollidierten nicht nur in Nordamerika, sondern auch im Himalaja. Jahrhundertelang haben die Brahmanen und andere Indogermanen den buddhistischen und schamanischen Bergstämmen, wie die Gurung einer sind, die hinduistische Kultur aufgezwungen. Die Indogermanen sind Kaukasier, die Gurung Mongolen.

Aama wurde merkwürdig still, als sei Carolyn die Erscheinung einer verstorbenen Schwester. Sie schienen nicht so sehr verschiedenen Kulturen anzugehören als vielmehr komplementären Epochen – Aama der Vergangenheit und Gegenwart, während Carolyn die Vergangenheit und Zukunft überbrückte. Aama teilte Carolyns Sorge, daß »unsere Kinder sich auf alle Produkte stürzen, die diese zum Untergang verurteilte Kultur anbietet«. Die beiden schienen wie die Großmütter einer Welt von Jugendlichen, erhöht aufgrund ihrer Weisheit, aber ausgeschlossen durch ihr Alter.

Carolyn schenkte Aama eine Kachinapuppe, die ihr Schutz und Glück bringen sollte. Als wir uns verabschiedeten, sagte sie: »Wenn ihr durch Montana fahrt, dann müßt ihr den Häuptling Austin Two Moons besuchen, einen Bruder im Geiste.«

Wir stiegen ins Auto. »Wenn ich dich und Didi neben dem abgespaltenen Zweig meines Volkes betrachte«, sagte Aama, »dann seht ihr anders aus. Ihr seid so weiß.«

Didi fuhr, und als wir ein paar Minuten später am Rand des Hochplateaus auf glatten Asphalt kamen, beschleunigte sie unser Auto auf 120 Stundenkilometer. Wir arbeiteten uns jetzt nach Norden vor, in Richtung Wyoming.

Kapitel 13

Lange nach Einbruch der Dunkelheit rollte unser Country Squire auf den Parkplatz eines Betonmotels in Rawlins, Wyoming. Eine Weile überließen wir uns in einem Meer von weichen Bettdecken noch der Fernsehtrance, dann fielen wir in den Schlaf.

Tags darauf wechselten Didi und ich uns auf der Fahrt nach Dubois am Steuer ab. Das gleichmäßige Geräusch des Windes und des Motors verstärkte die Empfindung, nichts als kleine unbewegliche Figuren auf einer riesigen Bühne aus Himmel und Salbeibüschen zu sein. Didi ließ den Kopf in ein Kissen sinken und döste ein. Aama legte ihren Kopf nach hinten auf die Lehne und begann mit halboffenen Augen leise vor sich hinzusprechen.

»Wenn die Straße so gerade ist wie diese, dann sieht es aus, als würde das Auto sie in zwei teilen, die Welt in zwei teilen, und die zwei Hälften ziehen an der Seite an uns vorbei. Wir bewegen uns nicht, aber das Land an den Seiten ... immer weiter und weiter ...« Auch Aama nickte ein. Der Schlaf kam nur, wenn ihre Müdigkeit größer war als ihre Neugierde aufs Leben. Ich war allein mit der Straße.

Gleichmäßig verteilte Kumuluswolken türmten sich am Horizont wie die flockigen Verzierungen am Rand tibetischer *Thangka*-Rollbilder. Wir betrachteten Amerika in all seiner verwirrenden Großartigkeit mit den Augen eines Einwanderers. Wir waren Nomaden, asiatisch-amerikanische Pilger, welche die trockene Steppe des Hochlands überquerten. Ich stellte mir die Kamele vor, die von der US-Kavallerie im Westen Amerikas kurzzeitig zum Transport benutzt worden waren – ein wogender Zug aneinandergebundener, widerspenstiger Tiere, der diese alte Landschaft von links nach rechts durchquerte zu einem Ziel, das im Moment von der Sonnenblende an der Windschutzscheibe verdeckt war.

Die Blende diente als Stauraum für Äste, Blätter, Blumen und Ableger, die dahinter hervorquollen und vor der Windschutzscheibe herumbaumelten. Samenstände, die lose am Stamm hingen, waren trocken geworden, in der Wärme des Autos aufgesprungen und hatten ihren Inhalt über Kleider und die Sitzpolster verstreut. Aama hatte die botanische Sammlung mit Hilfe von Streichholzschachteln, Kaugummistanniol und Papierstreifen ein wenig zu ordnen versucht, so wie sie bei sich medizinische Kräuter in Papier einwickelte und sie zwischen die Bambuslatten und das Strohdach steckte, falls sie sie eines Tages brauchen würde. Steine und zerbrochene Muscheln, die noch nicht in ihrer Reisetasche gelandet waren, lagen über den Heizungsschlitzen auf dem Armaturenbrett.

Ich überlegte, ob ich vielleicht, während sie schlief, anhalten sollte, um einen Großteil davon hinauszuschmeißen.

Aber nein, warte. Das war etwas anderes. Die Dinge waren mit Bedacht hingelegt worden, wie auf einen Altar.

Das Armaturenbrett und die Sonnenblende waren ein Schrein für die Windschutzscheibe geworden – für die Erzeugerin unserer Visionen und die Quelle unseres Staunens, das Medium, durch das sich das Drama der Landschaft und ihrer Gottheiten entfaltete – für etwas, das es durchaus wert war, günstig gestimmt zu werden. Ich schaute noch einmal hin. Vielleicht genügte es auch, die Opfergaben ein wenig aufzuräumen.

Aama wachte auf, nahm die Banane, die Didi ihr vorher gegeben hatte, und betrachtete die schafsgroßen Büschel Salbei und Steppenhexe. »Diese Gegend hat noch nicht einmal das Wort Regen gehört. Als Bhagwan den Menschen das Leben schenkte, gab er uns auch das Land und die Mittel, um das Leben *fortzusetzen*: Erde und Wasser. Aber hier gibt es das nicht. Die Menschen haben nicht die richtigen Rituale ausgeführt und die Götter nicht verehrt, so daß ihnen nur diese dürre, regenlose Wüste geblieben ist. Und wo sollen hier Bananen wachsen?« fragte sie und biß ein Stück ab.

»Die Oberfläche des Bodens hier mag verflucht sein«, stimmte ich ihr zu, »aber die Erde darunter ist mit Öl gesegnet – Erdöl, das, was wir ins Auto tun, damit es fährt.«

»Es ist bestimmt viel Geld wert. Und ich habe gehört, daß man gute Medizin daraus machen kann. Du kannst Verstauchungen und Brüche damit einreiben.«

Didi wachte auf und drehte das Autoradio an. Seit Seattle hatten wir nur einmal zufällig Nachrichten von einem Amerika gehört, zu dem wir vielleicht noch nicht wirklich zurückgekehrt waren. Die örtlichen Nachrichten klangen in unseren Ohren so weit entfernt, als würde über irgendeinen Tumult in Afrika berichtet. Es dauerte eine Weile, bis Didi einen klaren Sender fand. Eine magnetische, emotionale Stimme drängte uns, die Gelegenheit zur Erlösung zu ergreifen.

»... Und JETZT, meine Freunde, JETZT und immerdar, könnt ihr ErLÖsung ...«

»... und auch dir *Namaste*!« platzte Aama dazwischen. Sie warf die Bananenschale achtlos auf das Armaturenbrett und versuchte herauszufinden, woher die Stimme kam. »Er hat etwas auf Gurung gesagt, und dann ›*Namaste*‹. Ich verstehe auch, was er sonst noch sagt.« Wir hörten zu.

»... immerwährende ErLÖsung, immerwährende FREIheit erlangen, meine Freunde, und dazu braucht ihr nur EINES zu tun, den Herrn Jesus Christus als euren ErLÖser anzunehmen ...«

Aama schaute mich fragend an, als versuche sie sich an meine Übersetzungen der emotional aufgeladenen Worte von TV-Werbespots zu erinnern. »*Um*, er sagt: ›Beeilt euch, damit ihr ans Ziel kommt in eurem Auto, weil euer Essen schon gekocht ist, das Essen ist fertig ... gutes Essen ... ganz umsonst ... es ist alles umsonst!‹ Das ist es, was er sagt.«

»He, toll! Aber hat er auch gesagt, wo der Platz ist mit dem kostenlosen Essen?«

»Nein. Das hat er vergessen.« Wir brachen beide in Lachen aus. Keine schlechte Übersetzung des Monologs des Radiopredigers, meinte Didi. Er hat in der Tat zu verstehen gegeben, die Erlösung liege auf der Straße – und zwar kostenlos – ohne sich über Einzelheiten auszulassen.

»Nein, warte...« Aama fegte mit der Hand durch die Luft, als wolle sie die Reste der Unterhaltung wegwischen, um die Botschaft besser aufnehmen zu können. Aus dem Radio schwallten Informationen über Bücher, Tonbandkassetten und sonstiges Erlösungszubehör.

»Jetzt sagt er, der Platz mit dem Essen sei geradeaus und dann ein bißchen rechts... oder vielleicht links. Jedenfalls sagt er, wir seien fast da, und wir müßten unbedingt anhalten.« Didi und ich waren genauso hungrig wie Aama.

Wir parkten das Auto auf der Hauptstraße von Dubois und stiegen aus. Ein scheußlicher Fallwind und Regen ließen uns frösteln, wir flüchteten uns ins Cowboy Café an einen Fensterplatz und bestellten ein Mittagessen aus Fischburgern, Suppe und Pommes. Die Kellnerin in einer adretten Schürze brachte Besteck und Servietten, drei Gläser Eiswasser und einen flachen, gewebten Plastikkorb mit Salzcrackern in Zellophan.

»Sind die alle für uns?« fragte Aama mit Blick auf den Korb.

»So viele, wie wir essen können«, antwortete Didi. Aama sah so aus, als wolle sie fragen, ob sie das, was wir nicht schafften, mitnehmen dürfe, zögerte aber aus Angst, Didi könnte nein sagen. Sie versuchte erfolglos, ein Päckchen zu öffnen, legte es zurück und probierte es mit einem anderen. Didi half ihr. Aama nahm zwei Crackers in ihre rechte Hand. Sie stützte sie mit den Fingern der Linken und benutzte ihren linken Daumen wie einen Stößel, um im Mörser der rechten Hand die Cracker zu zermahlen, so wie ein Cowboy Schnupftabak herrichtet. Im großen Bogen warf sie sich den Krümelhaufen in den Mund, wobei es fraglich war, ob mehr im Mund oder auf Kleidern und Boden landete. Sie grinste uns an und kaute daran, als sei es ein zähes, über einem Lagerfeuer gegartes Stück Fleisch.

Das Essen kam. Aama zählte ihre Pommes frites und teilte sie in zwei Haufen. Einen legte sie auf Didis Teller, den anderen auf meinen – zu viele Crackers. Wenn wir einmal angefangen hatten zu essen, durfte nichts mehr vom Teller eines anderen genommen werden. Das schrieben die Hinduregeln zur Vermeidung von Ansteckung vor. Ich war froh, daß sie mittlerweile darüber hinwegsah, wenn Didi und ich diese Vorschriften verletzten und vom Teller des anderen kosteten.

Die Serviette, die Didi Aama in die Bluse gesteckt hatte, wölbte sich wie eine gestärkte Hemdbrust nach vorne. Aamas Tischmanieren wurden um so schlechter, je größer ihr Hunger war. Mit dem Essen zu spielen, schien dessen Geschmack zu verbessern, als sei es ein besonderes Gewürz. Auch Kinder finden viel Gefallen daran. Die Tischdecke und Aamas Kleider waren bald mit Krümeln übersät, die sich an manchen Stellen mit der Fischsoße mischten und in ihren Mundwinkeln eine kleine Kruste bildeten. Ihr seliges Lächeln ließ vermuten, daß dies der wirkliche Grund war, warum sie nach Amerika gekommen war.

Sie säuberte ihren Teller und wischte sich die Essensreste aus dem Gesicht, indem sie den Mund auf eine Seite zog, so daß die Falten glatt wurden, und dann auf die andere. Wieder fixierte sie den Korb mit den Salzcrackers. Sie lockerte eine Schärpenlage, so daß ein weiter Beutel entstand. Didi lächelte süßsauer. Aama griff nach dem Plastikkorb, nahm eine Handvoll Crackers heraus, legte sie vor sich auf den Tisch und stellte die Päckchen ordentlich aufgereiht in den vorbereiteten Beutel. Ihre Schärpe beulte sich nach außen, und der Korb wurde leer. Sie verschloß ihren Vorratsbeutel mit dem Endstück der Schärpe und schaute mit diebischer Genugtuung zu Didi und mir auf – über zwanzig Päckchen.

»Gut«, sagte sie mit einem verschwörerischen Blick, »dann laßt uns gehen.«

Didi nickte.

Ich zahlte die Rechnung am Buffet und ging voraus, um wegen des miserablen Wetters das Auto zum Café zu holen. Didi hinterließ ein Trinkgeld auf dem Tisch, und die beiden drückten sich mit dem Rücken zur Kellnerin aus dem Lokal hinaus.

Der Motor lief, als Aama mit gesenktem Kopf und schnellem Schritt um die Ecke kam. Didi versuchte lachend, sie zu stützen, aus Angst, sie könnte hinfallen. Ich lehnte mich über den Beifahrersitz und stieß die Tür zum Bürgersteig auf. Eiligst kletterte Aama auf den Vordersitz.

»Ich habe sie noch nie so schnell gehen sehen«, sagte Didi. »Sie rannte beinahe.« Heftig atmend, ließ sich Aama lachend und erleichtert gegen die Lehne fallen, ihr Gesicht strahlte über den gelungenen Coup. Endlich hatte sie materiell etwas zu dieser Reise beigesteuert. Sie drückte den knisternden Schatz unter der Schärpe an sich, als seien die Salzkekse wertvolle Fragmente des göttlichen Geheimnisses unserer Kultur.

»Ich habe sie. Wir können fahren.«

Wir bogen in die Hauptstraße ein und mußten vor einer Ampel anhalten. In einem Polizeiauto mit Vierradantrieb saßen zwei Polizisten in Uniformen des örtlichen Sheriffbüros.

»Da ist Polizei«, sagte ich zu Didi, instinktiv paranoid. Wenn sie uns anhalten würden, fänden sie offene Sicherheitsgurte, eine oder zwei leere Bierdosen und weitere unvorhergesehene Regelwidrigkeiten heraus. An einem Tag, an dem sich nichts tat, war ein Vehikel aus einem anderen Staat vielleicht ein willkommenes Objekt der Kontrolle.

»Was für Polizei?« fragte Aama, die das Wort erkannte.

»Das Auto neben uns mit diesem Ding auf dem Dach ist ein Polizeiwagen«, sagte ich, ohne den Blick von der Straße zu wenden.

»*Hunh*«, meinte sie ohne sonderliche Beunruhigung. Sie lehnte sich zurück und schaute zu ihnen hinüber. »Wo sie wohl hinfahren?«

»Sie können hinter allen möglichen Gesetzesbrechern her sein«, sagte ich und setzte ein Schafsgesicht auf, »aber jetzt suchen sie wahrscheinlich nach alten Damen, die Crackers aus Restaurants mitnehmen.« Sie schien darauf gefaßt zu sein.

»Also gut, wenn sie uns anhalten und mich mitnehmen wollen, *uh*, dann sagst du ihnen, daß ich eine alte Frau bin, *uh*, und daß ich Crackers liebe und sie in meinem Dorf nicht bekommen kann. Sag ihnen, als die Leute im Restaurant das gehört haben, da haben sie gelacht und gesagt: ›Nehmen Sie so viele, wie Sie wollen – wir haben sie für Sie auf den Tisch gestellt. ... in Ordnung?«

Eine neue Stimme im Radio erklärte, daß die Bergstraßen mit Schnee und Eis bedeckt seien, aber wir befanden uns schon auf der Bergstraße zum Togowotee-Paß und zu den Tetons. Didi drängte mich umzudrehen. Ich erinnerte sie daran, daß sie damit aufgewachsen war, zum Strand zu fahren, und schlug ihre Befürchtung, ein beladener Wagen mit Sommerreifen könnte einfach von der Straße rutschen, in den Wind. Die Tetons waren nicht mehr weit, und Freunde erwarteten uns dort.

Es fing an zu regnen, und obwohl wir noch weit unterhalb des Passes waren, mischten sich schon ein paar nasse Schneeflokken unter die Regentropfen. Didi protestierte wieder und verschränkte dann ihre Arme. Ich stellte den Scheibenwischer an. Aama verfolgte die Wischer lachend mit dem Kopf, und ihre Hände glichen sich automatisch der Hin- und Herbewegung an. Wie ein Kind von Eltern mit Eheproblemen führte sie eine komische Nummer auf, um Didi und mich aus dem Sumpf herauszuholen, in dem wir beide steckten – in dem Bemühen, die Familienharmonie mit Humor wiederherzustellen und eine zerbrechliche Zukunft zu sichern.

»Immer wenn es regnet, kommen diese Stäbe hervor und wischen die Fenster. Wissen sie irgendwie, wann es regnet, und beginnen von allein mit der Arbeit?« Wieder sah sich Aama einer automatischen Vorrichtung gegenüber, einer begrenzten, aber nützlichen Intelligenz.

»Hier ist der Schalter. Schau.« Ich legte meine Finger auf den Hebel am Steuerrad. »Wenn ich hier nach unten ziehe, dann hören die Stäbe draußen auf, und wenn ich den Hebel wieder hochdrücke, dann fangen sie wieder an zu wischen. Ich muß den Hebel bedienen.«

»So ist das also. Manche Maschinen brauchen Menschen, damit sie arbeiten.«

Wir fuhren weiter. Aama ließ ihren Blick zwischen dem Lenkrad und den Wischern hin- und herwandern.

»Aber jetzt machst du nichts.«

»Das muß ich auch nicht. Die Stäbe wischen so lange weiter, bis ich den Hebel wieder nach unten stelle.«

»Wahrscheinlich ist es so wie die Maschine im Bauch des Riesenfischs.« Sie suchte an der Sonnenblende nach weiteren Anzeichen für mechanische Wunder und studierte dann die Muster der Tropfen und Wasserrinnsale auf der Windschutzscheibe, die von den Windböen flachgedrückt wurden.

»Ein Teil des Wassers fließt nach oben«, sagte sie leise in der Erwartung, daß dieses Phänomen mit einem der zahllosen Prinzipien des modernen Lebens erklärt würde, das den Gesetzen der Physik, wie sie sie kannte, widersprach.

»Der Wind bläst es nach oben.«

»Wind hat noch nie Wasser den Berg hinaufgeblasen. Und Teile des Fensters werden gar nicht gewischt.«

Am Straßenrand tauchte eine Frau mit einem Bauarbeiterhelm auf und signalisierte, daß wir anhalten sollten. Sie beugte sich zum Fenster herein und klärte uns darüber auf, daß weiter oben Straßenarbeiter Sprengungen vornehmen würden. Wir sollten uns der langen Autoreihe anschließen, die hinter der Kurve verschwand.

»Sie zünden da oben Bomben, um die Straße zu reparieren«, erklärte ich Aama.

Didi seufzte ernst. »Was soll das Gerase? Du bist doch kein Collegestudent mehr.« Ich solle sie irgendwo absetzen, und sie würde morgen mit dem Bus über den Paß fahren.

Ich stellte den Motor ab. Während ich zusah, wie das Wasser an der Windschutzscheibe nach unten floß, versuchte ich einzuschätzen, ob sich ihre Stimmung bis zur Meuterei steigern würde. Aama saß teilnahmslos da, während wir über die Gefahren vom Fahren bei Schnee und Eis diskutierten und über Eile im allgemeinen.

»›Vermeide die drei Übel des Yoga‹, zitierte ich einen Inder, den ich einmal auf einem Bahnsteig kennengelernt hatte. »›Eile, Sorgen und Curry.‹« Immer wenn ich mich mit derartigen Witzen aus der Affäre zu ziehen suchte, erfolgte hinterher ein Anflug von Reue, denn ich wußte, daß meine Sprüche die Situation in keiner Weise erleichterten, vielmehr Didis Ärger noch steigerten. Ohne Regen und Matsch draußen wäre ich ausgestiegen, hätte mir die Füße vertreten und ein paarmal tief durchgeatmet, um meine Rastlosigkeit abzuschütteln und den Streit mit Didi. Ich war enttäuscht, daß sie meine Abenteuerlust nicht teilte. Immer war sie so vorsichtig und vernünftig.

»›Bei einem Kampf zwischen Stieren erwischt es die Ziege in der Mitte‹«, sagte Aama, um uns daran zu erinnern, daß sie auch noch da war. »Dieses Auto hat euch eure Kraft genommen und euch das Blut ausgesaugt.«

Die Frau mit der Warnflagge in der Hand gab uns das Zeichen zur Weiterfahrt. Ich ließ den Motor an, und die Wischer quietschten klagend über die Scheibe.

»Horch ...« Aama hielt ihr Ohr in Richtung Scheibe. »Jetzt sagen diese Stäbe ›weiter FAHREN, weiter FAHREN, weiter FAHREN‹.«

Der Regen klatschte leicht an die Windschutzscheibe, als wir beschleunigten. Ich stellte den Wischer auf mittlere Geschwindigkeit. Aus dem Augenwinkel sah ich, daß Aama nickte und mit gespitzten Lippen wie eine ehemalige Pfadfinderin versuchte, sich an Morsesignale zu erinnern.

»*Umm* ... jetzt sagen sie ›I-dup-pa-I-dup-pa-I-dup-pa‹.«

»Und was soll das heißen?« Ich nahm an, daß sie wieder so einen abstrusen Spruch aus ihrem Dorf anbringen würde.

»Ich weiß es nicht. Warum fragst du nicht die Stäbe, was sie meinen, wenn sie das sagen? Ha!« Didi produzierte ein schwaches Lächeln, das aber nur für Aama bestimmt war.

Eine Meile nach der Sprengung begann es wie aus Kübeln zu schütten. Das Wasser prasselte aufs Dach und überzog die ganze Straße. Ich stellte den Scheibenwischer auf Hochgeschwindigkeit. Auf einer Seite knallte der Wischer jedesmal an die Chromeinfassung der Windschutzscheibe – für Aama eine klare Botschaft.

»Jetzt sagen sie ›Regen-GUSS-GUSS, Regen-GUSS-GUSS, Regen-GUSS-GUSS...‹« Sie schaute mich und Didi an, die immer noch schmollte. »Aber warte, in der Gurung-Sprache sagen sie etwas anderes: ›Hört auf zu STREI-TEN, hört auf zu STREI-TEN, hört auf zu STREI-TEN...‹«

Die Schutzgottheiten des Windschutzscheiben-Altars hatten gesprochen.

»So wie ein Feuer nicht brennt, wenn man nicht in den Kohlen stochert, so haben zwei Menschen, die zusammen leben und arbeiten, Meinungsverschiedenheiten – das ist unvermeidlich«, erklärte Aama. Und weiter: »Aber meistens ist es ein Strohfeuer, das auflodert und schnell wieder verlischt.«

»Weißt du, woran ich denke? An die Worte des Hellsehers in Hongkong«, sagte Didi plötzlich.

Genau der richtige Zeitpunkt, um in die vollen zu gehen, dachte ich sarkastisch und ersparte mir eine Antwort. Regen und Matsch verwandelten sich nach und nach in trockenen Schnee. Ich schaltete herunter und stellte die Heizung an – das Autofeuer, wie Aama es nannte –, zum erstenmal auf unserer Reise. Die Schneeflocken trieben wie ein endloser weißer Konfettistrom von der Windschutzscheibe hinauf über das Dach. Didi schaute grollend aus dem Fenster. Die immergrünen Bäume waren nur noch als graue Schatten zu erkennen.

»Es kommt dick herunter und hört nicht auf, *larr-ar-ar, larr-ar-ar-ar-ar*«, sagte Aama. »Er könnte das Glas eindrücken. In unserem Dorf würde solcher Hagel die Tiere töten, die Ernte vernichten und die Blätter von den Bäumen reißen, so daß sie nur noch als Feuerholz taugen.« Sie senkte den Blick auf den Boden und erklärte, sie wolle gar nicht mehr hinausschauen.

Didi teilte mir mit, daß von der Gegenrichtung kein Verkehr mehr über den Paß komme. Dennoch folgte ich weiter den verschwindenden Reifenspuren eines Wagens, der irgendwo vor uns war. Und dann, ganz allmählich, rutschte unser Fahrzeug zur Seite, bis es fast quer zur Straße stand und sich dabei wieder nach vorn bewegte. Didis Muskeln krampften sich zusammen, doch ich hatte den Wagen schon wieder im Griff.

»Wollten wir da hinten gerade auf eine andere Straße abbiegen?« fragte Aama.

An der nächsten Ausweichstelle fuhr ich raus und stellte den Motor ab, um durchzuatmen und den Streß etwas abzulassen. Der weiße Lärm des Adrenalins in meinem Kopf hatte sich zu einem Crescendo gesteigert.

Didi wußte, daß es überflüssig war, etwas zu sagen.

Alles war weiß. »Schauen wir uns den Schnee an«, schlug ich vor.

»Nein, er ist nur kalt und scheußlich«, sträubte sich Aama. Sie kannte Schnee zwar nur aus der Ferne als Verzierung auf dem Annapurna-Gebirge, aber mit einem Verwandten des Hagels wollte sie sich nicht einlassen.

Didi zog ein Paar lange Unterhosen hervor.

»Was soll ich damit?« fragte Aama verdutzt. »So was tragen doch nur Männer. Von welcher Seite zieht man sie an? Und wie uriniert man?« Aama druckste kichernd herum, als Didi ihr hineinhalf.

Ich nahm einen Arm voll Schnee, formte einen leichten Ball und zielte treffsicher auf Didi. Aama war überrascht, daß Didi sich den Angriff gefallen ließ. Sie warf zurück.

Nun schwang sich auch Aama aus dem Auto, nahm eine Handvoll Schnee und prüfte seine Schwere, indem sie die Hand nach oben und unten bewegte. Sie stellte fest, daß er beinahe gewichtslos war.

»*Abhai, abhai, abhai*«, stieß sie leise hervor, ein Laut, der anzeigte, daß ihr ein neuer Gedanke gekommen war. Sie ließ den Blick über die Landschaft schweifen. »Hier kann man nichts anbauen. Was kann man mit dem Schnee anfangen? Er legt sich auf die Bäume wie die Kruste unseres Hirsebreis am Topfboden. Bleibt alles weiß?«

Im Auto wischte sich Aama die Hände an einem Papierhandtuch ab und legte es aufs Armaturenbrett zum Trocknen. Auf der Paßhöhe überquerten wir die Klimascheide in Richtung

Gangesozean und wurden von blauem Himmel und einer großartigen Aussicht auf die Tetons begrüßt. Aama redete immer noch über ihre Begegnung mit dem Schnee, der wie Insekten durchs Fenster hereingeflogen war.

»Gut, daß du diese Hosen für mich hattest.«

*

Trotz der Kälte waren die Straßen des Yellowstone-Nationalparks noch voll mit Wohnmobilen. In Bridge Bay suchten wir einen Campingplatz auf und krochen in unser Zelt.

Nachdem die Sonne am Morgen den Frost auf den Planen weggetaut hatte, packten wir zusammen und fuhren nach Norden durch den Park. Im Hayden Valley stießen wir auf eine Herde Hunderter von Bisons, die im hohen Präriegras am gewundenen Ufer des Yellowstone River weideten. Die entfernten Berge waren mit Murrayskiefern gesäumt, die ab und an Brandstellen aufwiesen.

»Das geschieht also, wenn der Mensch nicht eingreift – die Tiere vermehren sich, wie sie wollen; das Wild läuft herum, als seien es Haustiere; und die Pflanzen wachsen hoch. Es sieht aus, als habe eine große Hand alles arrangiert.« In Amerika schien das Gleichgewicht der Natur die Gegenwart des Menschen zu erfordern, um sie vor dem Menschen zu schützen.

Am Midway Geyser Basin bewegte sich Aama leichtfüßig über den Bretterpfad, als könnten sonst ihre Schritte – ja sogar der Raum, den ihr Körper einnahm – die sprudelnden heißen Quellen stören. Ihre Stimme wurde ehrfürchtig.

»Das Wasser macht *boolook, boolook*. Das ist eine Gottheit, die zwar hervorkommen möchte, es jedoch nicht geschafft hat. Wie heißt dieser Ort?«

»Yellowstone.«

»*Yatrastan?«* Das Land der Pilger.

»Mmh, ja so ähnlich.«

»Ich habe es mir gedacht. Das muß ein heiliger Platz sein. Bestimmt sind die Leute hier, um die Gottheiten anzubeten.«

Mehr als zweihundert Besucher hatten sich auf dem halbkreisförmigen Plankenweg versammelt, der Old Faithful umsäumte. Wir setzten uns an den Rand und betrachteten die Kalksteinfumarole, die in ihrer Form einer Brust ähnelte.

Mehrere Minuten lang spuckte der Geysir eindrucksvoll, blubberte, versickerte, sprang wieder halbherzig hervor, als habe er es darauf angelegt, durch seine unregelmäßigen Auftritte das Interesse der Zuschauer zu bannen. Schließlich erreichte er seine volle Höhe nicht mit explosivem Getöse, sondern mit dem sanften Brausen eines Springbrunnens, das so klang, als würde ein Stoß Papier vom Tisch rutschen. Die Wolke aus Sprühnebel zog nach Osten und löste sich wieder auf. Aama saß da und war förmlich zum Geysir geworden. Sie versank im Gebet.

Mit ein paar rebellischen Zuckungen verschwand Old Faithful in seinem Loch. Noch bevor er völlig versiegt war, rannten einige Touristen mit ihren Kindern zum Parkplatz in der Hoffnung, dem Nacheruptionsverkehrsstau zuvorzukommen. Die Ferien von Amerikanern sind so kurz, wie es die Spanne ihrer Aufmerksamkeit ist, und erfordern ständiges Planen, wo es als nächstes hingeht, wo Nachschub zu finden ist, ein Telefon oder Essen. Die übrigen Touristen spulten ihren Film zurück, überprüften ihre Videoausrüstung und zerstreuten sich langsam. Auf einer Tafel am Besucherzentrum wurde die geschätzte Zeit der nächsten Eruption angeschrieben.

Aama saß noch immer reglos am Rand des Weges, im Gebet dem kochenden Wasser zugeneigt, das sich jetzt zum Schlafen unter die Erde verzogen hatte, aber dennoch genauso real und lebendig war, als wenn es sich zeigte. Nach mehreren Minuten stand sie auf und verfiel in inbrünstige Sanskrit-Lieder. Ein Tiegel mit Feuer schien in ihr entzündet worden zu sein.

»Diese Leute hier, Männer, die aussehen wie Armeeoffiziere mit ihren geröteten Wangen und ihren dicken Frauen und Kindern –, sie hocken sich hin und essen und machen Lärm, während Gott vor ihren Augen seine Macht und Schönheit offenbart! Warum höre ich niemanden den Namen Bhagwans aussprechen?«

Aama ging mit Didi auf dem erhöhten Plankensteig zurück. Ein Paar mittleren Alters, die ersten Ankömmlinge für den nächsten Wasserausstoß, schlenderte uns entgegen. Sie schauten Aama neugierig, aber verstohlen an. Aama bemerkte es, und als sie auf uns zukamen, blieb sie stehen, entzog Didi ihre Hand und trat ihnen in den Weg. Mit weiten, fragenden Augen sprach sie auf Nepali zu ihnen.

»Warum seid ihr hergekommen – nur um hier wie Schafe oder Ziegen herumzustreunen? Kennt ihr die Götter, die unter dem heißen Wasser wohnen? Wißt ihr, wie, wann und warum dieses Wasser hierhergekommen ist? Schamanen in unserem Dorf könnten in Trance gehen und die Geister finden, die das hier hervorbringen. Die Geister würden in ihre Körpern einfahren und ihnen sagen, welche mystischen Ereignisse sich vor langer Zeit an diesem Platz ereignet haben.«

Das Paar erstarrte.

In Aamas Augen war das keine angemessene Reaktion. »Vielleicht haben eure Vorfahren ja gewußt, was unter der Erde ist, aber diese Generation hat keine Ahnung mehr davon. Es ist, als würdet ihr durch eure Erziehung und euer Wissen davon abgebracht, Opfergaben zu bringen – und das in einem Land mit einem solchen Reichtum an Blumen und Früchten. Oder seid ihr nur gekommen, um es anzuschauen und dann wieder zu gehen?«

Das verdutzte Paar wich bis zur äußersten Kante des Weges zurück, als befürchte es, Aama würde schwarze Magie betreiben – und als sei schwarze Magie etwas, woran sie glaubten.

»Mögen euch die Geister hier segnen und all eure Verwandten!« sagte sie laut und unterstrich ihre Worte mit großen Handbewegungen. Sie prallte dabei sichtlich gegen kulturelle Hindernisse.

Die Begegnung hallte in der Stille nach, als wir unseren Weg fortsetzten. Aama trat von den Planken herunter, hob ein paar Kieselsteine auf und verstaute sie in ihrer Schärpe.

Ich stellte mir vor, wie Hindus mit dem Naturphänomen von Yellowstone umgehen würden. Der Geysir wäre umschwärmt von barfüßigen, gottsuchenden Pilgern, Swamis, Asketen, Yogis, Saddhus und Pandits. Und von Wasserverkäufern. Sie kamen wohl kaum dazu, so viel Wasser zu entnehmen, daß der Wasserspiegel absänke – sofern das Wasser nicht in der ganzen Hinduwelt Berühmtheit erlangte. Aber vielleicht würden sie die Form des Geysirs ändern, denn die Pandits würden – nicht zu Unrecht – behaupten, daß sich Kalkstein regeneriert.

Für Aama waren Old Faithful und Yellowstone *prakriti* – Urnatur. Sie drückte das so aus: »Ohne Ausnahme breitet sich Dunkelheit über die Nacht, und jeden Morgen kehrt die Sonne zurück. Die Sommermonate sind immer warm. Die Wintermonate sind immer kalt.« Die Menschen haben keine Macht über diese unabänderlichen Tatsachen der Natur, denn die Gesetze von *prakriti* werden niemals gebrochen. Würden sie brechen, so geriete das Universum aus dem Gleichgewicht, und nach Meinung der Hindus, wäre die Zerstörung allen Lebens die Folge.

»Die Jahreszeiten verlangen von uns, zur rechten Zeit zu pflanzen«, sagte Aama, »genauso wie die Geburt unserer Kinder die Notwendigkeit unserer Liebe hervorruft. Wir brauchen zwei von allem, ein Ding und sein Gegenteil: Tag und Nacht, kalt und heiß, Regen und Sonne, Männer und Frauen, Geburt und Tod.«

Aamas Ausführungen über *prakriti* fügten sich teilweise zur Antwort auf meine wiederkehrende Frage zusammen, warum wir Landschaften und die Natur schön finden. Was ist es in unserer Seele, das sich damit so sehr identifiziert? Es ist *die menschliche Natur*. Unser kreatürliches Verhaftetsein mit der physischen Welt wohnt in unseren Gedanken und Genen. Diese Bindung an die Welt über unsere Ahnen und unsere Abhängigkeit von ihr ist ein Ausdruck unserer Urnatur. Am besten ist es, die Natur in ihrer ungestörten Form zu erfahren, so wie Meditation am besten durch Übung verstanden wird.

»Die großen Yogis gehen in den Wald, um in einen Zustand seliger Wonne zu gelangen«, fuhr Aama fort. »Aber das, was sie lernen, kann nicht direkt an uns weitergegeben werden. Menschen sind nicht fähig, anderen Menschen die Erleuchtung zu vermitteln. Aber es gibt etwas, das unser spirituelles Verstehen öffnet – selbst wenn wir nicht Gott anbeten und meditieren –, und das ist *prakriti*, die Natur, die natürliche Welt.«

Ein brahmanischer Pundit hatte mir allerdings gesagt, daß *prakriti* sich mehr auf die animalischen Instinkte des Menschen beziehe und daß die negativen Emotionen, die damit einhergehen, durch spirituelle Übung geläutert werden müssen, um bei weiteren Wiedergeburten nicht ins Tierreich zurückzufallen. Nur Menschen können Erleuchtung erlangen, wobei eine Wiedergeburt in einem Tierkörper nicht ungünstig ist – verglichen mit den verschiedenen Höllen und anderen Unterwelten, die durch intensive Qual charakterisiert sind. Etwas an den Worten des Pundits erinnerte mich an die Erbsünde.

Ich fragte mich, was ich mit dieser Einsicht anfangen könne und ob ich sie wirklich hatte, aber ich spürte eine Verbindung zu den Gesetzen des Schöpfers, von denen Großmutter Carolyn gesprochen hatte.

Zu dritt standen wir da und schauten zu, wie eine neue Flutwelle von Autos den Parkplatz überschwemmte. »Ist die Erde selbst eine Gottheit?« fragte ich Aama.

»Mutter Erde. Auf ihrer Oberfläche gibt es heilige Plätze, Andachtsstätten werden auf ihrem Boden errichtet. So wie eine Mutter dem Kind Milch gibt, so versorgt uns die Erde mit allem, was wir haben. Wie sehr eine Mutter auch mit uns schimpft und uns warnt, die Liebe zu ihrem Kind und die Liebe des Kindes zu seiner Mutter stirbt niemals. Wir spucken auf die Erde, wir pissen und scheißen auf sie, wir graben in sie hinein – wir beleidigen sie andauernd. Und doch schenkt sie uns ohne Zorn immer weiter Getreide, Gemüse, Früchte, Gras, Bäume und Tiere zu unserem Gebrauch. Jeder Mensch, vom Kriminellen bis zum höchsten Gelehrten, wird von derselben Erde ernährt, ohne Unterschied. *Ist das nicht eine Gottheit?*«

»Dieses heiße Wasser ist also ganz besonders heilig«, warf ich ein.

Aama seufzte und drehte sich zum Geysir um. »Ich weiß nicht, vielleicht haben die Götter dieses heiße Wasser aus Zorn geschaffen.« Damit stimmte sie zumindest mit der Auffassung der Indianer überein: Sie machten einen Bogen um den Geysir, denn sie sahen darin die Gesichter und hörten die Stimmen von bösen Geistern. »Aber wenn Bhagwan zornig ist«, überlegte Aama weiter, »warum ist dein Land dann so reich?«

»Was sollten wir an einem solchen Ort tun, Aama?« fragte Didi.

»Ihr solltet einen Schrein bauen wie den in Muktinath.«

Die beiden Orte hatten Ähnlichkeit miteinander. In einem der Tempel von Muktinath hoch oben im Himalaja springt eine Quelle aus einer Spalte im Fels, und eine ewige Flamme, gespeist von natürlichem Gas, tanzt über die Wasseroberfläche. Wie bei Old Faithful sind in Muktinath die drei Urelemente des Universums an einem Ort vereint: Erde, Wasser, Feuer – die Trinität. Brahma der Schöpfer, denn wir sind aus Erde geschaffen; Vishnu der Bewahrer, denn Wasser nährt und spendet Leben; und Shiva der Zerstörer, denn Feuer hat die Macht, andere Elemente zu transformieren.

Aama wurde still. Sie war enttäuscht und erschöpft, und die beiden Gefühle verstärkten sich gegenseitig. Keine Geysire mehr für sie, wenn die Menschen sie nicht mit Ehrfurcht behandeln. Im Andenkenladen kaufte sie eine Porzellanglocke, auf die ein Bild von Old Faithful gemalt war. Sie wollte sie als eine Opfergabe in den Shivatempel auf dem Bergkamm über ihrem Dorf hängen.

Kapitel 14

Das Auto rollte im Norden aus *Yatrastan* hinaus und nach Montana hinein. Nach einer guten Nacht draußen fühlten wir uns erfrischt und unternehmungslustig, obwohl Aama einige Zeit gebraucht hatte, um sich hinzulegen. Sie hatte den von Didi vor ihr ausgerollten Schlafsack eine Weile umkreist, weil sie überzeugt war, wir hätten ihr einen Sack ohne Eingang gegeben.

Wir bogen um eine Kurve und sahen an der Straßenseite eine Gruppe von roten Pfosten mit weißen Kreuzen. Ich machte Aama darauf aufmerksam und erklärte ihr, daß überall da, wo ein Kreuz steht, Menschen bei Verkehrsunfällen zu Tode gekommen seien.

»Ich sehe keine Leichen«, sagte Aama und reckte den Hals.

»Nein, das ist schon eine Weile her«, sagte Didi. »Die Körper sind woanders beerdigt oder verbrannt worden. Vielleicht sind zwei Autos zusammengestoßen, oder jemand ist am Steuer eingeschlafen und von der Straße abgekommen. Das weiße Kreuz ist ein Symbol für unsere Gottheit, zu der du in dem großen Garten mit der Grotte gebetet hast.«

»Ich wette, die Autos sind auch kaputtgegangen«, fügte Aama hinzu. »Wie mögen wohl die Planeten gestanden haben, daß die Menschen hierhergeführt wurden, um zu sterben? Ihre Planeten haben sie im Stich gelassen...«

Ich stellte mir vor, wie himmlische, laserartige Schicksalsstrahlen in Zickzackkurven die Oberfläche der Erde nach ahnungslosen Fahrzeugen absuchen und sie wie Spielzeugautos herumstoßen. Mein Blick fiel auf einen Pfosten mit drei frisch gestrichenen, weißen Kreuzen, über denen ein kleiner Kranz hing. Ein Schrecken fuhr mir durch die Knochen, als ich daran dachte, wie ich Aama auf einem geraden Straßenabschnitt vor Las Vegas das Steuer habe halten lassen. Ich entschloß mich, auf dieser Reise die Planeten nicht mehr herauszufordern.

»... und weil sie vorzeitig gestorben sind, vor der vorherbestimmten Zeit, die ihnen auf die Stirn geschrieben ist, werden ihre Seelen umherirren und Unfrieden stiften.«

Die Montana-Luft kühlte ab, und die Landschaft öffnete sich am Ostrand der Rocky Mountains zu Weide- und Ackerland. Der Himmel war bewölkt und ruhig.

Vierzig Meilen südlich von Choteau sah Didi ein handgeschriebenes Schild am Straßenrand, auf dem Gemüse angeboten wurde. Ich trat auf die Bremse, setzte zurück und bog den Feldweg ein, der zu dem weitläufigen Anwesen führte. Aama hatte ein paar Meilen vorher einige Bienenstöcke entdeckt und gefragt, ob die Farmer den Honig einsammelten oder ihn einfach dort ließen, und ob wir welchen bekommen könnten. Honig ist *pancha amrit*, eine der fünf lebensspendenden Speisen. Das Auto fuhr laut knirschend die steinige Einfahrt hinauf.

Bei näherem Hinsehen bestand diese Farm aus einer Reihe identischer, miteinander verbundener Wohneinheiten, die durch einen schmalen Zementweg voneinander abgegrenzt waren. Zu jeder Einheit gehörte ein quadratisches Stück Rasen, auf dem exakt an der gleichen Stelle ein Wäschetrockner in Form einer umgedrehten Pyramide stand. Der Rasen war entweder künstlich oder extrem gut gepflegt.

Ein bärtiger Mann in einem abgetragenen, weißen Cowboyhut tauchte zwischen zwei Aluminiumhütten auf. Er sah, daß wir unser Fenster herunterkurbelten, und kam auf uns zu. Als ich mich nach dem Gemüse und dem Honig erkundigte, sagte er, es gebe im Moment keinen Honig, aber dort drüben links, hinter der nächsten Gruppe von Blechhütten, könnten wir Gemüse bekommen. Er trug ein schwarzes Hemd und schwere schwarze Hosen. Zwei weitere Männer, die genauso angezogen waren, gingen in der Nähe vorbei.

»Wird diese Farm von irgendeiner Gemeinschaft betrieben?«

fragte ich freundlich und war mir nicht sicher, ob ich mehr Informationen verlangte, als er geben wollte.

»Ja, gewissermaßen«, antwortete er mit einem verschwiegenen Lächeln. Er hatte einen Akzent.

In einer großen Wellblechbaracke, in der biologisches Gemüse zum Verkauf ausgelegt war, klärte uns der Ladenbetreiber auf: Sie seien Hutterer, eine Sekte der Wiedertäufer, die um 1800 aus Deutschland und Österreich nach Amerika ausgewandert seien und hier Kollektivfarmen gegründet hätten. Es gebe auf der Ostseite der Montana Rockies 25 Hutterer-Kolonien. Diese hier sei die Milford Colony.

Der Mann, einer der Ältesten der Gemeinschaft, erklärte weiter, sie seien Mennoniten, die ursprünglich aus Tirol stammten, während die Amish niederländischer Abkunft seien. Am Neuen Testament ausgerichtet, sehen die Hutterer ihre Gemeinschaften als Arche Noah, die inmitten eines Meeres von Verwirrung und sittlicher Unordnung fest in ihren Grundsätzen verankert ist. Sie sind Pazifisten und Kriegsdienstverweigerer aus Gewissensgründen. Während des Vietnamkrieges durften junge Männer aus den Kolonien Ersatzdienst in den Nationalparks leisten.

Ich unterließ es, ihm mitzuteilen, daß Männer aus Aamas Stamm sich zusammen mit den Gurkhas als Söldner verpflichtet hatten und bekannt dafür waren, zu den furchtlosesten Infanteriesoldaten der modernen Zeit zu gehören. Frauen in knöchellangen, hochgeknöpften, karierten Baumwollkleidern bewegten sich steif zwischen den Regalen hin und her, so wie es Frauen um die Jahrhundertwende getan haben mochten. Sie trugen gepunktete Kopftücher, die unter dem Kinn zu einer adretten Schleife gebunden waren. Die Buben rannten mit zylinderartigen Hüten herum, die sie wie durch Zauberei artig auf ihrem Kopf balancierten. Einer schob eine Kinderschubkarre voller Kartoffeln.

Als die Kinder Aama sahen, unterbrachen sie ihre Beschäftigung. Die halbwüchsigen Mädchen stellten sich im Halbkreis um sie herum und hielten sich gegenseitig an den Händen fest.

Vielleicht haben sie gelegentlich einen Schwarzen gesehen oder einen Ausländer, aber Aama war neu. Sie starrten sie mit der gleichen konzentrierten Ehrfurcht an, wie tibetische Kinder mich mit den Augen fixiert hatten, als ich in ihrem abgelegenen Tal aufgetaucht war – der erste Ausländer, der ihnen zu Gesicht gekommen war.

»Woher kommt sie?« fragte eines der Mädchen.

»Aus Nepal, dem Himalaja in Nordindien.«

»Wo ist das?«

»Sehr weit weg, auf der anderen Seite der Erde«, antwortete ich. Plötzlich hatte ich das Gefühl, in eine Zeit zurückversetzt zu sein, bevor die Existenz von Nepal und Asien überhaupt ins Bewußtsein der westlichen Welt gedrungen war. Aama merkte sofort, daß die Hutterer sich deutlich von den anderen Amerikanern, denen sie bisher begegnet war, unterschieden. Sie sah so aus, als wolle sie Ratschläge erteilen und Geschichten von einer Welt erzählen, von der sie mittlerweile mehr wußte als ihre Zuhörer.

»Fährst du mit dem Auto nach Nepal oder mit dem Flugzeug?« erkundigten sich die Mädchen.

»Mit dem Flugzeug. Es liegt dort, wo der Mount Everest ist.«

Aama und die Hutterer tauschten sich über ihre Ursprünge aus und merkten bald, daß sie Sprößlinge aus dem gleichen bäuerlichen Wurzelstock waren – gedüngt mit Religion und Gemeinschaftswerten. Die Milford-Hutterer sprachen nicht so gut Englisch wie Aama ihre zweite Sprache, Nepali. Wie die meisten Gurung kamen auch die Hutterer meist nicht weiter in der Welt herum als bis zur Nachbarsiedlung.

Fremde durften die Kolonie selten besichtigen, aber die jungen Mädchen wollten Aama unbedingt alles zeigen. Sie nahmen sie bei der Hand und führten uns durch einen mit Schindeln verschalten, weißen Speisesaal in die Küche, die von einer makellosen Reinlichkeit war; manches war modern, anderes antik, und alles war blitzblank geschrubbt und gewienert. Aama inspizierte systematisch die übergroßen Töpfe, die wie Schmuckstücke an der Wand aufgereiht waren. Ein Mädchen brachte ein frisch gebackenes Brötchen und reichte es ihr, als könnte es explodieren. Aama nahm es und wendete es unter den Augen von fünfzehn neugierigen Kindern anerkennend hin und her. Sie sahen, daß Aama an ihren täglichen Erzeugnissen genauso interessiert war wie sie an Aamas Aussehen und an ihrem Schmuck. Sie war ihnen fremd und doch vertraut.

»Ob sie vielleicht frisch gepreßten Traubensaft mag?« fragte ein Mädchen in die Runde und zog mit drei anderen los, um welchen zu holen. Sie kamen mit einem Becher zurück. Aama schüttete ihn hinunter, ihr durstiges Gluckern war im ganzen Raum zu hören, der sich mit immer mehr Kindern gefüllt hatte, die jede ihrer Bewegungen verfolgten. Sie schmatzte mit feuchten Lippen, atmete laut aus und lächelte.

Die Kinder, die Aama am nächsten standen, paßten auf, daß sie von den anderen nicht bedrängt wurde, als sie mit ihr zur Schulklasse hinüberzogen und stolz ihre gußeisernen Bänke mit eingelassenen Tintenfässern zeigten. Durch die blitzsauberen Sprossenfenster fiel das Licht in einem Karomuster auf die spiegelglatt polierten Hartholzdielen. Die Kinder führten sie in die Werkstatt des Schusters und in die Wäscherei. Aama sah sich plötzlich in ein kulturelles Paradies versetzt.

»Selbst die kleinsten Kinder sehen bestens aus, alle sind ordentlich zurechtgemacht, die Haare unter den Hüten und Kopftüchern fest zurückgebunden. Sie lernen und arbeiten, beides zugleich, und sie scheinen sich gegenseitig zu achten. Sie leben sämtlich mit ihren Verwandten zusammen, müssen also nicht mit Autos herumfahren, um sie zu erreichen, oder ihnen Nachrichten über das Radio oder das Telefon zukommen lassen, in das man hineinspricht.«

»Die Männer lassen sich den Bart erst wachsen, wenn sie verheiratet sind«, erzählte ich Aama und wiederholte damit, was mir der Älteste gesagt hatte. »Und die Eltern wählen die Ehepartner aus, genau wie in Nepal.«

Aama fischte eine nepalesische Rupie aus ihrem Geldbeutel. Sie gab die Münze dem jüngsten Kind in der Gruppe, dem sauber hergerichteten kleinen Soldaten, der ihr schon vorher aufgefallen war, weil er sich so besonders artig benahm. Er strahlte vor Stolz, inspizierte das Geldstück genau und ließ es in seiner Hosentasche verschwinden.

Mit einem Laib Brot und Tüten voller Zwiebeln und Kartoffeln rollten wir die Ausfahrt hinaus. Aama hatte sich einen Kanten Brot abgerissen und stopfte sich die Backen voll.

»Als wir ankamen, habe ich niemanden gesehen. Wahrscheinlich sind sie alle in die Häuser gerannt und haben sich diese sauberen Kostüme angezogen, als sie uns kommen sahen. Geld ist für sie bestimmt nicht so wichtig wie für euch Weiße. Ihre Arbeit ist eine Art von Andacht.«

»Aber sie sind auch Weiße«, entgegnete ich.

»Trotzdem sind sie irgendwie anders. Sie erinnern mich an die Gurung. Sie leben von Produkten, die sie mit ihrer eigenen Hände Arbeit erschaffen haben.«

In Whitefish übernachteten wir bei unseren Freunden Doug und Karen und ihren beiden Kindern. Am Sonntagnachmittag quetschten wir uns in ihren Kleinbus, um einen Ausflug zum Glacier-Nationalpark zu unternehmen. Aama saß hinten zwischen Teal und Rusty, sieben und vier Jahre alt. Während wir uns den Sun-Highway hinaufmühten, frisierte Aama die Wollhaare der Plastikpuppe. Sie zog ihre Haare streng nach hinten, flocht sie zu Zöpfen und legte dann ihre Hand wie ein Kopftuch darüber: Fertig war das kleine Hutterer-Mädchen. Wir sangen Lieder, machten ein schönes Picknick, hatten Autoprobleme und kehrten nach Hause zurück.

Die Kinder putzten lärmend ihre Schuhe an der Türmatte ab, und Karen stieß die Tür zum Wohnzimmer auf und knipste das Licht an. Aama schaute hinein, blieb stehen und verbeugte sich mit aneinandergelegten Händen in Richtung Lampe. Das war an diesem Abend das erste Licht, die erste Opfergabe, ein Funke der Energie und des Strahlens der Götter Parameswor und Agni.

Ich kannte diesen Brauch, das erste Licht, das abends entzündet wird, zu grüßen, aus dem Dorf und tat es auch, wenn ich mit ihr zusammen war, ließ es aber bleiben, wenn sie sich nicht in der Nähe aufhielt. Mir wurde deutlich, wie leicht Einwanderer die Traditionen und Feinheiten ihrer Kultur schon in einer Generation verlieren können, wenn sie von der Familie und den Freunden nicht gepflegt werden. Das Wesen ihrer Bräuche kann vielleicht eine Generation überdauern, bevor es von neuen Interpretationen geschluckt wird. Für viele Asiaten mit Schulbildung, dazu gehörten auch Jugendliche aus Aamas Dorf, waren die religiösen Bräuche schon meachnisch geworden und wurden mehr aus Respekt vor den Eltern und Ahnen ausgeführt als aus inspirierter Vision oder Ehrfurcht vor dem Geist.

Ein gebildeter junger Gurung hatte mir einmal erzählt, was es für ihn bedeutete, aus der Dorfkultur zu emigrieren und nach einer Reihe von Jahren zurückzukehren.

»Als ich jung war, habe ich auf die Kultur und das technische Niveau des Dorflebens heruntergeschaut und wollte unbedingt am modernen Leben teilnehmen. Also ging ich, wie so viele andere auch, in die Stadt. Aber eines Tages, ich war dank eines Stipendiums in den Vereinigten Staaten, kam ich in ein Pflegeheim und sah all diese alten Menschen allein vor dem Fernseher herumsitzen, leer und freudlos, als würden sie auf etwas warten. Wo waren ihre Verwandten und Familien? Wo war die Gemeinschaft, wo waren die Bräuche, mit denen sie ihre letzten Tage durchstehen konnten? Diese Erfahrung, dieser eine Eindruck, verwandelte mich. Jetzt freue ich mich, wenn ich bei meinen Verwandten bin und bei den Leuten im Dorf und wenn sie nach Katmandu kommen. Dann macht es mich stolz, mit ihnen in ihren traditionellen Kleidern in ein Restaurant zu gehen, und wir sprechen Gurung. Ich werde mich in meinem Dorf zur Ruhe setzen, Entwicklungsprojekte einführen und mit den Leuten das Vorhandene erhalten. Im Dorf habe ich meine Wurzeln.«

Doug und ich schnappten uns die Fahrräder der Kinder und strampelten zu einem chinesischen Restaurant mit Straßenverkauf – zur Abwechslung etwas Asiatisches für Aama und eine leichte Alternative zum schweren amerikanischen Essen. Als wir zurückkamen, waren Didi und Karen in der Küche zugange. Aama saß allein im Wohnzimmer und starrte auf die Mattscheibe – Amerikas letztes Opfer der Fernsehsucht. Sie drehte nicht einmal den Kopf, als wir hereinkamen. Ich setzte den warmen Rucksack ab, und da bemerkte ich erst, daß ihr Tränen in den Augen standen. Die Muskeln ihres Gesichts verrieten, daß sie die zahnlosen Kiefer aufeinanderbiß. Vielleicht war es Heimweh.

Ich setzte mich neben sie, legte den Arm hinter ihr auf die Rückenlehne und fragte sie, was geschehen sei. Sie zögerte, als wolle sie schlechte Nachrichten zurückhalten. Ich wartete. Sie setzte erneut zu sprechen an, verfiel aber wieder in stummes Starren auf den Bildschirm.

»Du weißt, was passiert ist, und hast es mir verheimlicht«, stieß sie plötzlich hervor.

»Nein. Was ist los?«

»Im Dorf. Du weißt, was Sun Maya zugestoßen ist. Du weißt, daß sie gestorben ist.«

»Was?«

»Meine Tochter Sun Maya ist tot«, erklärte sie wieder, diesmal lauter und ungehalten, als sei es eine offensichtliche Tatsache. Ich war perplex.

»Ich weiß nicht das geringste davon. Und woher weißt du es?« In einem Gefühl, als müsse ich mich verteidigen, schaute ich von Aama zum Fernseher und teilte mit ihr die Hoffnung, daß er zu uns sprechen und uns irgendwie führen möge. Sie muß es bei ihrem kurzen Nickerchen geträumt haben. Ich war versucht, ihre Vision nicht ernst zu nehmen, aber ich widerstand dem Impuls, wohlwissend, daß man ihr mit Logik nicht beikommen konnte. Aama war fest davon überzeugt und stur. Wenn Leute sehr aus dem Gleichgewicht sind, dann müssen sie ihre Angst erst einmal ausleben und annehmen, bevor sie genügend Selbstvertrauen gewinnen, um ihr ins Gesicht schauen zu können.

»Du und Didi, ihr habt es vor ein paar Tagen erfahren, als wir unterwegs waren. Ihr habt einen Brief aus dem Dorf bekommen und habt mir nichts gesagt. Jedesmal, wenn ich gefragt habe, war eure Antwort, es seien keine Briefe angekommen. Aber ich habe gesehen, daß ihr einen Brief mit nepalesischer Schrift gelesen habt.«

Didi hörte an Aamas trauriger Stimme bis in die Küche, daß etwas nicht stimmte. Sie kam herein und setzte sich neben sie.

»Aama, natürlich lebt Sun Maya noch.« Sie beruhigte sie nach Kräften. »Wäre es denn richtig, wenn deine eigene Tochter vor dir stürbe? Wie bist du denn auf diese Idee gekommen?« Didis Selbstsicherheit bewahrte mich davor, mich weiter in Aamas schlimme Träume zu verstricken.

»Du sagst das so leicht, aber woher weißt du es?« fragte Aama mißtrauisch. »Mein rechtes Augenlid hat gezuckt. Das heißt, daß im Dorf etwas passiert ist. Und ich habe öfter einen Schluckauf, und das bedeutet, daß jemand an dich denkt. Ich habe fast nie Schluckauf.« Ich hielt es nicht für ausgeschlossen, daß ihr Saftkonsum in einem fahrenden Auto etwas damit zu tun hatte.

Ich hatte drei Briefe an ihre Verwandten geschrieben, aber keine Antwort erhalten. Vielleicht hat das Geld nicht gereicht, als sie beim Postamt ankamen, das eine halbe Stunde vom Dorf entfernt liegt, nicht ahnend, daß das Porto nach Amerika einen beträchtlichen Teil des Tageslohns ausmacht. Im Dorf geschieht sowieso nichts pünktlich, besonders nicht hinsichtlich der Postzustellung und Geldrückzahlungen. Aama hatte vielleicht meine kümmerliche Handschrift auf einem Briefumschlag *zum* Dorf gesehen.

Andererseits hielt ich es durchaus für möglich, daß sie ein solches Ereignis, wenn es wirklich eingetreten wäre, spüren würde. Achtzehn Jahre zuvor hatte ich eine Vorahnung vom unerwarteten Tod meiner Mutter gehabt. Eine Stunde bevor sie starb, bekam ich eine telepathische Depesche – eine Botschaft, die mir vielleicht durch eine negative Planetenkonstellation übermittelt wurde –, daß sich etwas Schlimmes ereignet hatte. Ich war damals Collegestudent im zweiten Jahr und fuhr mit meinem Fahrrad vom botanischen Museum zu meinem Zimmer in einem kleinen Wohnkollektiv. Ein Blick auf die öde Fassade des Gebäudes stürzte mich in eine Welle von Unbehagen und massive Unzufriedenheit, daß ich dort wohnte. Reflexartig fuhr ich einfach an dem Haus vorbei quer durch die Stadt, immer weiter durch Hintergassen und Stadtteile, in die ich nie zuvor gekommen war. Bei Sonnenuntergang wurde ich müde, stieg ab, kettete mein Fahrrad an ein Straßenschild und begann ziellos herumzulaufen, starrte Häuser an, von denen ich wußte, daß sie bewohnt sein mußten, die aber dennoch leer und unpersönlich aussahen, sogar unheimlich. Als ich spätabends zum Wohnheim zurückkam, tat mein rationaler Verstand alles Erdenkliche, um das Gefühl zu unterdrücken, ich müßte zu Hause anrufen. Tatsächlich wartete diese Nachricht auf mich. Meine Mutter war gestorben. Sie war hinübergegangen, ohne mir die Möglichkeit zu geben, mich von ihr zu verabschieden, sie um Vergebung zu bitten, um von den Schuldgefühlen für die egoistischen Eskapaden meiner Jugend frei zu werden. Nichts konnte mehr gesagt werden.

Während Aama von Sun Maya sprach, fühlte ich die Präsenz der herumirrenden, gequälten Seele meiner Mutter. Sie war jung bei scheinbar guter Gesundheit gestorben und erschien jetzt vor mir mit einem gestörten, ängstlichen Ausdruck. Aama und die Gurung hatten mir gesagt: Die Seele des Opfers eines verfrühten Todes macht den Lebenden weiterhin Schwierigkeiten, und zwar so lange, bis ein Schamane den irrenden Geist sicher zum Ruheplatz der menschlichen Seelen geleitet. Die Toten, besonders jene, die sich nicht auf den Tod vorbereitet haben, versuchen verzweifelt, sich ans Land der Lebenden anzuklammern und an die, die dort noch verweilen.

Ich schluckte und fragte Aama, was sie tun wolle – jetzt, hier. Sie sagte, sie wolle nicht nach Nepal zurückkehren, wo sie nur noch mehr weinen müsse und diese schlechte Nachricht aus erster Hand bekomme.

»Eh, Bhagwan«, seufzte sie, »was für ein ungünstiger Tag für eine Mutter, der Tag, an dem sie von ihrer einzigen Tochter angekleidet und aus dem Dorf verabschiedet wird, ohne zu wissen, daß sie sie zum letztenmal sieht. Ich habe am Tag meiner Abreise keinen Priester gerufen, um den Planetenstand zu überprüfen – ich hatte es eilig, und außerdem fürchtete ich mich vor dem, was er sagen könnte. In meinem Alter sind die Aussichten nicht mehr rosig. Aber das war ein Unglückstag – das sehe ich jetzt –, nicht ein Tag, an dem man eine Reise antreten sollte. Sun Maya war dünner geworden. Vor meiner Abreise wollte ich sie noch erinnern, sich keine Sorgen um mich zu machen, wollte ihr sagen, daß sie ohne Bedenken in meinem Namen Schulden machen könne, um das Dach zu reparieren, daß ihre Töchter sich um mein Vieh kümmern sollten und vor allem, daß sie jemanden dafür bezahlen solle, ihr Arbeit abzunehmen.«

Die Mundwinkel verzogen sich nach unten, und Aama weinte leise. Didi sagte, wenn sie Aama sehe, dann würde sie am liebsten auch weinen, und schaute weg.

»Sun Maya ist bestimmt gefallen. So wie Shiva Shiva ist und eine brennende Lampe eine brennende Lampe, so weiß ich, was ich weiß. Wenn ich etwas ahne, dann wird es oft wahr, selbst wenn es noch nicht passiert ist.«

Könnte Aamas Überzeugung das Ereignis vielleicht auch herbeiführen? Ich verneinte diese Möglichkeit. Intuition kann eine machtvolle und zuverlässige Wahrnehmung sein, aber sie ist in der Regel keine autonome Kraft. Aama hatte sich gewünscht, in Amerika einem Gurkha-Rekruten zu begegnen, und wider alle Logik stand der plötzlich auf dem Bürgersteig vor uns. Didi und ich konnten uns dem Gefühl nicht entziehen, daß ihr Glaube sein Erscheinen hervorgerufen hatte.

Aama sagte, sie habe keinen Hunger, aber ein Glas Wasser nahm sie gerne an. Sie wirkte jetzt matt und alt. Als wir sie in Dougs und Karens Gästezimmer führten, entschuldigte sie sich für ihr Weinen und sagte, wir sollten uns weiter keine Mühe um sie machen. Wir deckten sie zu, und sie rollte sich auf einer Seite zusammen. In einem monotonen Tonfall sprach sie über Sun Maya und sich selbst. Es mache sie einsam, daß nur noch so wenige Freunde in ihrem Alter am Leben seien, und sie empfinde Traurigkeit, daß nicht allen ebensoviel Glück zuteil geworden sei wie ihr. Für Aama hatte das Leben eine unverwüstliche Heiligkeit und Strahlkraft, aber dennoch verspürte sie momentan Bitterkeit über die Karten, die das Schicksal ihr und ihren Verwandten zugeteilt hatte. Jetzt, wo sie das Bild einer verschiedenen Sun Maya lebendig vor Augen hatte, fühlte sie die Nähe ihres eigenen Hinübergehens, was die Heiligkeit und Vergänglichkeit von allem, was sie sah, noch erhöhte. Vieles war gekommen und gegangen, nicht nur Glück, nicht nur Unglück. Einiges würde noch eintreten, aber lange würde es nicht mehr dauern, bis alles vorbei war.

Ihr Mund bewegte sich langsam, während sie mit den Augen die Nähte der Steppdecke verfolgte. Wehmütige Erinnerungen stiegen in ihr auf und verstärkten ihr Gefühl von Einsamkeit. Aber nach und nach löste sie sich davon, und beim Gedanken an ihren Schwiegersohn wurde sie ärgerlich und vorwurfsvoll – was ich als gutes Zeichen nahm.

»Mein Dach ist undicht, und dieser Lump von einem Schwiegersohn hätte es schon längst an einem einzigen Tag reparieren können, wenn er nicht dauernd trinken würde. Als Sun Maya noch am Leben war, mußte er seiner Schwiegermutter Respekt entgegenbringen, aber jetzt kann er zu mir sagen, was er will. Er könnte mir sogar Vorwürfe machen. Und als Sun Maya krank war und keine Kinder bekam, da hat der Halunke tatsächlich gesagt, er wolle sich eine neue, jüngere Frau nehmen. Gewiß doch, habe ich ihm gesagt, eine neue Frau würde vielleicht mit ihm leben – wenn er ein anständiger Mann wäre. Vor sieben Monaten hat er sich die silbernen Armreifen ausgeliehen, die ich in meiner Truhe verwahrt hatte, und sie gegen Geld verpfändet. Ich werde sie nie wieder zu Gesicht bekommen. Dann hat er versucht, mich dazu zu bringen, mein Haus zu verkaufen, jedoch nichts darüber verlauten lassen, wo er mich dann hinstecken würde – wahrscheinlich in die Scheune über seinem Stall. So wie die Vögel in der Abenddämmerung einen Schlafplatz suchen, so brauche auch ich einen Ruheplatz, jetzt wo die Sonne über meinem Leben untergeht. Eines Tages fragte mich ein Verwandter aus heiterem Himmel, warum ich mein Haus verkaufen wolle. Ich schaute ihm in die Augen und sagte: ›Ich werde in diesem Haus sterben.‹ Mehr habe ich nicht gesagt, weil ich keinen Streit vom Zaun brechen wollte, aber ich war wütend. Mein Schwiegersohn steckte dahinter, das wußte ich. Niemand ist so dankbar wie ein Hund und so undankbar wie ein Schwiegersohn. Schon am Morgen trinkt er Alkohol statt Tee und ist hinter Mädchen her, die so alt sind wie seine Töchter. Männer und Jungen haben alle das gleiche im Sinn: Wo sie auch gehen und stehen, sind sie hinter Mädchen her. Wie wir sagen: ›Wenn du den Schwanz eines Hundes zwölf Jahre in ein Bambusrohr steckst, wird er immer noch nicht gerade . . .‹«

Aamas Ärger hatte den Fluß ihrer Tränen zum Stillstand gebracht, aber zwei große Tropfen glänzten noch auf ihren Wangen und waren mit den Augen durch zwei parallele, feuchte Spuren verbunden.

Teal und Rusty kamen im Schlafanzug ins Zimmer, um Aama gute Nacht zu wünschen. Ihr Gesicht hellte sich auf, als sie die beiden sah, als wolle sie sagen: *Hier liegen unsere Hoffnung und unsere Zukunft*. Teal fragte, ob Aama am nächsten Tag mit in die Schule komme. Aama fuhr ihm zärtlich durch die Haare. »Ich würde gerne hören, wie du zählst und liest«, flüsterte sie heiser. »Nani, wir brauchen Süßigkeiten für jeden Schüler.«

Doug und Karen erzählten mir viel später, daß Eltern und Kinder aus Teals Klasse noch nach Monaten bei der Schule anriefen, um mehr über Aama zu erfahren, weil die Kinder nicht aufhörten, über sie zu sprechen.

*

Der klare Morgen in den Rocky Mountains breitete verheißungsvolle Schönheit über den Tag, und sie lockte uns zum Aufbruch. Aama spürte, daß es unter dem Teppich amerikanischer Szenen und Ereignisse noch etwas zu entdecken gab. Sie wollte weiter, so wie damals auf der Pilgerreise mit ihrer Kusine im Himalaja, als sie von morgens bis abends zu Fuß unterwegs zu heiligen Plätzen waren. Der Tag war noch jung, als wir uns wieder auf der Bundesstraße 90 in Richtung Osten befanden.

Unsere Freunde Susan und David hatten uns nach Maine an die Ostküste eingeladen. Uns verblieb noch genügend Zeit, um es bis dorthin zu schaffen. Unsere Tickets nach Katmandu waren so gebucht, daß Aama entsprechend dem nepalesischen Kalender ihr Dorf rechtzeitig zum Dasain-Fest im Herbst erreichen konnte, und bis dahin waren es noch zwei Wochen. Aama fürchtete, daß wir es schon verpaßt haben könnten. Sie erinnerte mich daran, daß unser Kalender – den die Armee-Pensionäre benutzen – um fünfzehn Tage von ihrem abwich, daß wir also zwei Wochen zu der Zeit, die wir schon hier waren, hinzuzählen müßten.

»Vielleicht haben meine Verwandten doch nichts über Sun Maya geschrieben, weil sie ja wissen, daß ich nicht rechtzeitig zu ihrer Verbrennung hätte zurück sein können. Wahrscheinlich hatten sie genug damit zu tun, alle anderen Verwandten zu benachrichtigen. Inzwischen ist die Totenfeier sicherlich vorbei, und sie sind alle wieder zu Hause.«

Ihr Gesicht spannte sich an. »So oder so, ihr habt mir nicht gesagt, in welchem Monat Sun Maya gestorben ist«, fügte sie hinzu. Sie hoffte, uns auf diese Weise weitere Informationen entlocken zu können.

Didi und ich antworteten nicht.

»Ich hatte irgendwie das Gefühl, daß sie sterben könnte, während ich weg bin. Wenn ich an sie denke, dann muß ich alle meine Kraft zusammennehmen, um meinen Willen felsenfest zu machen. Wie soll ich, wenn es soweit ist, mit meinen Verwandten sprechen und sie mit mir, ohne daß Tränen fließen? Selbst jetzt kann ich sie nicht zurückhalten.« Sie schaute Didi an. »›Wir Mütter tragen Kinder zehn Monate lang und nähren sie aus zehn Öffnungen.‹« Nepalesische Frauen zählen zehn Monate der Schwangerschaft und fünf kleine Löcher an jeder Brustwarze, aus denen die Milch hervortritt.

Aama starrte auf den eintönigen Montana Highway. Das Leben ihrer Tochter verlief, wie sie glaubte, parallel zu ihrem, und die Erinnerung an Sun Mayas Jugend zog traurig an ihren Augen vorbei wie eine Grabrede. »Sie wurde eine Woche vor dem großen Erdbeben im Jahr 1934 geboren, bei dem damals die Spitze des Minaretts in Katmandu abgebrochen ist und das viele unserer Häuser in Schutt und Asche gelegt hat. Ich war gerade aus dem Haus gegangen, um Öl zu holen, mit dem ich sie massieren wollte, da schlug es zu. Die Erde und das Haus bebten entsetzlich. Ich rannte zum Ausgang und hörte jemanden schreien, alle sollten die Häuser verlassen. Sun Mayas Bambuswiege schwang von ganz allein unter dem Dachfirst hin und her, wo sie aufgehängt war. Ich nahm sie blitzschnell heraus und rannte auf die Terrasse. Noch jetzt, wenn ich daran denke, spüre ich das Beben in den Knochen.«

Didi griff nach hinten zur Verpflegungstasche, aber Aama ertrappte sie. »Ich weiß, was du vorhast: Du willst mir den Mund stopfen. Ich esse, wenn es Zeit ist zu essen, und ich lache, wenn es Zeit ist zu lachen – aber ich schlafe nicht immer dann, wenn es Zeit ist zu schlafen. Meine Gedanken halten mich wach.«

»Du hast nie viel geschlafen«, erinnerte ich sie.

»Jetzt, da meine Gesundheit, meine Kraft und mein Gedächtnis nachlassen, machen sie Platz für Sorgen. Ich denke daran, wie schwer das Leben in unserem Dorf ist. ›Die alte Frau hat zwölf Söhne und eine Tochter – aber holen sie ihr Wasser?‹ Das sagte immer die Frau des Ex-Obersten im Dorf.« Ihre Klagen wollten kein Ende nehmen.

»Aama, es wird uns allmählich zuviel mit deinem Gejammere.« Didis Direktheit verblüffte mich. Ich wollte ihr schon in die Parade fahren, aber ich hatte im Grunde das gleiche Gefühl. Es ging mir schon lange gegen den Strich, daß sie mich immer »Nani« – Kleiner – nannte, und das wollte ich ihr eigentlich sagen, aber mir fiel keine passende Verwandtschaftsanrede ein.

»*Uhnn*...« Aama nahm Didis Einwurf vage zur Kenntnis. Sie beendete ihren Monolog und appellierte direkt an Didi: »Wie kann man das Leiden eines anderen wirklich fühlen? Du sagst, du hättest Mitleid mit mir, wenn ich weine. Aber kannst du in meine Seele schauen?

›Der Lorbeerbusch wächst tief im Tal,
Der ferne Bergkamm türmt sich auf.
Wann reicht das Glück uns seine Hand?
Erst wenn wir gehn in Gottes Land?‹«

Nachdem sie der letzten Zeile eine Weile traurig nachgehangen hatte, richtete sie ihre Aufmerksamkeit auf mich. »Nani, ich habe dir das noch nicht gesagt, aber ich habe mitbekommen, wie du vor einer Weile mit deinen Freunden gesprochen hast. Einer von ihnen war Doktor *Sah'b*.« Sie ließ mir Zeit, mich daran zu erinnern, und fuhr dann in einem leisen, vertraulichen Tonfall fort: »Aus der Art, wie ihr sprecht und euch bewegt, weiß ich manchmal, was ihr zueinander sagt.« Sie legte wieder eine Pause ein. »Ihr habt über ›toten Körper‹ gesprochen – was mit meinem Körper geschehen soll, falls ich hier sterbe: Ob ihr mich mit Feuerholz verbrennen oder in der Erde begraben sollt. Und da hat Doktor *Sah'b* gesagt: ›Gebt ihr gutes, gesundes Essen, sonst könnte es jeden Augenblick mit ihr vorbei sein‹ – Ha! Hab' ich nicht recht?«

Nicht ganz falsch, dachte ich. Ich versuchte, nicht zu lächeln.

»Ich wette, Doktor *Sah'b* hat auch eine Ahnung, *wann* ich gehe. Du hast gesagt, Ärzte in *Amrita* könnten Herzen verpflanzen und unfruchtbare Frauen fruchtbar machen. Wenn ich in *Amrita* sterbe, dann ist das der Grund, warum ich hierhergekommen bin. Aber was für eine Verschwendung, deswegen diese ganze Reise zu unternehmen! ›Wir haben ihr nur das Land gezeigt, und jetzt seht, was geschehen ist‹ – das werdet ihr sagen. Die Leute zu Hause würden wenigstens glauben, daß ich das Glück hatte, bei meinem Dharma-Sohn zu sterben.« Aamas Stimmung besserte sich. Offenbar war das Thema ihrer eigenen Sterblichkeit tröstlicher als der Gedanke an den Tod ihrer Tochter.

»Der jüngste Bruder meines Mannes ist über achtzig, und

schon jetzt macht er ins Bett. Wenn es der Reihe nach geht, dann bin ich zuerst dran.« Ihre Augen schauten voller Erwartung nach vorne, als würde sie ein ganz spezielles Vergnügen erwarten, was sie mit einem lachenden, tiefen »*Hunh*« bekräftigte.

»Angenommen, ich sterbe im Dorf, dann wird mein Körper entweder bei Sonnenaufgang oder bei Sonnenuntergang zum Verbrennungsplatz oben auf den Kamm gebracht. Mein ältester Neffe wird meinen Scheiterhaufen dreimal umschreiten, dann wird er einen dicken Baumwolldocht, der mit Senföl getränkt ist, in meinen Mund stecken und ihn anzünden.« Sie lächelte beim Sprechen, als sei das Ganze schon geschehen. »Nach unserer Astrologie ist es am günstigsten, bei Vollmond zu sterben. Böse Geister halten sich bei Mondlicht nicht gerne am Verbrennungsplatz auf...«

Ich fürchtete mich vor dem Verbrennungsplatz, vielleicht nur deshalb, weil die Leute im Dorf es auch taten. In den Dörfern der Umgebung war ich bekannt als der weiße Ausländer, der dort geschlafen hatte, obwohl ich tatsächlich nur eine einzige Nacht auf dem nächsten Bergkamm, etwa vierhundert Meter entfernt, verbracht hatte. Kurz nachdem ich in Aamas Scheune gezogen war, suchte ich ein bißchen Abstand vom Krähen der Hähne und vom Grunzen des Wasserbüffels unter mir und wollte unter den Sternen schlafen und mich von der Sonne wecken lassen. Aama hatte mich vor dem Verbrennungsplatz gewarnt, so ging ich ihm aus dem Weg. Am Tag danach begegneten mir die Dorfbewohner mit einer Mischung aus Ehrfurcht und Sorge, weil ich es gewagt hatte, die Geister herauszufordern – ein Risiko, auf das sich sonst lediglich die mutigsten Lamas und Schamanen einließen. Ich gestand nur Aama, daß ich nicht gut geschlafen hatte, aber auch ihr erzählte ich nicht, was mir wirklich zu schaffen gemacht hatte: Die ganze Nacht über war ich immer wieder mit heftigstem Herzklopfen aufgewacht.

Meine Mutter war im Schlaf an Herzflattern gestorben.

»...Und weil mein Mann und ich nie einen Sohn hatten,

muß ein kleiner Teil meines Besitzes an meinen Neffen gehen, der die Sterbezeremonie leitet. Der älteste Bruder meines Mannes wird auch ein Stück Land bekommen. Sun Maya – so sie denn noch am Leben sein sollte – wird etwas bekommen, obwohl die Brüder meines Mannes behaupten werden, daß sie Land von der Seite ihres Ehemannes erhalten wird...« Sie schaute zu mir herüber. »Kann ich dir auch Land hinterlassen, Nani?«

»Aama, wieviel Ertrag bringt ein Streifen von dem steilen, unbewässerten Terrassenland? Vielleicht einen kleinen Sack voll Getreide im Jahr? Ich bin dir dankbar, daß du an mich denkst, aber im Königreich Nepal dürfen Ausländer gar kein Land besitzen, und wenn du nicht mehr da bist, würde ich nicht im Dorf leben wollen.«

»Oh, ich habe ja vergessen – ein Teil meines Bodens muß verkauft werden, um mein *arghaun* zu bezahlen.« Wichtiger noch als die Verbrennungszeremonie ist der dreitägige Totenritus für den Übergang der Seele des Verstorbenen zur letzten Ruhestätte der menschlichen Seelen. Dieses Ritual kann sogar noch ein ganzes Jahr nach dem Tod abgehalten werden, falls die Planeten nicht richtig stehen und noch nicht genügend Geld vorhanden ist. »Ich bin nicht reich, weißt du«, sagte sie, als wisse ich es nicht. »Vielleicht können sie sich gar kein *arghaun* für mich leisten.«

»Ich kümmere mich um dein *arghaun*, Aama.« Sie sollte wissen, daß ich helfen würde. Allerdings war ich mir nicht sicher, ob ich damit nicht den Verpflichtungen anderer Verwandter in die Quere käme. Wahrscheinlich würden sie mich sowieso darum bitten.

»Ich schulde dir bereits zuviel, Nani. Wie soll ich dir das alles in einer neuen Inkarnation zurückzahlen? Es ist falsch, am Ende des Lebens noch Schulden anzusammeln. Schau dir die Brahmanen an – sie achten darauf, daß sie beim Sterben auf offenem Boden liegen. Wenn sie im Bett lägen, dann müßten sie dieses auf ihren Schultern ins nächste Leben tragen.«

»Und was soll ich tun?« fragte ich.

»Wenn die eigene Mutter stirbt, dann sollst du dreizehn Tage lang auf Salz und Milch verzichten. Außerdem kannst du den Süden mit Wasser segnen, wenn du meinen Namen sagst. Mehr brauchst du nicht zu tun.«

Kapitel 15

Auf dem Highway 212 rollten wir über die Hochebenen von Montana. In der Landschaft lebte der Geist der Indianer der Ebenen. Ich stellte mir gerade das tägliche Leben der Indianer in dieser Gegend vor, als Didi ein Tipi an einem Fluß entdeckte, der mehr wie ein Abwasserkanal aussah und auf der Karte als *Rosebud Creek*, Rosenknospenflüßchen, eingezeichnet war. Dieses Tipi schien echt zu sein. Aus der Dachöffnung stieg Rauch. Didi wendete bei der nächsten Gelegenheit, und wir bogen in einen Feldweg ein, der bis ans Flußufer führte.

Ein weißer Mann mit langem, geflochtenem Haar trat aus der ovalen Tür heraus und stellte sich als »Yukon« vor. Er trug Lederhosen und Armbänder aus ungegerbtem Leder und versicherte glaubhaft, er habe die letzten zwei Montana-Winter in diesem Tipi gelebt. Er stellte traditionelles indianisches Kunsthandwerk her, so wie er es von einem Ältesten der Nördlichen Cheyenne gelernt hatte.

»Er sieht nicht so aus, als gehöre er zu dem abgespaltenen Zweig unseres Volkes«, bemerkte Aama. »Er sieht so aus wie du.«

»Dieser Mann lebt lieber so wie der amerikanische Zweig deines Volkes und nicht wie unsere Rasse – so wie ich in dein Dorf gekommen bin und wie ein Gurung gelebt habe.«

»Habt ihr schon den Häuptling Two Moons getroffen?« fragte Yukon. Bei dem Namen klingelte es. »Two Moons lebt da drüben im Haus über dem Fluß. Er fährt den Lieferwagen, der gerade den Weg hochkommt.«

Ein Indianer mit breitem Gesicht und wettergegerbter Haut glitt geschmeidig hinter dem Steuer hervor und zwinkerte Aama zu, als sei sie eine alte, lange verschollene Verwandte, die zurückgekehrt war, um den Stamm zu besuchen. Ich erklärte, wer wir waren.

»Ihr müßt hereinkommen.«

Die asiatische Gastfreundschaft hatte offenbar die Völkerwanderung über die Landbrücke überstanden. Austin Two Moons ließ sich in seinem abgenutzten Lehnstuhl nieder. »Der Schöpfer hatte bestimmt seine Finger im Spiel, weil ihr den Weg hierher gefunden habt. Das freut mich für euch.«

»Aama meint auch, ihr Gott und ihre Götter hätten sie nach Amerika gebracht«, antwortete ich.

Seine Frau Hilda sagte, er sei der Urgroßenkel jenes Häuptlings der Cheyenne, der die Schlacht am Little Bighorn angeführt habe.

»Da gibt es viele falsche Darstellungen«, sagte Two Moons. »Es war Custer, der angegriffen hat, nicht die Indianer. Diese ganzen Bücher da drüben, im National Monument Center, erzählen immer die gleiche verdammt falsche Geschichte.« Er sprach in einem artikulierten Stakkato englische Worte im Tonfall seines Stammesdialekts.

»Ob du reich oder arm bist, gebildet oder ungebildet – wir alle teilen dieselbe Erde, denn wir sind ein einziges Volk«, fuhr Two Moons fort. »Ich möchte Einheit unter allen Völkern, und das kann geschehen, wenn wir zusammen beten.«

»Wenn wir uns ins Fleisch schneiden, fließt dasselbe Blut«, pflichtete Aama bei. »Menschen, die in Tibet leben, heißen Tibeter, und jene, die in Nepal leben, Nepalesen. In der Zeit unserer Vorfahren haben die Menschen verschiedene Religionen angenommen und sich in unterschiedliche Rassen und Kasten aufgeteilt, aber das sind nur Namen. Jeder Stamm meint, er sei besser als der andere, aber wie können Menschen das über sich sagen, wenn es doch nicht *sie* sind, die das Leben erschaffen haben? Brahma hat das Leben erschaffen.«

Als ich mit dem Übersetzen fertig war, fragte mich Aama – wohlwissend, daß sie niemand verstehen konnte: »Und was ist mit ihren Töchtern? Werden sie in dein Volk einheiraten? Das wollen heutzutage auch einige Gurung.« Sie schaute neugierig in dem kleinen Haus herum, musterte die Teppiche, den Fernsehapparat und die bescheidene Küche. »Es scheint ihnen recht gut zu gehen. Vielleicht hätten noch mehr Menschen von unserem Volk über diese Brücke gehen sollen, von der du gesprochen hast, um sich hier anzusiedeln.«

Didi hatte in einem Fotoalbum geblättert, das auf dem Couchtisch lag. Sie legte es mir auf den Schoß und deutete auf ein Foto, das Two Moons neben Großmutter Carolyn Tawangyama zeigte. Natürlich! Er war der Montana-Älteste, den uns Carolyn ans Herz gelegt hatte. Wir hatten keine Adresse von ihm, bis jetzt nicht einmal an Carolyns Empfehlung gedacht – und waren ihm doch begegnet.

Hilda schenkte Aama einen Schal, wie er bei Zeremonien benutzt wurde, und ein Schutzmedaillon. »Das ist unsere Art, uns zu bedanken«, sagte sie. »Indem wir einem anderen etwas schenken, bedanken wir uns bei unserem Schöpfer.«

Aama hielt mich am Ärmel fest, bevor wir ins Auto stiegen. »Dieser Zweig unseres Volkes sieht die Welt so wie wir, Nani. Wußten deine weißen Vorfahren irgend etwas über Religion oder den Ursprung des Universums? Ich frage mich das nur, weil mir auffällt, daß du dich für unsere Religion interessierst. Was ist schlecht an deiner eigenen?«

*

Wir bogen nach Süden ab zum Freeway, entschlossen, den Mittleren Westen rasch hinter uns zu bringen. Der Außenspiegel reflektierte das bernsteinfarbene Licht der untergehenden Sonne auf Didi und huschte dann über Aamas Gesicht. »*Eh Bhagwan.*« Aama hob die Hände in Gebetshaltung zur Stirn. »Bhagwan ist überall.«

Ich erleichterte mich von überflüssiger Luft im Bauch, was nach entferntem Kanonendonner klang.

»Okay, Schluß mit diesem ganzen schlechten Essen«, sagte Didi. Sie hatte sich noch nicht an den amerikanischen Brauch gewöhnt, unterwegs im Fahren aus der Hand zu essen.

Auch Aama gab ihren Kommentar ab: »Ihr seid wie die Frösche, die bei Sonnenuntergang zu quaken anfangen, *twaarnt, twaarnt*. Dann hebst du eine Arschbacke und machst *pu-tut-tut-tut-tut, phoossa*. Was soll ich da tun? Alle beide, einer rechts einer links, furzt ihr, als sei ich nicht da. Es scheint euch überhaupt nicht peinlich zu sein. Als ich jünger war, wäre es mir nicht in den Sinn gekommen, vor Männern zu furzen, nicht einmal vor meinem Mann, und ganz besonders nicht vor meiner Schwiegermutter. Hier steigt ihr ja sogar über die Beine eines anderen und besudelt euch so. Was ist dann schon dabei, wenn man furzt?«

Einige Minuten vergingen. »Riechst du was?« fragte Aama.

»Nein, warum?«

»Ach, nur so.«

Nach Einbruch der Dunkelheit liefen wir in Wall, South Dakota, eine Tankstelle an. Als wir wieder flott waren, richtete ich die Geschwindigkeit auf siebzig Meilen ein und hörte Aama zu, die vom Dorf erzählte. Wie ein alter Phonograph versetzten uns ihre Geschichten in die Vergangenheit. Ihre Hände begleiteten jeden Satz, als sei in ihnen die Erinnerung abgelagert. Als sie von einem kleinen Kasten sprach, fuhr sie mit den Fingern über seine imaginären Ränder und setzte ihn vorsichtig ab. Wir hatten die Verpackung vor Augen, seinen Inhalt, das Regal im Dorf, auf das sie ihn stellte, und fühlten sein Gewicht.

Mitten in der Geschichte unterbrach sie sich plötzlich. »Auf was warten wir eigentlich? Können wir nicht losfahren?«

»Losfahren? Wir fahren doch. Hast du gedacht, wir stehen?« Das rhythmische Auftauchen der Katzenaugen an den Leitplanken und ab und an die Scheinwerfer eines Lastwagens waren die einzigen Anzeichen dafür, daß wir uns bewegten. Ein großes Insekt tauchte im Licht auf und zerplatzte auf der Windschutzscheibe. Ich öffnete die Fahrertür einen Spalt. Ein heftiger Windstoß fuhr in unser stilles Gehäuse.

»*Achhaa*. Es ist windig draußen. Wie lange fahren wir schon?«

»Über eine Stunde«, antwortete ich. »Hast du nicht die Fahrzeuge gesehen, die in die andere Richtung fahren?«

»Ich dachte, nur die bewegen sich, und wir stehen still.«

Wir fuhren die ganze Nacht durch die warme Einsamkeit des Mittleren Westens und kamen morgens bei einer Farm außerhalb von Chicago an, die von Harvey, einem Freund, geleitet wurde. Ein großer Teil der Maisernte mußte wegen giftiger Stickstoffrückstände untergepflügt werden. Aama schaute aus dem Fenster und gab gelegentlich ein knappes »*Unh*« von sich, so wie es unter Bauern üblich ist, wenn sie die Arbeit des anderen begutachten.

Wir fuhren zum Maisfeld hinaus, auf dem geerntet wurde, und Aama machte sich sogleich an die Arbeit, nachdem sie sich überzeugt hatte, daß die Maiskörner hinreichend trocken waren. Sie brach die Kolben ab. Beide Hände bewegten sich unabhängig voneinander, griffen nach den Kolben, zu denen die Augen sie lenkten. Aama warf sie hinter sich, ohne sich umzusehen, und sie landeten auf einem dichten Haufen.

Aama trug ganze Armladungen von Maiskolben zum abgeernteten Feldrand, hockte sich mitten hinein und begann mit scharfen, ruckartigen Bewegungen die Blätter aufzureißen.

Sie hielt inne. Auf dem Feld lagen noch Maiskolben herum, die bei der Ernte vergessen worden waren. Auf viele war achtlos getreten worden. Aama hob eine auf, die mit Erde beschmutzt war, dann die nächste; jede schien der Sorgfalt zu höhnen, mit der die Gurung ihre Felder abernteten. Getreide war ihre Lebensgrundlage, nur einen Schritt entfernt vom Blut, das in ihren Adern floß. Sie hielt die zertretenen Maiskolben hoch und schüttelte sie vor Harvs Gesicht.

»Die Körner hier weinen – sie weinen, wenn sie weggeworfen werden, und fordern uns auf, hungrig zu bleiben. Wir müssen auf genausoviel Getreide verzichten, wie wir verschwenden.«

Wir warfen die Kolben, die Aama enthülst hatte, auf den Traktoranhänger und fuhren neben ihm her zurück zum Stall. Harv verteilte Futtergetreide an die muhenden Rinder.

»Eure Kühe sind fett, weil sie Getreide essen, und ihr seid fett, weil ihr eure fetten Kühe eßt«, schloß Aama messerscharf. »Kannst du diesen Mais nicht zur Mühle bringen und ihn zu Schrot mahlen lassen? Denk nur, wie viele Menschen sich davon ernähren können. Nach dieser ganzen Arbeit geht ihr abends in ein Geschäft, kauft andere Lebensmittel, bringt sie nach Hause, kocht sie, kaut sie, schluckt sie und geht ins Bett.«

Kein Zweifel: Wir waren wieder im Land der großen Städte. Die Zapfsäule an einem Supermarkt funktionierte nicht. Vorauskasse war gefordert. Ich mußte das Geld zuerst in eine Metallschublade unter einer schweren Glasplatte legen, bevor Benzin kam. Wir durchquerten Chicago und setzten unsere Reise nach Osten fort.

*

»Woher kommt dieser Rauch?« Aama blinzelte. Vom kaum sichtbaren Rand der Niagarafälle stieg Nebel nach oben.

»Das ist Wasserdunst, wie Nebel«, erklärte Didi.

Ein Geländer und eine Touristenschlange lenkten uns zum Anlegeplatz. Um mit den tiefen Treppenstufen zurechtzukommen, hielt sich Aama am Geländer fest und stieg rückwärts hinunter, so wie von den Ästen ihrer großen Futterbäume. Wir betraten das altertümliche Passagierboot, die *Jungfrau des Nebels*, das durch einen metallenen Kanal nach oben gezogen wurde. Das Boot schaukelte träge.

»Müssen wir das tragen?« fragte Aama, als Didi ihr in den Regenmantel hineinhalf, in dessen Falten sie fast verschwand. Sie drehte den Kopf, um noch etwas zu sagen, aber die Kapuze blieb steif wie eine viel zu große Rüstung, nach vorne ausgerichtet. Aama lachte in die Kapuze hinein und versuchte sie mit der Hand zurückzuziehen, die tief im Ärmel steckte. »Das Wasser ist doch da drüben – wie will es uns denn hier naß machen?« Die *Jungfrau des Nebels* trieb näher an die Wasserfälle heran, und das Tosen, das vorher noch ein Hintergrundgeräusch gewesen war, wuchs sich jetzt zu einem ohrenbetäubenden Brausen aus. Aama wurde still. »Vor einem Augenblick war das Wasser noch im Fluß unter uns. Jetzt ist es neben uns und über uns und kann jederzeit auf uns herunterstürzen – tosendes, wirbelndes, kochendes Wasser überall. Aah! Wir werden von den Göttern gekocht, und sie rühren im Topf! Die Springfluten, die im

Frühjahr neben unserem Dorf herunterjagen, sind nichts dagegen. Es ist wie ein Traum aus dem Jenseits. Die Götter sind gewiß auch hier, wie in *Yatrastan*, wo das Wasser auch kocht und aus dem Berg herausschießt ...«

Das Boot stieg auf den schäumenden Wellenbergen am Fuß der Wasserfälle nach oben, neigte sich zur Seite, glitt zurück und stieg wieder nach oben. Aama legte sich auf dem Oberdeck über die Reeling wie eine Sterbliche, die versucht, ihren Kopf an die Tore des Himmels zu pressen. Mit der Stimme eines aufgeregten kleinen Mädchens schrie sie laut zu Didi, die schützend den Arm um sie gelegt hatte, sie solle einen Knopf an ihrem Regenmantel öffnen. Mit klammen Fingern zog Aama ihren Geldbeutel hervor und holte eine Handvoll Münzen heraus, modernes Aluminiumgeld aus Nepal und Vierteldollarmünzen aus Las Vegas. Zitternd vor Nässe warf Aama die Münzen im großen Bogen in den gottgesegneten Sprühnebel. Dann legte sie die Stirn zu einem kurzen, freudigen Stoßgebet aufs Geländer. Erlösung lag in der Luft, als sei eine längst fällige Schuld bezahlt worden.

»Nicht eine einzige Person hat die Hände zusammengelegt!»« rief sie aus, enttäuscht von der Hoffnung, andere Passagiere würden diese Gelegenheit zum Gebet ergreifen. »Aber im Radio habe ich doch einen Mann sagen hören ›*Namaste*‹ – wahrscheinlich hat er uns an diesem heiligen Ort willkommen geheißen.« Über die Lautsprecheranlage war die Durchsage gekommen: *No smoking* in der Passagierkabine.

»Wenn dieser Ort und *Yatrastan* nie gepriesen und die Götter nie versöhnlich gestimmt wurden, wie sollen dann eure Kinder und Enkelkinder jemals lernen, sie zu ehren und zu achten?«

»Für jene, die sehen, ist es Sandelholz,
Für jene, die blind sind, nur Holz:
Für jene, die begreifen, sind diese Worte voll Sinn,
Aber jene, die taub sind, verlieren sich im Treibsand.«

*

Ein gutes Stück vor New York bogen wir nach Norden zu den Adirondack-Bergen ab. Die Laubbäume auf den Berghängen über uns prahlten mit ihren Frühherbstfarben wie Feuerwerk.

Aama streckte eine Hand aus dem Autofenster und legte ihre knorrigen Finger um den Daumen, als würde sie etwas greifen. Didi und ich schauten sie fragend an.

»Diese Früchte sehen so gut und reif aus, ich möchte welche pflücken. Es sind bestimmt Äpfel, saftige, knackige, die *kwom, kwom* machen, wenn Leute mit Zähnen in sie hineinbeißen, daß mir das Wasser im Munde zusammenläuft.« Offenbar tat sie das gerade, denn Aama schluckte.

»Das sind keine Früchte, Aama, sondern Blätter. Die Blätter nehmen diese Farbe an, wenn es im Herbst nachts friert, und dann fallen sie ab.«

Wir kamen an einem Verladeplatz für Baumstämme vorbei, und Didi trat auf die Bremse, um Aama einen Holzkran vorzuführen. Die Greifer des Krans, der von einem Mann in einer Glaskabine bedient wurde, packten den Stamm einer ausgewachsenen weißen Pinie und hievten ihn auf eine lange Plattform. Dort schnitt ihn eine automatische Kettensäge auf die Länge eines Holztransporters zurecht. Der Greifer schwang den Stamm dann zur Seite und legte ihn auf einem Stapel ab, und schon begann der Prozeß mit faszinierender Präzision von neuem. Aama zappelte auf ihrem Sitz, ein Zeichen, daß wir aussteigen sollten.

»Was ist das denn für eine Arbeit?« fragte sie sarkastisch, nahe daran, sich aufzuregen. In einer Minute schafften diese Leute im Sitzen – fett waren sie obendrein – mehr, als sie in einem ganzen Jahr sammeln und verbrennen konnte. »Ihr Amerikaner habt euren Gott gefunden.« Ihr Gesicht rötete sich vor Erregung. Sie zog Didi und mich am Arm. »Los, betet dieses Ding mit den Krebszangen an, das Baumstämme herumwirft, als seien es Stöcke. Macht ein Ritual dafür, macht ein Ritual *auf ihm*«, forderte sie mit Nachdruck. Sie legte jedem eine Hand ins Kreuz und stieß uns nach vorne zu der Lademaschine. »Spendet wenigstens Geld.«

Warum nicht? Ich fand es gar nicht so abwegig. Vielleicht wußte Aama nicht, daß während des Dasain-Festes in Katmandu Taxifahrer die Autohaube öffneten und ihrem Motor geschlachtete Hühner als Opfergabe darbringen. Nicht anders auf dem Flughafen. Dort werden Rolltreppen und Leitern herangeschafft, damit der Brahmanen-Priester der Royal Nepal Airlines das Blut einer frisch geschlachteten Ziege an die Nase des Düsenflugzeuges schmieren kann. Der blutende Kadaver wird dann auf die Rollbahn gezogen und um jedes Flugzeug ein Schutzring aus Opferblut gezogen.

»Wir geben unseren Maschinen Kerosin und Öl als Opfergabe. Das hält sie am Leben«, sagte ich halb im Ernst zu Aama. Sie schaute interessiert auf.

»Öl ist eine gute Opfergabe – es wird benutzt, um Lampen am Brennen zu halten. Und diese Maschinen sind aus Metall; es muß aus der Erde herausgeholt und in diese Form geschmiedet werden, das ist teuer. Maschinen sind Reichtum, eine Form der Göttin Lakshmi.« Sie beobachtete, wie ein weiterer Baumstamm auf dem Stapel abgelegt wurde, und sprach wie zu sich selbst: »Seit der Zeit unserer Vorväter muß es vorherbestimmt gewesen sein, daß die Welt an diesem Ort und zu diesem Zeitpunkt so aussehen würde. Hätten sie das jemals vermuten können? Besonders die Maschine, welche die Straßen reinigt, die mit den großen Lippen, die alles auffrißt, was ihr unterkommt, *ja-rar-rar-rar-rar*.«

»Was meinst du, Aama«, fragte ich sie, »sind Maschinen gut oder schlecht?«

»Warum sollen sie nicht gut sein? Gut für die, die sie haben. Es hat den Anschein, als könntet ihr ohne sie nicht leben; also solltet ihr sie auch verehren.«

*

Während wir quer durch Maine zum Haus unserer Freunde fuhren, zehrte Aama noch von den Nachwirkungen einer intensiven Honig-Eskapade.

Am Vormittag hatten wir in Plainfield, Vermont, eine überdachte Brücke passiert, hinter der ein überwachsener alter Friedhof lag, die beide nach meiner Familie benannt waren. Angesichts Aamas Besessenheit hinsichtlich Verwandtschaft und ihrer Ahnenverehrung dachte ich, eine kurze Suche nach meinen Wurzeln würde sie vielleicht erfreuen. Als wir langsam über die Brücke fuhren, erzählte ich ihr, daß sie den Namen eines meiner Vorfahren trüge, der vor mehreren Generationen gelebt hatte.

»Gibt es hier keine Farmer, die Honig haben?« fragte sie und ignorierte die Brücke und die Bedeutung meiner Altvordern, so wie ich das bei ihr auch oft getan hatte, obwohl ich doch in der Regel ein gewisses Interesse geheuchelt hatte. Durch den Ahornsirup auf unseren Frühstückspfannkuchen war ihre Lust auf Süßes erst richtig geweckt worden.

Zufälligerweise lebte in der Nähe des Friedhofs ein junger Ökobauer, den ich vor Jahren in Nepal kennengelernt hatte. Der junge Mann und seine Frau zeigten Aama, wie man Honig schleudern konnte, ohne die Waben zu zerstören. Als sich die Sammelschale füllte, schöpfte sie den Honig mit beiden Händen heraus und leckte nach Leibeskräften, während das flüssige Gold zwischen ihren Fingern bis zu den Ellbogen hinunterrann.

Sie muß wohl fast ein Kilo verzehrt haben, was ihre Stimmung kurzfristig in ungeahnte Höhen trieb. Jetzt erholte sie sich wieder von diesem himmlischen Exzeß.

David, Künstler und Bauunternehmer, und seine Frau Susan, eine Ärztin, hatten ihr Landhaus selbst gebaut. Aama unkte, warum es solche Ausmaße angenommen habe, wenn sie sich am Ende doch bestimmt wie alle anderen scheiden lassen würden. Der eine würde in diese Richtung gehen der andere in jene, und die Kinder müßten sehen, wo sie blieben.

»Diese Freunde nicht«, sagte ich ziemlich zuversichtlich. Ich beschrieb ihr die Verzweigungen des Familienstammbaums – eine Übung, bei der mir im Falle manch anderer Freunde etwas unbehaglich gewesen war.

Susan war mit David in Nepal gewesen, und sie hatte ihrem sechsjährigen Sohn Matthiah erklärt, daß die Nepalesen ihren Kopf anders bewegen, wenn sie Fragen beantworten. Wenn sie »nein« sagen, dann schütteln sie den Kopf von rechts nach links, so wie wir, aber wenn sie »ja« sagen, dann wackeln sie mit dem Kopf, als wollten sie ihre verstopfte Nase freimachen. Matthiah übte, und sein Kopf tanzte hin und her wie eine Hulapuppe im Autorückfenster.

»Bist du ein Nepalese?« fragte Aama neugierig und gab ihm Gelegenheit, kopfwackelnd mit »ja« zu antworten. Er wollte ihr seinen Gemüsegarten zeigen.

Die beiden zogen hinaus und stellten ihre Strohkörbe zwischen die Bohnen, Kürbisse und Kartoffeln. Sie begannen zu graben. Aamas Hände bewegten sich unter der Erde, als könnten sie sehen und hören. Jede Kartoffel, die sie hervorholte, wischte sie mit der flachen Hand ab und legte sie in den Korb. Didi und Susan hörten, wie sie sich munter in ihren eigenen Sprachen unterhielten.

Aama begann mit einer zweiten Reihe. »Ihr habt hier sandige Erde, das ist gut für Kartoffeln, aber manche haben faule Stellen. Das können wir abschneiden und dem Garten als Dünger zurückgeben.«

»Aama, ich bin mit dieser Reihe schon fertig«, sagte Matthiah auf Englisch.

»Macht nichts, ich schau' nur noch mal nach. Oft werden beim ersten Mal welche übersehen«, antwortete sie auf Nepali.

»Wenn diese Rüben noch länger drinbleiben, dann schmekken sie nicht mehr gut«, sagte Aama bei der nächsten Reihe. Nach einer Stunde schleppte Matthiah den ersten vollen Korb ins Haus.

»Weißt du was, Mom? Ich verstehe alles, was Aama sagt.« Aama war immer noch im Garten und zog die Rüben heraus.

Mutter und Sohn schauten ihr zu. »Wenn der Wind weht und sich die Blumen und das Gras hin und her wiegen, Mom, dann meine ich immer, sie winken mir. Ich glaube, Aama sieht das auch.«

David schaute zum Küchenfenster herein und sagte, Stevie, dem Milchfarmer von nebenan, sei es recht, wenn wir abends zum Melken herüberkämen.

Wir hatten genug Farmen gesehen, dachte ich, aber ich ging in den Garten hinaus, um Aama zu fragen. Aber natürlich. Kühe sind heilig, und Milchkühe würden ja von den Menschen nicht gegessen.

Aama war überrascht, Stevie in einem ausgeblichenen Overall bei der Arbeit zu sehen – er hatte nichts von einem übergewichtigen *sahu*, einem Besitzer, der andere für sich schuften läßt und sich ein entsprechend herrschaftliches Auftreten zugelegt hat. Stevie zog das schwere Schiebetor auf, und wir betraten die Melkhalle, ein zugiges Gebäude mit Metallträgern, das von einem Netz aus Elektroleitungen, Schläuchen und Röhren überspannt wurde. Holsteinkühe trotteten am Ende des Stalls hintereinander herein wie Arbeiter, die nach der Mittagspause an ihren Arbeitsplatz zurückkehren. Aama schaute sie, insbesondere ihre Euter, bewundernd an.

»Eine einzige von diesen Kühen gibt zwischen fünfundzwanzig und fünfzig Liter Milch am Tag«, teilte ich Aama mit, nachdem ich mich bei Stevie vergewissert hatte.

»Du meinst die ganze Herde.«

»Nein, eine.«

»Eine Kuh? Was bekommt sie zu fressen?«

»Getreide und Gras. Sie sind eine andere Rasse als die Fleischkühe, die nicht viel Milch geben.«

»Jede Kuh wird trocken, wenn du sie nicht täglich melkst.«

Stevie und sein Sohn steckten die Saugnäpfe der Melkmaschinen an die Euter. Die Milch wurde von jeder Kuh in eine durchsichtige Röhre an der Decke gepumpt und floß von dort in einen Kühlbehälter außerhalb des Stalls. Die Kühe standen mit dem Kopf zur Wand und hatten die Nasen in den Futtertrögen, die durch eine halbautomatische Vorrichtung gefüllt wurden.

»Diese Maschinen melken die Kühe«, sagte Aama, um glauben zu können, was ihre Augen sahen. »Wie haben die Menschen das gelernt? Was ist das für ein Platz, wo Maschinen Kühe melken und die Bauern die Milch nehmen, ohne Lakshmi anzurufen? Die Kühe *sind* Lakshmi, die Göttin des Wohlstands, die Mutter aller Lebewesen. Menschen trinken Muttermilch als Säuglinge, aber Kuhmilch trinken sie das ganze Leben lang. Irgendwie habt ihr die Dinge durcheinandergebracht – Maschinen mögen eure Götter sein, aber das heißt doch nicht, daß ihr sie *anstelle der Kühe* anbeten sollt! Wir müssen Dankbarkeit und Demut im Herzen tragen, wenn wir sie melken, und mit ihnen umgehen, als seien sie Menschen. Sie dürfen auch nicht bei Tag gemolken werden, nur in der Frühe und vor der Abenddämmerung.«

»Diese Kühe produzieren so viel Milch, daß sie zweimal täglich gemolken werden müssen, um den Druck abzulassen. Und sie gehen ganz von allein in den Stall zum Melken«, entgegnete ich und versuchte mir darüber klar zu werden, was ich eigentlich verteidigte.

»Lakshmi grast auf den Weiden, ohne daß wir viel dafür tun müssen, und sieh, was sie produziert: Milch zum Trinken, Butter für die Lampen und zum Kochen, Urin für Medizin und für Rituale. Und Kuhdung als Dünger und zum Mischen mit Ton, um unseren Boden zu pflastern und die Häuser vor Schlangen zu schützen. Ochsen pflügen unsere Felder, und wenn wir uns im Tod an einem Kuhschwanz festhalten, gelangen wir sicher ans andere Ufer. Kein Teil einer Kuh wird verschwendet.

In Aamas Augen sammelte sich eine Intensität, die mir nicht erlaubte, meinen Blick abzuwenden. Ihre Finger spannten sich an, als wolle sie eine Erklärung aus mir herauspressen.

Sie sieht etwas, das ich nicht sehen kann. Sie sagt mir etwas, das ich nicht verstehe. Wenn Menschen, die an der Armutsgrenze leben, darauf verzichten, Rindfleisch zu essen, während sie zusehen, wie ihre Kühe die knappen Ressourcen mitverzehren, dann haben sie uns etwas zu lehren. Ich fühlte den Egoismus unserer Kultur und noch mehr meinen eigenen.

»Was denkt sie?« fragte Stevie zögernd. Ich hatte ihm früher über das Leben in den Bergen von Nepal erzählt, und er hatte gelacht und staunend seinen Kopf darüber geschüttelt, daß es keine Technologie außer Handwerkszeugen gab. Jetzt spürten David und er, daß etwas nicht stimmte. Ich hatte gehofft, Aama würde etwas von ihrer angeborenen Liebe auf uns übertragen, uns ein weises Wort über heilige Tiere und die Erde sagen. Statt dessen schauten uns ihre Augen streng an, als seien wir hoffnungslos pathologische Fälle.

»Ihr glaubt, meine Art, Dinge zu tun, sei komisch«, sagte Aama. »Wie Verrückte steht ihr da und lacht und redet, aber was tut ihr euren Kühen an?! Bhagwan weiß gewiß, was hier vor sich geht. Warum habt ihr mich hierhergebracht? Ich dachte, wir würden nur Gutes sehen.«

Die Trennlinie zwischen dem Wunderbaren und dem Schrecklichen begann unscharf zu werden. Aamas Unterlippe zitterte, dann begann sie am ganzen Körper zu vibrieren, als wenn der Fliesenboden eisige Schauer aussenden würde. Aamas emotionale Wurzeln waren herausgerissen und mußten erst wieder eingepflanzt werden. Mir kamen Zweifel. War es eine Sünde, daß wir sie hierhergebracht hatten? Mit den Fingerspitzen berührte sie leicht die Hüfte der nächsten Kuh. Sie zuckte mit dem Fell. Aama hob die Hände zur Stirn, um von dem Tier gesegnet zu werden, und – aus Mitgefühl für die mangelnde Achtung – auch ihm ihren Segen zu erteilen.

Sie lehnte sich zitternd und sprachlos an die Wand der Melkhalle, als müßte sie bei einer Folterung zusehen, ohne etwas tun zu können. Die Adern auf ihren Händen schwollen an wie die Monsunbäche in den Bergen. Sie starrte auf eine Stelle an der Wand, als wolle sie vermeiden, das Melken durch ihren Blick zu würdigen. Es war die Hölle.

Allmählich ließ das Zittern nach. Als sei das Fieber plötzlich gefallen, schien sie von einer Aura der Stille umgeben, von der sie geschützt wurde und die sie ausstrahlte.

Wir gingen hinaus. »Diese Leute sind auch religiös, Aama. Sie gehen einmal in der Woche in ihren Tempel zum Gottesdienst.« Ich sprach leise und weich zu ihr und versuchte, an ihr Dharma-Gefühl zu appellieren. »Aama, nur wenn sie auf diese Weise melken, können sie ihren Lebensunterhalt bestreiten. Milchbauern verdienen nicht viel. Milch ist hier billig.«

»Wie kann Milch billig sein?« gab sie zurück. »Wenn ihr eure Kühe tötet, dann müßte die Milch knapp sein.« Für Hindus war das Schlachten von Kühen eine Sünde, die zahllose Wiedergeburten im Tierreich nach sich zog und vielleicht sogar in niedrigeren Inkarnationen. »Schauen die Leute zu, wenn sie geschlachtet werden?«

»Nein, ich glaube, das dürfen sie gar nicht.«

»Um so besser.« Sie schien erleichtert, daß wir kein makabres Spektakel daraus veranstalteten. »Und was machen sie mit dem Fell und den Eingeweiden und den Knochen?« fragte sie stokkend, als würde sie von menschlichen Organen sprechen.

»Aus den Knochen machen sie Dünger oder Klebstoff oder sonst etwas, und die Eingeweide werden vielleicht zu Hundefutter verarbeitet. Die besten Fleischstücke werden teuer verkauft, zum Beispiel an Restaurants, wo reiche Leute zum Essen hingehen.«

Aama gab sich mit dieser Erklärung nicht zufrieden. »Was, wenn meine Verwandten mich sähen, wie ich hier Zeugin von Sünde werde, so nahe vor meinem Tod? Es heißt, mit 84 Jahren würden wir wie eine Gottheit, aber das bedeutet noch lange nicht, daß wir immun gegenüber einem Sakrileg werden oder vor Verunreinigung geschützt sind. Es heißt lediglich, daß wir besonders darauf achten müssen, es zu vermeiden – wir müssen *choko* bleiben, rein. Es ist ganz sicher, daß wir uns jetzt im Kali Yuga befinden«, fügte sie resigniert hinzu.

Ein Schauder lief mir über den Rücken – das Kali Yuga, das Zeitalter der Kali, der Göttin der Zerstörung, der zornigen, weiblichen Manifestation von Shiva. Nach der brahmanischen Lehre befanden wir uns jetzt im letzten der vier großen Zeitalter oder Yugas, der Ära der Dunkelheit, der Unreinheit und des

Elends. Die Priester lehrten, daß im ursprünglichen Satya Yuga, dem Zeitalter der Wahrheit, das mehr als anderthalb Millionen Jahre gedauert hatte, die Menschen in einem fast erleuchteten, harmonischen Zustand der Seligkeit lebten und sehr alt wurden. Aber in den nachfolgenden Zeitaltern entwikkelte sich die Spiritualität der Menschen zurück. Während der zwei Millionen Jahre des Treta Yuga und des Dwapar Yuga blühten Wissen, Reinheit und Gottesverehrung, doch die Menschen unterlagen nach und nach fast unmerklich der Gier und den Versuchungen des Fleisches.

Am Beginn des 432 000 Jahre dauernden Kali Yuga wurde die Welt von einer großen Sintflut heimgesucht, und Vishnu selbst soll der Kapitän einer Arche gewesen sein, die einige große Weise rettete – und ihr Wissen. Seit dieser Flut – einer bemerkenswerten Parallele zur biblischen Sintflut – haben die spirituellen Prinzipien zunehmend an Boden verloren, so daß die Menschen am Ende des Kali Yuga beginnen werden, Fleisch von ihresgleichen zu essen. Darauf wird der Kollaps der gesamten Zivilisation folgen. Wir kommen jetzt ins Jahr 5100 dieses Zeitalters, womit sein Anfang mit den frühesten Zeugnissen unserer Zivilisation zusammenfällt.

Ich stellte mir vor, wie arme Philosophen mit weißen Bärten und langen Gewändern mit Schildern herumliefen, auf denen sie das Ableben der Welt verkündeten – ein nicht so schlechtes Bild eines orthodoxen Brahmanen-Priesters oder eines wandernden Saddhu. Ich war nicht abgeneigt, ihnen Glauben zu schenken. Weder die Wissenschaft noch der gesunde Menschenverstand konnten mich davon überzeugen, daß das Ende nicht nahe war. Ich fragte mich, wie wir angesichts des Wachstums der Weltbevölkerung und der Zerstörung der Umwelt die restlichen 425 000 Jahre des Kali Yuga überleben sollten.

Kühe ohne Respekt zu behandeln, gehört zu den Sakrilegen des Kali Yuga. Während wir auf dem Kiesweg in der Nähe des Stalls standen, zählte Aama an ihren Fingern weitere Zeichen aus den heiligen Schriften auf. »Sie sagen, daß sich in diesem Zeitalter nur wenige Menschen um das Dharma kümmern.

Kinder gehorchen nicht ihren Eltern. Die Unterscheidungen zwischen den Kasten werden mißachtet. Männer und Frauen werden dieselbe Kleidung tragen. Jungen werden ihre Haare lang wachsen lassen, und die Mädchen werden sie abschneiden. Eisen wird Messing ersetzen und Kupfer an die Stelle von Silber und Gold treten. Gemüse wird sehr groß werden. Männer werden ihre Schnurrbärte rasieren. Und Frauen werden ihr Haar nicht schmücken und es offen herabhängen lassen, anstatt Gold und Schmuck zu tragen und ihr Haar zu ölen, so wie wir. Ich habe gesehen, daß das alles anfängt.«

Aama hatte genug gesehen.

Der Weg zurück zum Haus von Susan und David ähnelte einem Trauermarsch. Dort angekommen, nahm Aama überaus langsam ihre Brille ab und legte sie auf den Tisch. Sie beugte sich nach vorne, berührte den Boden mit beiden Handflächen, verlagerte ihr Gewicht nach vorne und ließ sich langsam nieder. Sie schaute nach oben, wo Decke und Wand zusammentreffen, und kratzte sich am Kopf. Sie zeigte alle Merkmale des Alters.

Aama verfiel dann in Erinnerungen, denen wir nicht folgen konnten: an jemanden, der einem anderen Geld gibt, was irgend etwas mit ihr zu tun hatte; sie verspürte ein ungutes Gefühl, wußte aber nicht, warum. Sie driftete ab. Ihre Wahrnehmung der Zeit war ausgedehnt, vielleicht sogar verschoben. Es fiel ihr schwer zu unterscheiden, was heute früh geschehen war oder vor zwei Wochen, oder vor zwei Jahren.

»Was betrübt dich?« fragte Didi. »Susan und ich haben gekocht und warten auf euch.«

»Warum für jemanden kochen, der keinen Hunger hat?«

Sie sprach, als hätten wir sie betrogen, insbesondere ihr Dharma-Sohn. Ich fühlte mich wieder schuldig, meine eigene Mutter im Stich gelassen zu haben, nachdem sie mich unterstützt hatte.

Unsere Pilgerreise endete im Sakrileg.

Susan brachte Aama einen kleinen Teller mit Essen, und David, Susan und ich setzten uns zu ihr auf den Holzfußboden.

So hatten wir auch damals zusammengesessen, in den Stunden nach dem Tod meiner Mutter. David war mein Zimmergenosse im College gewesen und hatte mir ausgerichtet, daß ich zu Hause anrufen solle. Auf dem Holzfußboden unseres Collegezimmers hatten David und Susan mich gehalten und mich lange in die Nacht hinein weinen lassen.

»Hier in *Amrita* habe ich Gutes und Schlechtes gesehen, ich habe geweint, und ich habe gelacht«, sagte Aama mit tonloser Stimme. »Ich habe die verschiedensten Dinge gegessen und alle möglichen Menschen gesehen. Wenn ich nichts verstehen kann, fühle ich mich schlecht. Bitte nehmt mir nicht übel, wenn ich etwas Verletzendes sage, es ist nicht aus Ärger.«

Susan legte Aama ein Kissen unter und faltete eine Decke für sie auf. »*Hare Om*, Ram Ram Ram«, seufzte Aama, und es hörte sich an, als würde sie ihren Frieden mit den Dingen machen und sagen: »So ist es, und so wird es sein.« Sie schlief ein, noch bevor sie mit ihrem Abendmantra fertig war.

Ich schaute Didi an, dann Susan und David.

Aama war reif, nach Hause zurückzukehren.

Während wir bei den Kühen waren, hatten sich Didi und Susan unterhalten. An diesem Abend zeigte Didi für meine Erzählung über das Melken kein sonderliches Interesse. Sie sagte, sie habe Kopfweh – ein Kopfweh, das seit einer Weile immer wiederkehre.

Etwas hatte sich verändert. Didi sah so aus wie in der Transithalle in Tokio: müde und belastet, aber doch nicht ohne Stärke. Ich fragte mich, was Susan ihr wohl über mich erzählt haben mochte, und hoffte, daß Didi nicht glaubte, ich sei immer noch derselbe Kerl wie damals mit Susan im College.

Vielleicht hielt unsere Beziehung den Amerikatest nicht aus. Für mich war das in Ordnung, jedenfalls jetzt. Ich würde noch einen Monat in Amerika bleiben und sehen, was sich mit alten Freundinnen anließ. Wenn da nichts lief, würde ich nach Nepal zurückkehren und mir die Sache mit Didi noch mal überlegen. Es war nicht ganz ehrlich, als ich Didi sagte, ich wolle noch eine Zeitlang in den Vereinigten Staaten bleiben, um mich nach langfristigen Arbeitsmöglichkeiten umzusehen. Ob sie mit Aama nach Nepal zurückkehren könne? Als habe sie diese Frage erwartet, nickte sie nur mit dem Kopf.

Am nächsten Morgen im Auto war Didi bedrückt. »Was ist los?« fragte ich sie. Ich war nicht scharf darauf, mich mit zwei launischen Frauen herumzuschlagen.

»Mein Kopfweh ist nicht besser geworden.«

»Nimm doch Aspirin, warum denn nicht?« war meine logische, wenn auch nicht sehr beruhigende Antwort.

»Das habe ich getan, aber Aspirin nutzt bei dieser Art Kopfweh nichts.« Sie sah aus, als wolle sie weitersprechen, sagte aber nichts.

Kapitel 16

Der Rhythmus unserer Energie und unserer Gefühle hatte sich Aamas Zustand angeglichen. Unser Kombi war ebenso erschöpft wie wir. Freunde in Washington D.C. kauften ihn mir als Reservefahrzeug ab. Unsere Reise war zu Ende.

»National Airport«, sagte ich zum Taxifahrer.

Entschlossen, nach Hause zurückzukehren, stieg Aama als erste ins Taxi.

»Meine Verwandten werden sich fragen, ob ich so, wie ich jetzt bin, wieder nach Hause komme, oder ohne Körper.« Aama seufzte. »Sie werden staunen, wenn sie mich sehen, und mit meinen Geschichten werde ich sie von der Arbeit abhalten – ich werde Platz im Haus schaffen müssen, um sie unterzubringen.«

Im Flugzeug nach Seattle lehnten wir uns alle drei erschöpft in die Sitze. Das Blau des Himmels wurde immer dunkler, je höher wir stiegen. Ich dachte, ich sähe einen Meteoriten, kleiner als der echte, den wir vor ein paar Tagen gesehen hatten, aber wahrscheinlich war es ein Staubkorn der Müdigkeit. Hinter meinen geschlossenen Augenlidern zogen noch einmal die Bilder unserer Fahrt von Maine die Ostküste hinunter an mir vorbei: der Showdown im Stadtpark von Boston zwischen einem Hare-Krishna-Jünger und einem Propheten der Bewegung »Hüte dich vor Kulten«; die Nachtfahrten auf den überfüllten, hell erleuchteten Schnellstraßen durch nicht enden wollende Städte.

Die Halle der Meteoriten im Museum of Natural History in Manhattan dürfte der letzte heilige Ort gewesen sein, den Aama vor ihrer Rückkehr nach Nepal besucht hat. Als ich ihr sagte, daß der zwei Meter hohe Arizone-Meteorit vom Himmel gefallen sei, verschlug es ihr einen Augenblick den Atem, sie murmelte ihr Mantra und streichelte zärtlich die metallische Oberfläche. Sie preßte die Stirn an den Stein, warf ein paar Münzen obendrauf und umschritt ihn. Der Museumswärter bedachte Didi und mich mit einem jener Blicke, die sagten: »In New York muß man auf alles gefaßt sein.«

Im Flügel der amerikanischen Ureinwohner war sie ganz versessen auf die Handwerkszeuge, die von der Freude kündeten, mit der sie hergestellt und benutzt worden waren. Hier in der Zeitkapsel des Museums fand sie Belege für eine Kultur, zu der sie eine Beziehung fühlte, für ein Volk, das ihre Weltsicht teilte. Wo sind sie geblieben?

In einer Galerie hing ein Foto, das in Indien aufgenommen worden war und den Titel »Ältere Witwe auf Pilgerreise« trug. Ich übersetzte Aama die Zeile.

»Ja, das sollten wir alle tun, ob alt oder jung.«

Vom Dach des World Trade Center sah die Stadt wie eine Miniaturausgabe einer zukünftigen Zivilisation aus, eine Karikatur einer großartigen, materiellen Welt. »Wann wird es wieder so ein Volksfest geben wie das mit der riesigen Maus und den tanzenden Tieren mit den großen Augen?« fragte sie, als könnten jederzeit Disneyfiguren hinter den Gebäuden hervorspringen und mit einem beschwingten Lied auf den Lippen durch die Gegend stolzieren. Am Boden fügten sich die Autos mit den gelben Taxis zu einer endlosen, farbigen Kette zusammen. Aama wußte zunehmend weniger, ob die Dinge, die sie sah, real waren oder von Menschen geschaffene Fiktionen. Aber das war unwichtig. Sie hatte sich dem Chaos ausgeliefert, und alles, was sie sah, wurde auch ein Teil von ihr.

In der Hauptstadt Washington hatte uns der Botschafter von Nepal eingeladen, ihn vor dem Capitol bei einem der Springbrunnen zu treffen. »Ist dieses hochschießende Wasser natürlich, so wie die Quelle in *Yatrastan*?« fragte Aama, als wir warteten. »Dann wäre das ein günstiger Wohnort für den Präsidenten von *Amrita*.«

Aama verbeugte sich tief mit einem *Namaste* vor dem Botschafter und seiner Gattin. Sie erwiderten beide den Gruß und setzten sich mit ihr auf die ausladenden Marmorstufen. Aama erzählte ihnen Einzelheiten von unserer Reise, als wolle sie die Bilder ihrem eigenen Gedächtnis noch einmal einprägen. In der Art, wie im Dorf gesprochen wird, enthielt jeder Satz ein zufälliges Schlüsselwort, das den Anstoß zum nächsten Gedanken gab.

»An manchen Orten schreit das Land nach Wasser, und anderswo sieht man riesige, brodelnde Wassermassen. Vielleicht könnte man Priester oder Schamanen hinschicken, um herauszufinden, welche Götter dort ihre Wohnstätte haben, und dann können Sie den Präsidenten davon in Kenntnis setzen. Allerdings bin ich mir unklar über den Präsidenten hier. Wir sahen die Gesichter von vier von ihnen oben auf einem Berg in Stein gehauen, aber der dritte war zurückversetzt und versteckte sich hinter den anderen. Die Leute haben über ihn gelacht. Das war der Ort, wo Säuglinge in einer Art von Wagen herumgefahren wurden und alte Leute in einer anderen Art.

Einmal sind wir an einem Platz vorbeigekommen, wo der Müll einer ganzen Stadt abgeladen wurde, wie mir mein Dharma-Sohn gesagt hat. Vögel haben dort Nahrung gesucht, haben aber statt dessen den Tod gefunden. Maschinen, die den Müll herumschieben, haben die weißen Vögel überrollt, und sie lagen mit gebrochenen Flügeln am Boden, *phyat-phyat-phyat-phyat.* Und wir sahen Kühe, die hatten Zitzen, größer als mein Daumen. Es war eine Schande, wie sie behandelt wurden, die Milch wurde ihnen mit Maschinen weggenommen und verschwand in Röhren.

Und am Rande des großen Gangesozeans sahen wir Leute, die auf einem Stück Holz ritten und die Wellen gezähmt haben wie der schlaue Affengott Hanuman. Wenn sie das Brett unter ihren Füßen verloren hätten, hätten sie Wasser schlucken und ertrinken können, aber wenn sie einfach an einer Stelle sitzengeblieben wären, dann würden sie wahrscheinlich keinen Fisch fangen.«

»Aama«, sagte der Botschafter mit aufrichtigem Staunen, »Sie haben mehr von Amerika gesehen als wir.«

»Werden Sie von Ihrem Dharma-Sohn auch gut versorgt?«

erkundigte sich die Frau des Botschafters wie eine besorgte Tochter. Sie sprach laut in der Annahme, Aama würde schlecht hören. Sie hatte das Alter von Sun Maya.

»Ja, das Essen ist ausgezeichnet. Selbst wenn ich um einfaches Essen bitte, bekomme ich es nicht. Die Leute hier essen sehr fett und schwer, aber sie machen nicht die Arbeit, die mit solcher Nahrung erforderlich wäre.

Amerikaner sind gesund, schön und gesegnet«, fuhr Aama fort, »und sie benutzen ihren Verstand, damit Dinge wie Menschen funktionieren. Aber warum? Der Geist ist unser einziger Anker, und Natur und Kind sind unser einzig wahrer Reichtum, denn sie sind die Quelle der Schöpfung. Wir müssen ihnen mit Respekt und Staunen entgegentreten und von ihnen lernen.«

Ihre Hände unterstrichen jedes Wort mit nachdrücklichen Gesten. Der Botschafter und seine Frau hörten ihr aufmerksam, wenn auch mit einer gewissen Zurückhaltung zu. Aama war anders als die Nepalesen, die sonst nach Washington kamen, obwohl ihre Ansichten doch im großen und ganzen von der nepalesischen Landbevölkerung geteilt wurden. Ich fragte mich, ob der nepalesische Botschafter ihre Worte wohl ernst nahm. Er nickte höflich, während er zuhörte, und schien darüber nachzusinnen, wie er als Gesandter Nepals in den Vereinigten Staaten diese beträchtliche kulturelle Kluft überbrücken könnte.

Nachdem wir uns verabschiedet hatten, schaute Aama mich und Didi an.

»Wenn ich weg bin, dann werdet ihr wahrscheinlich den Leuten erzählen, daß ich durch *Amrita* gefahren bin und diese Dinge gesagt habe. Sie werden vielleicht sagen, daß ich nur eine alte Frau bin, die sich das alles ausgedacht hat.« Sie schaute mich schmunzelnd an: »Du hast ihnen doch nicht gesagt, daß ich an diesen Geldautomaten gespielt habe?«

Die Stewardeß brachte das Essen. Didi fand Aamas Brille und half ihr, sie aufzusetzen. Aama hatte, als sie das letzte Mal die Brille trug, geweint, was noch an den Salzspuren auf den Gläsern zu sehen war.

Nachdem Aama fertig gegessen hatte, waren ihre Kleider mit Krümeln des Schokoladenkuchens übersät. Sie hatte den Kuchen mit den Händen gegessen und einen Teil der Glasur an ihrer Schärpe abgewischt.

»Das ist ja eine schöne Bescherung«, sagte Didi.

»Warum muß eine alte Frau gut aussehen?« Aama nahm die Brille ab, steckte sie sorgfältig in die Plastiktüte, die das Besteck enthielt, und ließ sie in ihrer Schärpe verschwinden. »Wie unsere Seele innen aussieht – nur das ist wichtig. Aber ihr habt ja kein Dharma hier, und da ist es egal, was ihr tut.«

»Das ist unfair«, gab ich zurück in dem Gefühl, mich gegen ihre Verallgemeinerung wehren zu müssen. Sie hatte sich mißmutig in sich selbst zurückgezogen und reagierte nicht. Die Fülle der Eindrücke und Ereignisse hatten sie überschwemmt, und sie verspürte kein Bedürfnis mehr, ihnen Sinn abzugewinnen. Es blieben keine vollen zwei Tage mehr bis zum Rückflug nach Nepal.

Didi schlief, und Aama sagte kein Wort mehr bis zur Gepäckausgabe am Flughafen von Seattle.

»Ich habe Plätze gesehen, die neu und fremd waren und auch heilig, als sei ich schon im Himmel angekommen. Aber ich bin noch nicht reif für den Himmel. Obwohl wir im Dorf nur Hirsebrei essen, möchte ich nach Hause zurück.«

Didi und ich mußten dringend zur Toilette und einige Telefongespräche führen. Ich führte Aama zu einem Stuhl und sagte ihr, sie solle sich hinsetzen. Aber sie wollte stehenbleiben, später weigerte sie sich aufzustehen – wie ein Kind, das gegen stundenlange Gefangenschaft auf dem Rücksitz eines Autos rebelliert.

»Wo ist dieser Kasten, der Stimmen einfängt – ich möchte hineinsprechen. Du sagst den Leuten nicht das Richtige über mich, und bevor ich *Amrita* verlasse, möchte ich ihnen den Kopf zurechtrücken.« Ihre unausgesprochenen Gedanken waren reif geworden.

Ich stellte den Taschenrecorder an und gab ihn ihr in die Hand. »Sprich hier hinein. Didi und ich kommen zurück, wenn du in besserer Stimmung bist.« Sie heftete ihren Blick entschlossen auf den Apparat in der Gewißheit, daß er ihre Gedanken genauer und mit mehr Mitgefühl festhalten würde als ich.

Als ich zurückkam, hielt Aama das Tonbandgerät wie einen Handspiegel vors Gesicht und belehrte es stirnrunzelnd und gestikulierend.

»Die Menschen hier denken nur an dieses Leben, nicht an das nächste. Wir bleiben die ganze Nacht wach und vollziehen Rituale mit Butterlampen und Trommeln und Räucherwerk, aber hier sind die Leute zu beschäftigt für solche Dinge. Sie verdienen ihren Lebensunterhalt mit Maschinen, als wenn ihnen diese Dinge helfen würden, in den Himmel zu kommen.«

Der sterilen Hintergrundmusik der Gepäckhalle gelang es nicht, ihre düsteren Worte zu dämpfen. Sie äußerte ihre tiefe Enttäuschung darüber, daß die Menschen am Morgen aufwachen und sich in ihre Aktivitäten stürzen, ohne den Tag durch Gebet zu heiligen, ohne Waschung, Opfergaben, ohne Reinigungsritual oder auch nur ein paar flüchtig gemurmelte Mantras oder angedeutete Handbewegungen. Wo war die spirituelle Grundlage, von der die Taten des Tages ihren Ausgang nahmen? Uns sind die menschliche Form geschenkt worden und das Licht der Sonne, die täglich auf- und untergeht, und wir sind deswegen zu andächtiger Verehrung verpflichtet – damit unsere Wahrnehmung nicht in Stumpfheit und Unbewußtheit absackt.

Ihre Erzählung wurde dann zu einem Kaleidoskop von Bildern Amerikas, die wie die wechselnden Farben der Landschaft, über die wir geflogen waren, auftauchten, sich veränderten und wieder auflösten. Sie sprach von Hunden und Katzen, denen man Kleider und komische Hüte anzog, von Autos, die unserem Blut die Lebensenergie rauben, die wir brauchen, um zu denken, zu arbeiten und zu beten, von einem Haufen Sand, den wir nicht berühren durften, weil er jemandem gehörte. Schließlich, als würde sie einen Live-Kommentar abgeben, sprach sie von ihrem eigenen Tod und der Aufteilung ihres Besitzes, der Auflösung von Leben und Land in seine wesentlichen Bestandteile.

Sie befand sich im Übergang zu ihrer letzten Lebensphase.

»Wenn ich es verstehen würde, dann hätte ich es inzwischen verstanden. Wenigstens finde ich Zuflucht in dem Wissen, daß alles Wichtige in den heiligen Schriften niedergelegt ist. Wer das hier hört, sollte sich den heiligen Schriften zuwenden, um herauszufinden, was ich wirklich sagen will.«

*

»Aama, du hast zugenommen«, sagte Ann, als wir nach über zwei Monaten ihr Haus auf Whidbey Island wieder betraten. »Und dein Gesicht sieht gesund aus.«

»Die Ärzte glauben also, daß ich doch nicht in der Fremde sterben werde?«

Ann war Ärztin. »Auf dieser Reise jedenfalls nicht«, antwortete sie lachend.

Obwohl sie an Gewicht zugelegt hatte, wirkte Aama schwach und müde. Vielleicht hatte sie Energie von den Menschen aufgenommen, die sie unterwegs berührt hatte, und damit auch etwas von der Malaise dieser Kultur. Viele Yogis und inkarnierte Lamas und auch Jesus haben aus diesem Grund gelitten. Indem sie Menschen aus Mitgefühl berührt haben, um sie zu heilen, nahmen sie wissentlich die Konsequenzen des Karmas von anderen auf sich.

Ein Brief aus dem Dorf lag unübersehbar auf der Kommode im Eingang. Ich hätte ihn am liebsten noch ein Weilchen dort »kochen« lassen – wer weiß, welche Nachrichten er enthielt? Aber Aama hatte ihn bereits entdeckt. Er war, wie die meisten Briefe, in einem formalisierten Sanskrit-Nepali geschrieben, und statt konkrete Nachrichten zu enthalten, erging er sich mehr in Lob- und Segenssprüchen. Er schloß mit der Mitteilung, daß Verwandte und Tiere wohlauf seien und die Ernte zufriedenstellend ausgefallen sei. Alle dächten an Aama in der Hoffnung, daß der Rest der Reise sicher und erfreulich verliefe. Es war die Art von Brief, wie sie ein Armeerekrut aus dem Dorf erhielt und wie er zurückschreiben würde. Den Brief hatte Sun Maya unterzeichnet.

Während ich ihn laut vorlas, starrte Aama an die Wand.

Tränen sammelten sich in ihren Augen. Ich nahm an, es wären Freudentränen.

»Warum sollten sie schreiben, daß alles in Ordnung ist, wenn nichts passiert wäre?« sagte sie, als sei das die einzig schlüssige Interpretation. Sie konnte Sun Mayas Handschrift nicht erkennen, so daß sie immer noch mißtrauisch vermutete, ich würde ihr schlechte Nachrichten vorenthalten.

Didi und Aama würden am nächsten Tag nach Nepal fliegen. Aama würde also in Kürze Bescheid wissen, und wenn ich einen Monat später nachkam, würden im Dorf alle herzlich darüber lachen können.

Am Abend packten wir ihre Geschenke und Andenken in zwei Metallkoffer.

»Wo hast du die Kette hingetan, die mir von dem abgetrennten Zweig unseres Volkes geschenkt wurde? Und die anderen beiden Halsketten? Ich habe sie ein paar Tage getragen, und dann hat Didi sie weggelegt. Sind sie unter meinen Sachen? Und das Sandelholz und die Glücksmuscheln und die anderen Meeresknochen?«

Ihre Erinnerungen begannen sich aufzulösen. Die Neue Welt verblaßte wie ein Bild auf dem Fernsehschirm. Wenn sie mehr nach Hause mitbringen wollte als flüchtige Erinnerungen, dann mußte sie sichergehen, daß ihre Geschenke alle wohlverstaut in ihrem Gepäck waren. Sie zog die Schals und Schmuckstücke aus, auch die blauen Turnschuhe, und legte sie in den Koffer. Die billigen indischen Stoffschuhe, mit denen sie angekommen war, hatten brav in einer Schachtel auf ihre Rückkehr gewartet. Sie stellte sie für den Morgen bereit.

Zur Vorbereitung auf ihre Rückkehr bat Aama um kaltes Wasser, um ihr Gesicht zu waschen. Als wolle sie alle angesammelten Unreinheiten entfernen, knetete sie ihre Falten. Sie hatte eine schöne Haut, nur mehr, als auf die Oberfläche ihres Gesichts paßte. Tränen flossen ihr aus den Augen wie das Wasser aus dem undichten Hahn des Spülbeckens, über das sie gebeugt war. Und in einem rührseligen Tonfall rief sie die Götter an und sprach ihr Abschiedsgebet – sie wußte, nach

Amrita würde sie nie wieder zurückkehren. Ihre Stimme war von Dankbarkeit erfüllt. *»Hare Om, Shiva Narayan, Narayan, Heil dir Kaansi, Vishnumati, Bagmati, Pasupatinath, Gujeswori, Muktinath, Narayan Narayan Vishnu, Kailaspati, Baigundanath, Jagganath, Rameswor, Badrinath, Bhairav Kali Mai* und alle Götter und Göttinnen, *Bindhyebasini Kalo Bhairav*. Mögen Sünde, Gotteslästerung und Leiden von uns genommen werden, möge es Frieden und Schutz und einen günstigen Stand aller neun Planeten für alle geben. *Narayan Narayan Vishnu Bhagwan*. Ich weiß, daß die Götter ihren Sitz im Himmel haben und am Kailash, bitte erlöse die fühlenden Wesen, die in der Hölle sind, o Bhagwan; auch wenn ich gesündigt haben mag, so hatten meine Handlungen und Gedanken doch keine böse Absicht. Ich habe in mir nur das Bild Bhagwans getragen, den ich jetzt um Vergebung bitte. Ich habe im großen Gangesozean gebadet, bin in die vier Himmelsrichtungen gereist, und nur du, o Bhagwan, bleibst noch, den ich nicht gesehen habe, und das bedeutet gewiß, daß ich nahe dran bin, dich zu sehen...«

Am Morgen standen wir draußen und schauten still zu, wie Aama mit Ann, Greg und den Kindern sprach. Ihre Worte, die von der dicken Schicht Tannennadeln auf dem Einfahrtsweg gedämpft waren, schwebten über das Wasser zu den Olympic Mountains und von dort nach Ganga Sagar, dem Tempel im großen Gangesozean.

»Obwohl ich in Unwissenheit hierher gekommen bin, gebe ich meinen Segen und meine *Namaste* allen Menschen in *Amrita*. Wenn ich Nachrichten von meinen neuen Freunden hier bekomme, werde ich mich satt fühlen, auch wenn ich nicht gegessen habe; denn bis zu dem Augenblick, an dem meine Augen zum letztenmal das Tageslicht erblicken, werde ich die Gesichter und Taten von euch allen in meinem Herzen behalten. Ich habe euch gesehen und euch kennengelernt und werde bis zu meinem letzten Atemzug Liebe zu euch empfinden.«

Still kehrte ihre Aufmerksamkeit zu dem Platz zurück, an dem sie stand. Das Licht reflektierte vom Wasser unterhalb der Klippen und beleuchtete unsere Gesichter und die dunkelgrünen Tannen, deren Wipfel im Wind tanzten. Ich spürte, daß Aama über Ganga Sagar hinausgegangen war, daß sie einen Ort des inneren Friedens erreicht hatte, von dem aus sie zu allen Amerikanern sprach, so daß diese sie hören und verstehen konnten. Einen Augenblick lang waren wir dieses ganze amerikanische Volk.

Ich empfand Dankbarkeit für ihren Segen, auch wenn ein Teil von mir Zweifel hatte, ob ich ihn wert war. Sie schaute zu Didi und Ann auf, die beide liebevoll eine Hand von ihr hielten. »Ich bin jetzt überzeugt, daß meine Pilgerreise vollendet ist. Das ist alles, was ich zu sagen habe.« Sie drückten einander die Hände, und die Kinder umarmten sie.

Zu dritt fuhren wir zum Flughafen. Wir sprachen nicht. Nachdem wir die Milchfarm gesehen hatten und die Ostküste, hätten wir nicht auf demselben Weg nach Seattle zurückkehren können – jedenfalls nicht in diesem Leben. Aama sprach es nicht vor mir aus, aber im Flugzeug sagte sie zu Didi, daß sie fürchtete, mich nie wiederzusehen, daß sie sterben würde, bevor ich sie besuchen könnte. Didi versicherte ihr, daß ich schon in einem Monat wieder in Nepal sei und sogleich ins Dorf kommen würde, um sie zu sehen.

Zermürbt vom Flug und der Zeitverschiebung landeten die beiden in Katmandu. Aamas ganzes Sinnen und Trachten war darauf gerichtet, zu ihren Enkelkindern zurückzukehren, zu den Hühnern, deren Glucke sie war, und auf die Vorbereitung des Dasain-Festes. Außerdem mußte sie mit dem Tod von Sun Maya fertig werden, an den sie noch immer glaubte.

Sie füllte eine leere Fantaflasche mit Wasser des Bagmati-Flusses, der noch schmutziger war als der Ganges und fast so heilig. Sie fragte Didi, ob sie auch etwas Saft oder Wein aus *Amerita* mitnehmen dürfe. Didi richtete eine Schachtel mit Lebensmitteln aus dem Westen her – wie für eine letzte Kommunion.

Aama stieg barfuß den Pfad zu ihrem Dorf hinauf. Ihre Füße waren müde, aber innigst vertraut mit dem Weg. Als ihr Haus in Sichtweite kam, blieb sie stehen, um ihre Brille aufzusetzen, das unvermeidliche Symbol einer Frau, die von einem Besuch ihres Sohnes bei den Gurkha-Regimentern heimkehrt. Didi wollte sie ihr abnehmen, um zu putzen, aber Aama meinte, das trübe Glas würde ihre Tränen verbergen. Mantras murmelnd trat sie mit gesenktem Kopf über die Schwelle ihres Hauses.

Sun Maya saß auf dem Holzklotz neben der Feuerstelle und buk Brot für Verwandte, die zu Besuch gekommen waren. Aama blieb einen Augenblick wie angewurzelt stehen, dann leuchtete ihr Gesicht auf. Sun Maya sah genauso überrascht und glücklich aus wie sie.

Das Dorf lief zusammen, so wie auch alle bei ihrem Abschied dagewesen waren; nur die Hühner waren tot – was ihre Vorahnung bestätigte, daß etwas passiert sei.

Sämtliche Verwandten sammelten sich auf der Veranda, um Aamas übersprudelnde, zusammenhanglose Geschichten zu hören und von einem riesigen mechanischen Fisch, Spielautomaten, Maschinen mit Klauen, die Baumstämme bewegen können, von Heißwasser-Springbrunnen und ihren Gottheiten, langen Unterhosen, gotteslästerlichen Melkapparaten und dem großen Gangesozean. Während sie sprach, öffneten Kinder ihre Metallkoffer. Die amerikanischen Kunst- und Naturprodukte versickerten lautlos im Dorf.

»Mein eigener Sohn – hätte ich einen geboren – hätte das nicht für mich getan. Nani muß der Sohn sein, der mir bestimmt war. Und auch meine Schwiegertochter war sehr hilfreich.«

Didi hatte ihre Pflicht erfüllt und war jetzt aus ihrer Rolle entbunden. Ihre Bindung an Aama, die an die Beziehung zu mir geknüpft war, wurde gelöst. Didi blieb nur kurz, bevor sie sich verabschiedete. Aama tauchte im warmen Strom des Dorfes unter, und es dauerte nicht lange, bis ihr das amerikanische Leben sehr fremd erschien und es in der Ferne verschwand.

*

Meine Bemühungen, während des nächstens Monats in Amerika andere Frauen aufzutun, war vergeblich – genaugenommen eine Katastrophe –, als habe ich ein Warnschild auf der Stirn getragen. Auf dem Weg zurück nach Nepal dachte ich über die Beziehung zu Didi nach. Obwohl ich immer noch unsicher war, ob wir gemeinsam auskommen könnten, begann ich doch einzusehen, daß ich ihr mehr Aufmerksamkeit und Achtung schuldete, als ich ihr bisher gegeben hatte.

In der Nacht meiner Ankunft in Katmandu bekam ich die Rechnung klar und deutlich serviert. Das Taxi ratterte zu Didis Haus. Sie gab mir einen freundschaftlichen Kuß auf die Wange und sagte, sie habe mich anderswo untergebracht. Sie habe jemand anderen kennengelernt.

Mein Atem blieb stehen. Etwas schnürte mir die Brust ein. Da war es wieder, dieses niederschmetternde Gefühl wie nach der Nachricht vom Tod meiner Mutter: gefangen zu sein und gleichzeitig verlassen. Ich war fix und fertig.

Ich wollte Didi fragen, was genau vorgegangen sei, konnte aber nicht ertragen, es zu hören. Ich machte ihr einen lahmen Heiratsantrag, doch ihre Antwort war auf ihrem Gesicht und von ihren Bewegungen her klar abzulesen. Ich versuchte meinen Antrag zu trivialisieren, um wenigstens noch ein wenig von meinem Stolz zu retten, da ich ihn nicht gleich wieder zurücknehmen konnte.

»Könnte man ja mal drüber nachdenken. Wie wär's mit der Western-Kapelle in Las Vegas? Vielleicht haben sie einen katholischen Priester bei der Hand – um deine Mutter zufriedenzustellen –, oder wir könnten einen Brahmanen-Priester im Trump Taj Mahal in Atlantic City ausfindig machen oder sonst was.« Ich konnte kaum sprechen. Didi lächelte mich mitleidig an. Es gab keinen Rückweg.

Tage vergingen, dann Wochen, und jeden Tag hatte ich das Gefühl, daß ich mit Didi sprechen mußte. Jedesmal wenn ich anrief, zog sich mein Magen vor Furcht zusammen, ein anderer Mann könnte am Telefon sein oder daß sie den Kontakt ganz abbrechen würde. Unsere Unterhaltung ging mir den ganzen

Tag durch den Kopf, und ich überlegte hin und her, welche Worte ich hätte sagen sollen, oder was ungesagt geblieben war.

In meiner Verunsicherung versuchte ich, mit Hilfe der Sprache Kontrolle über sie zu bekommen. Ich verstand mich besser als sie aufs Manipulieren mit Worten und Bedeutungen, aber ich merkte, daß ich damit die Beziehung nur noch mehr aushöhlte.

Meine Unfähigkeit zu funktionieren führte zu noch größerer Unsicherheit. Eine brutale, fremde Macht hatte Besitz von mir ergriffen und ließ mich nicht los, weder konnte ich arbeiten noch mich entspannen. Im Kopf versuchte ich verzweifelt, die Vergangenheit zu verändern. So fratzenhaft, wie sie sich mir jetzt darstellte, konnte sie gar nicht gewesen sein. Mein Blut wurde mit den chemischen Ausschüttungen der Depression überschwemmt, die sich durch einen Teufelskreis negativer Gedanken ständig verstärkte. Diese toxische Angst löste sich weder in heißem Badewasser noch in Alkohol auf und auch nicht in der Zerebralflüssigkeit der Meditation – worin ich mich vergeblich versuchte.

»Leiden ist ein großer Lehrer«, sagte der tibetanische Lama, dessen Dharma-Vorträge ich Jahre zuvor gehört hatte. Er hatte die illusionäre Natur des menschlichen Geistes und der Phänomene beschrieben und das unausweichliche Entstehen von Leiden. Diese Lehre leuchtete mir ein, und eine gewisse Neugierde auf die buddhistische Philosophie war immer in mir wach geblieben. Aber es fiel mir schwer, mich an die Konzepte zu erinnern oder sie praktisch auf meinen Zustand anzuwenden.

Ich schob den Besuch bei Aama hinaus, um ihr keine Erklärungen über Didi abgeben zu müssen, die mir peinlich waren – aber mit irgend jemandem mußte ich sprechen. Der tibetische Lama lehrte rund um den Globus und war wohl kaum in seinem Kloster anzutreffen. Nach einem lustlosen Mittagessen kaufte ich einen *khatta*, einen seidenen Opferschal, an einem Stand für Ritualgegenstände. Ich stieg die drei Stockwerke zu seiner Wohnung hinauf, wohl wissend, daß nur wenige Lamas nachmittags Besuch empfingen.

Vor der Tür stand ein Paar Schuhe. Ich zog meine aus, atmete flach ein und zog den Leinenvorhang zur Seite.

Tulku Chyöki Nyima Rimpoche saß allein auf seiner Couch im Empfangszimmer. Seine Hände waren friedlich im Schoß gefaltet.

»Komm herein«, sagte er fröhlich. Er stand auf und streckte mir beide Hände entgegen. »Ich habe auf dich gewartet.« Ich hatte ihn fünf Jahre lang nicht gesehen, aber ich fiel ihm in die Arme. »*Jetzt* kannst du *samsara* sehen, das weltliche Universum der Verhaftung und des Leidens. Das ist eine Gelegenheit, ein Segen.« Ich sagte nichts zu ihm.

Das war derselbe Lama, den Didi vor seiner Abreise nach Amerika um Rat gefragt hatte. Aber woher konnte er wissen, daß ich zu ihm kommen würde?

Ich bat ihn um ein *mo*, eine Weissagung, eine Antwort auf meine einfache Frage, ob Didi und ich zusammenpaßten und wieder zueinanderfinden würden. Ich war versucht, ihn zu fragen, welchen Rat er ihr gegeben hatte, aber ich wußte, daß seine Antwort darauf nur ausweichend sein konnte.

Rimpoche zog eine Gebetskette heraus und hielt sie zwischen Daumen und Zeigefinger; er streichelte jede Perle, die er zwischen den Fingern hindurchschob. Der Raum wurde eng und still. Rimpoche schaute von seiner Gebetskette auf. Er hatte die Antwort.

»Schwierig. Schwierig.« Mein Magen krampfte sich zusammen. »Aber möglich«, fügte er hinzu, was ich als ein Zeichen des Optimismus auffaßte. »Das Leben ist seltsam.« Diese Aussage konnte ich voll unterschreiben. Er lächelte und kicherte. »Ich glaube, daß die Menschen im Westen mehr leiden als wir Asiaten, und das ist der Grund, warum sie so gute Studenten des Buddhismus und der östlichen Philosophie werden. Im Westen wachsen die Menschen mit dem Gefühl auf, daß sie viel vom Leben erwarten können, und verlieren sich dann im Auf und Ab zwischen großen Hoffnungen und tiefer Verzweiflung. So bekommen sie Angst, was ihnen als nächstes zustoßen könnte, und sind im allgemeinen nicht darauf vorbereitet, wenn es geschieht. Wir Asiaten schleppen nicht so viele Erwartungen mit uns herum. Schau dich um: Gibt es da etwas zu hoffen?« Ich hätte mich am liebsten an seinem Gewand festgehalten, aber ein anderer Besucher war eingetroffen. Ich dankte ihm, verbeugte mich und ging.

Als ich draußen vor dem weißgetünchten Kloster stand, mußte ich mich besinnen, wohin ich jetzt eigentlich wollte. Ich dachte an die buddhistische Disziplin, sich in den Wald zur Meditation zurückzuziehen, was mir vielleicht wenigstens helfen könnte, meinen Kopf wieder klarzubekommen.

Rimpoche hatte mich nicht von meiner Depression befreit, dachte ich selbstbezogen. Seine Worte waren weise, aber ich war unfähig, sie mir zu Herzen zu nehmen. Die Warnung eines Freundes klang mir in den Ohren: *Bitte nicht um ein mo, wenn du nicht bereit bist, dich der Antwort zu fügen.* Das könnte wohl nichts anderes heißen, als daß ich eine zweite Meinung einholen mußte.

Der zweite Lama machte mir noch weniger Hoffnung. Es sah schlecht aus. Das erste *mo* hatte mir eine neutrale Prognose gegeben, das bedeutete, daß ich noch eine dritte Meinung brauchte, um eine Zwei-zu-drei-Entscheidung treffen zu können.

Ich suchte einen der höchsten Lamas auf, die in der tibetischen Flüchtlingsgemeinschaft leben. Tulku Urgyen Rimpoche, der dem Dalai-Lama Dharma-Lehren in speziellen tantrischen Übungen erteilt hatte. Ich bat seine westlichen und tibetischen Mitarbeiter dringend, mir eine Audienz zu verschaffen. Nachdem ich schließlich zum inneren Heiligtum vorgedrungen war, überreichte ich ihm den *Khatta*-Schal und hockte im Schneidersitz zu seinen Füßen. Rimpoche lächelte und schüttelte seine Gebetskette zwischen beiden Händen. Er zog sie heraus und fixierte mich durch die untere Hälfte seiner Brille wie ein Wissenschaftler, der durchs Mikroskop schaut. Ich ertappte mich dabei, daß ich nach einem Muster in den Perlen suchte. War es die Art, wie sie das Licht reflektierten, ihre Anordnung oder eine mystische numerische Formel? Ich schaute ihm ins Gesicht auf der Suche nach einem Hoffnungsschimmer. Ich versuchte, ruhig zu werden und festzustellen, auf welcher Ebene mein Problem eigentlich lag: auf der physischen, der psychischen oder der spirituellen? Oder war meine rastlose Angst ein Überhang aus einem früheren Leben? »Es kann in beide Richtungen gehen«, erklärte er und lächelte unparteiisch.

Aama sagte, sie habe gewußt, daß ich komme. Die Schulkinder hänselten sie fast täglich vom Weg über ihrem Haus und hatten dieser Tage gerufen, ich sei auf dem Weg herauf zum Dorf, um sie wieder mit nach Amerika zu nehmen.

Die mündlichen Samen einer neuen Mythologie waren die einzigen Überbleibsel unserer Odyssee, wenn man von ein paar amerikanischen Artefakten absah – einer zerbrochenen Mickymouse-Tasse und Perlen einer Halskette, die in ihrer staubigen Dachkammer einen Platz gefunden hatten.

Noch bevor Aama dazu kam, mir eine Tasse Tee anzubieten, gestand ich ihr, daß Didi mich verlassen hatte. Die Worte kamen lauter heraus, als ich sie aussprechen wollte. Mein Herz schlug heftig. Ich wartete gespannt auf ihre Reaktion.

Sie schaute von der Feuerstelle nicht auf. Nach einer Weile sagte sie ganz sachlich: »Ich sah es kommen.«

»Was?« Ich forschte wieder in der Vergangenheit, welche Zeichen ich übersehen hatte, die Aama aufgefallen waren. »Warum hast du es mir nicht gesagt?«

»Du hättest mir nicht zugehört.«

Ich verstand, warum die Gurung Todesnachrichten zurückhielten. Tod war das Hauptgefühl, das mich überkam, wenn ich mich der Realität der Nichtbeziehung zu Didi stellte. Aama schaute mich an: »Wenn ein Kürbis zu groß wird, dann zerbricht er am eigenen Gewicht. Wenn ein Bambus zu hoch wächst, dann zieht ihn seine eigene Höhe herunter.«

»Aber du hast doch gesehen, daß es eine Ebene gab, auf der ich Didi geliebt habe, nicht wahr?« Vielleicht wußte Aama besser als ich, ob das stimmte. Sie schob die Maiskolben tiefer unter den Teekessel und blies durchs Bambusrohr ins Feuer.

Wieder schaute sie nicht auf. Ihr Gesicht sagte, daß ich nicht die richtige Frage gestellt hatte.

»Warum suchst du dir nicht eine andere?«

»Eine andere?« fragte ich, als läge das weit von mir.

»Wenn du nicht eine andere Frau finden wolltest, warum bist du dann nicht mit Didi und mir nach Nepal gefahren? Ich kann gut allein zurückkommen. Aber was ist mit Didi?«

»Nun, ich gebe zu, ich habe es versucht. Ich weiß jetzt, daß ich es nicht hätte tun sollen, aber vermutlich brauchte ich das.« Ich drückte mich vor der Realität, watete in der Ignoranz des Nichtsehens herum, wovon der Lama gesprochen hatte.

»Wenn der Strom einmal überquert ist, wird der Stock vergessen.«

»Schön und gut, aber jetzt möchte ich Didi zurückhaben«, sagte ich trotzig.

Aama atmete ein, die erste Hälfte eines Seufzers, der Vorbote von etwas, für das ich fürchtete, nicht reif zu sein. Sie verstand mich so tief wie meine Mutter.

»Ram und Laxman gingen jagen,
Und störten keinen Stein.
Sie wußten, mit gutem Karma
Geht alles von allein.«

Unsere Unterhaltung nahm nicht den Verlauf, wie ich ihn erwartet hatte. Mir stand nicht der Sinn nach ihren Sprichwörtern, die nur dem Zweck dienten, mich auf mich selbst zu verweisen.

»Du glaubst, du könntest das erzwingen? Du glaubst, du könntest es bekommen, nur weil du sagst, du willst es?« forderte sie mich heraus.

So schien es bisher immer funktioniert zu haben, dachte ich und erinnerte mich an meine relativ glückliche Kindheit. Dann fiel mir ein, was Aama einmal gesagt hatte – daß es besser sei, das unvermeidliche Leiden frühzeitig im Leben durchzustehen, statt später.

Wenn ich aus Aama schon keinen Rat herausquetschen konnte, wie ich auf leichte Weise etwas bekommen könnte, was nicht zu bekommen war, dann durfte ich zumindest Mitleid erwarten. Aber auch darauf hoffte ich vergebens. Ihre Stimme hatte den Ton einer Mutter, die ihre Enttäuschung nicht verhehlen kann, daß das Kind immer noch nicht erwachsen ist. Ich wollte es so dringend, dachte ich, aber wußte nicht, wie. Die körperlichen und professionellen Herausforderungen, denen ich mich routiniert und stolz gestellt hatte, erschienen lächerlich im Vergleich zu der Aufgabe, Verantwortung für meine eigene Rettung zu übernehmen. Mich mit mir selbst zu konfrontierten, erschien mir zu mühselig, um es in Betracht zu ziehen.

Ich wollte von Aama, daß sie Didi für mich umstimmte, sie irgendwie zu mir zurückbrachte, um den Schmerz loszuwerden. Darüber hinaus wollte ich, daß sie mich aufbaute, wie ich das von meiner Mutter erwartet hätte. Ich fühlte mich von allen Seiten verraten, und meine Ansprüche und Erwartungen brachen rundherum zusammen.

»Ein Mann muß den Hunger seiner Frau spüren«, fuhr Aama fort, »so wie die Frau den Hunger ihres Mannes spüren muß. Sie müssen beide etwas verstehen: Keiner wird genug geben können, um seinen Gatten zu befriedigen, und keiner wird so viel nehmen können, um seine Gier zufriedenzustellen. Miteinander auskommen ist wie Buttern: Die Milch muß genau die richtige Temperatur haben, und das Schlagen muß genau stimmen – nicht zu schnell und nicht zu langsam –, sonst wird sich die Butter nicht von der Milch trennen. Du mußt ein Gefühl dafür haben.« Und das sagte eine Frau, die von den Eltern verheiratet worden war, eine Frau, die sich am Morgen der Heirat im Maisfeld versteckt und gebetet hatte, daß die Eltern statt ihrer die Schwester nehmen würden!

Es schmerzte mich, mir Didis Geduld in den Jahren unseres Zusammenlebens vorzustellen. Ich hoffte noch immer, daß unsere Trennung nur vorübergehend sein würde und daß ich jetzt an der Reihe war, auf sie zu warten. Aber wie lange konnte ich warten? Ich lief über Aamas Hof, durch das Dorf und am

Rand der Maisterrassen entlang. Der Ort erschien mir plötzlich so fremd wie an dem Tag, an dem ich das erste Mal hierhergekommen war und im Haus des Dorfvorstehers, Aamas Schwiegersohn, nach einer Unterkunft gefragt hatte. Mein erstes Zuhause hatte ich vor vielen Jahren verlassen. Jetzt war es an der Zeit, mein zweites Zuhause zu verlassen und ein neues Leben aufzubauen.

Aama wußte das.

Bevor ich aufbrach, um nach Katmandu zurückzukehren, sagte Aama, sie hoffe, daß ich keine Angst habe, weiterzusuchen und mich in meiner Umgebung umzusehen.

Meine Depression hielt an. In einem stetigen Rhythmus schickte ich Didi Geschenke: ein neues Motorrad, Rubinohrringe. Sie wollte sie erst nicht, schien mit sich zu kämpfen, ob sie sie annehmen sollte, tat es dann aber doch. Freunde lieferten die hilfreiche Erklärung, daß etwas aus meiner Vergangenheit zum Durchbruch komme. *»Er hat den Tiger des Dschungels besiegt, aber der Tiger seines Denkens hat ihn erwischt.«* Aamas Sprichwort ging mir endlos im Kopf herum.

Kapitel 17

Die verzogene Tür klemmte noch mehr als gewöhnlich, und der Griff hatte sich unter der gewaltsamen Benutzung gelokkert. Ich lehnte mich mit der Schulter dagegen und sann über meinen Lebensstil nach in diesem verwestlichten Katmandu-Haus, das mehr auf Show und Unterhaltung angelegt war als auf Funktionstüchtigkeit.

Nichts klappte. Ich hatte einen Mann angestellt, der nichts anderes zu tun hatte, als das Haus instand zu halten. Er reparierte die Wasserpumpe, erneuerte die elektrischen Steckdosen, stellte Kerzen auf, um den nächtlichen Stromausfall zu überbrücken, fütterte die Bulldogge, bekniete das Fernmeldeamt, die chronisch gestörte Telefonleitung in Ordnung zu bringen und verpflanzte die Zimmerpflanzen nach draußen in die subtropische Vegetation, die das Haus überwucherte und sich durch die Wegplatten zwängte.

Es reichte mir. Selbst wenn diese Annehmlichkeiten funktionierten, machten sie das Leben nicht besser als in Aamas Dorf – eher schlechter, wenn ich mein hektisches Stadtleben mit dem ruhigen, friedlichen Rhythmus auf dem Land verglich. Begehren führt zu Leiden, hatte der tibetische Lama gesagt. Glück müßte sich also finden lassen, wenn die Begierden eingedämmt würden.

Plötzlich gab die Tür nach, der Griff glitt mir aus der Hand, und sie knallte an die Wand. Ich fing sie beim Zurückschlagen auf und schloß sie langsam hinter mir.

Mein Koch und mein Hausmeister unterhielten sich in der Küche, ziemlich still, wie mir schien. Etwas stimmte nicht im

Haus, als sei noch jemand da oder als fehlte etwas. Ich ging die halbe Treppe zum Wohnzimmer hinauf, horchend, überlegend. Eine merkwürdige Beklommenheit stieg in mir auf. Ich hörte nicht, daß der Koch hinter mir die Treppe hinaufgestiegen war.

»Es ist ein Telefonanruf gekommen«, sagte er vom Flur aus. Seine Stimme erschreckte mich. »Von einem Verwandten der alten Gurung-Dame. Sie ist gestorben. Sie ist tot.«

Ich drehte mich nicht zu ihm um, sondern fixierte statt dessen die Maserung des Holztisches, verfolgte mit den Augen die hellen und dunklen Linien, als könne ich in sie hineinschauen und ihre molekulare Struktur erkennen.

Ein Augenzucken lenkte meinen Blick zum Fenster, das auf einen typisch asiatischen Vorort hinausschaute. Plötzlich war alles bedeutungslos und fremd geworden. Das Gefühl der Machtlosigkeit überschwemmte mich.

Wieder passiert es. Meine Mutter hatte das gleiche getan, sie war gestorben, ohne mir Gelegenheit zu geben, mit ihr zu sprechen. Mein Verstand war darauf vorbereitet gewesen, aber nicht mein Gefühl. Da war noch etwas, das ich von Aama brauchte, noch etwas, das ich verstehen mußte. Und es gab etwas, das ich ihr noch geben wollte. Ich wollte ihr sagen, daß ich sie liebte.

Warum mußte ich ihr das sagen?

Weil ich es meiner Mutter nicht hatte sagen können oder es aus irgendeinem Grund nicht getan hatte. Vielleicht wußte sie trotzdem, daß ich sie liebte. Aber ich hätte es aussprechen sollen.

Nein, du darfst jetzt nicht sterben.

Mütter sterben, das wußte ich doch nur zu gut.

Wer wird mich vor meinen zügellosen, bösartigen, um mich selbst kreisenden Gedanken bewahren? Wer wird mich daran erinnern, daß ich das Leben nicht so ernst nehmen soll? Wer wird mich von der Last meiner Verhaftungen befreien?

Auch Aama hatte sich gehenlassen – in ihren Erinnerungen und in ihren Sorgen. Aber alle Zustände des Körpers, des

Fühlens und des Denkens sind vorübergehend – wie die Lamas und Brahmanen-Priester sagen. Und für alles gibt es einen Grund.

In meinem engen Garten fiel mein Blick auf eine Tonfigur von Maitreya, dem Buddha der Zukunft, wie er gelassen an dem kleinen Fischteich sitzt. Daneben war ein Wasserhahn. Ich formte mit meinen Händen das *mudra* des Annehmens, das die Form der Blatt-Opfergabe hatte, welche die Menschen auf den Ganges legen. Das Wasser füllte meine Hände, als seien es Tränen – reiner, reicher Nektar. *Amrita*, das Elixier der Unsterblichkeit. Wasser, der Samen von Shiva, der von Kailash heruntersprudelt, um Leben in die Ebenen zu tragen; eine Flüssigkeit, die zu Eis werden oder verdampfen kann, die aber immer wieder zu Flüssigkeit wird – das Grundelement des menschlichen Lebens. Inkarnation über Inkarnation. Wie das Leben selbst ändern sich nur seine Form und seine Grenzen.

Wie Aama mir in Montana geraten hatte, stellte ich mich mit dem Gesicht nach Osten, hob die Hände und ließ von meinen Fingerspitzen Wasser über meine rechte Seite laufen; dann sprach ich ein Gebet. Die Orchideen und Paradiesblumen am Fischteich verwandelten sich in die Blumengebinde in der Kirche bei der Beerdigung meiner Mutter, vibrierend und beredt in ihrer Stummheit.

Ich konnte nicht im Haus bleiben. Mit weichen Schritten, als würde ich die Zerbrechlichkeit der menschlichen Existenz mit meinen Füßen betasten, ging ich aus dem eisernen Tor hinaus und tauchte in der Nachbarschaft unter. In der unpersönlichen, überfüllten Vorstadt, die im Zwielicht zwischen Stadt und Land im Begriff war, ihre Identität zu verlieren, war ich anonym. Zementbauten thronten über Abdobeziegelhäusern, die mit Stroh oder dem Blech von alten Ölkanistern gedeckt waren. Tagelöhner, Bauern, Straßenverkäufer und Bettelmönche waren Teil dieser brüchigen Zivilisation. Und jeder hatte, so empfand ich es jedenfalls, von Aamas Tod schon zuvor erfahren.

Etwas zerriß mich. Es war nicht so sehr Trauer als vielmehr ein Fegefeuer der Angst und Verwirrung. Ich schrie zum Boden vor meinen Füßen, was Aama über Amerika gesagt hatte: *Es ist alles sinnlos.* Wie sie verlor ich die Energie, zu verstehen oder zu reagieren. *Eh, Bhagwan. Alles, was wir sehen und wissen, entsteht aus Bhagwan.*

Ich lief ziellos herum, kehrte schließlich zum Haus zurück und rief Didi an.

Ich spürte, daß es auch für sie ein Stoß ins Herz war.

»Ich werde für sie beten. Sie hatte ein gutes Leben und eine gläubige Seele. Ihre Wiedergeburt wird gut sein. Ich hoffe, daß du damit fertig wirst.« Sie hängte auf. Mein Magen verkrampfte sich. Von einer Exfreundin konnte ich nicht erwarten, meine Leere zu füllen.

Woher war diese Depression gekommen, und wann würde sie, verdammt noch mal, wieder vorbeigehen? Warum war sie so zäh – welche verborgene Bindung steckte dahinter? Die Depression hatte eine eigene Identität angenommen. In der Nacht hielt sie mich wach, klammerte sich an mich wie ein Kind und entließ mich nur widerwillig in einen ruhelosen und oberflächlichen Schlaf. Am Morgen fiel sie schon in den ersten Sekunden des Erwachens aggressiv über mich her, gerade dann, wenn ich am hilflosesten war.

Ich spürte einen wilden Drang zum Selbstmord, was in dieser Stadt, in der man sich alle Mühe geben mußte, nicht durch einen Autounfall, Krankheit, Katastrophen oder Revolution ums Leben zu kommen, nicht schwer gewesen wäre. Aber etwas wollte, daß ich am Leben blieb. Eine Quelle der Energie und des Lebens war dabei, mich für das Unbekannte vorzubereiten, vielleicht für den Tod selbst, und sie würde mich nicht eher entlassen, als bis ich verstanden hatte.

Eine tantrische Wandmalerei kam mir in den Sinn, wie sie in den Höfen von buddhistischen Klöstern zu finden ist: ein Mönch, der an einen Tiger gekettet ist und sich tanzend mit ihm im Dialog befindet. Der Mönch ist Meister darin, ein Tier zu zügeln und zu zähmen, an das er unauflöslich gebunden ist. Auf diese Weise würde es durch Beharrlichkeit in der Übung des Dharma gelingen, den machtvollen und launischen Verstand an den Zügel zu nehmen. Das Zähmen eines Tigers schien mir weit einfacher zu sein.

Vor drei Monaten hatte ich Aama zum letztenmal gesehen. Jetzt hatte einer ihrer Großneffen, der in Katmandu bei der Polizei stationiert war, sich gemeldet, und ich rief ihn an. Er sagte, ihr Körper sei vor ein paar Tagen verbrannt worden. Ein Verwandter habe ihn vom Distriktzentrum aus angerufen und ihn gebeten, mir die Nachricht zu überbringen.

In der Woche vor ihrem Tod war Aamas Angst vor dem Hinfallen noch größer geworden, und sie hatte sich nicht mehr ohne Stock bewegt. Sie war vergeßlich geworden, und ihr Appetit war so gut wie verschwunden. Um den Anschein zu erwekken, sie würde essen, setzte sie sich wie gewöhnlich auf ihren niedrigen Hocker und steckte ein paar Bissen in den Mund. Sie gestand einer Verwandten, daß sie nur noch ihrer Tochter zuliebe von dem Essen kostete.

Sun Maya wußte, was bevorstand. Aama wurde schwach und schwächer und legte sich auf eine Strohmatte auf der Veranda, von wo aus sie auf die Berge schauen konnte, die sie seit ihrer Geburt kannte.

Die Gurung sagen, daß in der Zeit des Sterbens alle Ahnen in Erscheinung treten. Wie Sun Maya mir später erzählte, muß es wohl so gewesen sein, denn Aama sprach in den Augenblicken vor ihrem letzten Atemzug ihre Namen laut vor sich hin, auch Didis und meinen. Am Morgen, unter den positiven Auspizien des Magh-Vollmonds, ging Aama hinüber.

Magh ist der günstigste Moment, um zu sterben, und Vollmond der beste Tag. Es war der zweiunddreißigste und letzte Abend der alljährlichen Lesung aus der Legende des Parbati, der Weggefährten Shivas, die in dem Werk *Swasthani* aufgezeichnet ist. Die Frauen des Dorfes versammelten sich auf einer Veranda, um das abschließende Kapitel dieser Parabel zu lesen und dann zu fasten und zu beten. Durch Fasten und Meditation wird dem Ego die Nahrung verweigert, die es aufrechterhält.

Oft hören die Alten, wenn sie den Tod nahen fühlen, einfach auf zu essen. Sich der Nahrung zu enthalten ist eine Form des asketischen Gebets, ein Lösen der Verhaftungen an die physische Welt vor der endgültigen und letzten Aufgabe des Egos – der Vereinigung mit Gott im Tod.

Als Aama ihren letzten Atemzug getan hatte, rief Sun Maya den Lama.

In Aamas Haus wusch er ihren Körper und sang dabei Invokationen. Eine Verwandte band ein Kleidungsstück von Aama mit ein paar Früchten und Blumen an einen langen Bambusstock und befestigte diesen an der Dachspitze, um zu kennzeichnen, daß das Haus ein Ort der Trauer war. Sun Maya zerbrach ihre Glasarmreifen und ließ ihr Haar herunter, um allem Schmuck zu entsagen. Aamas drei Neffen, ihre nächsten männlichen Verwandten, begrüßten still die anderen Angehörigen, die auf Aamas Veranda zusammenkamen.

Mit übertriebener Höflichkeit organisierte Sun Mayas Mann, Mani Prasad, Sitzgelegenheiten für sie. Er beauftragte seine Töchter, zusätzliche Strohmatten zu besorgen, Bambusstöcke, um eine Totenbahre zu fertigen. Ritualgegenstände, Baumwolltuch und Steichhölzer, um Räucherwerk zu entzünden und den Scheiterhaufen anzustecken. Seine Bewegungen wirkten geübt, als habe er auf den Tag gewartet, an dem er das letzte Wort über das, was mit Aama geschah, haben konnte. Er legte öffentlich eine Ehrerbietung an den Tag, von der nichts zu merken war, als Aama noch lebte. Wegen der Trauer der nahen Angehörigen war es bei den Gurung traditionell die Aufgabe des Schwiegersohns, die Zeremonien durchzuführen. Das hinderte Mai Prasad aber nicht daran, sein gewöhnliches Alkoholquantum zu sich zu nehmen.

Der älteste Neffe überreichte dem Lama ein handgesponnenes Baumwolltuch, um Aamas Körper einzuhüllen. Dann trugen die Neffen sie aus dem Haus und legten sie auf eine kurze Bambusbahre, die auf der Terrasse stand. Der Lama schnitt ein wenig von ihren Fingernägeln ab und eine Haarsträhne, steckte sie in eine kleine Bambusröhre und versteckte diese im Dorf. Falls Hexen oder Geister diese symbolischen Körperteile entdeckten, könnten sie das Hinüberwandern ihrer Seele stören. Sowohl der Lama als auch der Schamane brauchten sie später, um Aamas Geist nach Siminasa zu leiten, der letzten Ruhestätte der Seelen der Ahnen.

Vor der Totenprozession schritt der drittälteste Neffe einher, Schamane wie sein Vater, und schoß Pfeile in die vier Himmelsrichtungen ab, um üble Geister von der Bahre abzuwehren, die von den anderen beiden Neffen getragen wurde. Die Verwandten hatten Feuerholz aus Aamas Haus mitgenommen, das sie selbst noch ein paar Wochen zuvor gesägt hatte. Jetzt sollte es für ihre eigene Verbrennung benutzt werden. Jeder trug ein Bündel auf seiner rechten Schulter. Als die Bahre oben auf dem Bergkamm am Verbrennungsplatz angelangt war, der dem Shiva-Schrein gegenüberlag, blies der Lama in sein Muschelhorn – einen langen, melancholischen Ton.

Mani Prasad schichtete den Scheiterhaufen auf, eine Aufgabe, die kein Blutsverwandter ausführen durfte. Indem er an der Verbrennung seiner Schwiegermutter mitwirkte, konnte er seine Dankbarkeit dafür ausdrücken, daß Aama ihm ihre Tochter zur Frau gegeben hatte, und die Verbindung mit der Abstammungslinie seiner Frau festigen.

Der Lama saß im Schneidersitz auf einer Matte und öffnete ein Tuch, in das ein Buch eingewickelt war: ein Stapel alter, mit Holzdruck beschrifteter Seiten. Sein Oberkörper wiegte sich leicht hin und her, während er tibetische Gebete rezitierte.

Der älteste Neffe steckte einen mit Senföl getränkten Baumwolldocht in Aamas Mund und zündete ihn und die Zweige unter dem Scheiterhaufen an. Die Verwandten stiegen wieder ins Tal hinab und streuten dabei Dornenzweige hinter sich auf den Pfad, damit ihnen keine Geister folgten, während Mani Prasad und die Neffen oben blieben, um das Feuer zu schüren und zu bewachen. Die Funken, die von ihrem Körper aufstiegen, trugen flackernd ihr *prana* fort, ihren Lebensatem, dieselbe vitale Essenz, welche die Erde belebte und aus welcher der christliche Gott die Menschheit geformt hat. Aama hatte über das, was jetzt geschah, gesprochen.

»Während der Körper brennt, löst sich das Fleisch von den Knochen. Manchmal erscheinen im Licht der Flammen die Buchstaben, die auf die Stirn des Toten geschrieben wurden. Diese Buchstaben haben sein Schicksal bestimmt und wurden am Tag des chainti, *des sechsten Tages nach der Geburt, aufgezeichnet. Sind sie schwarz, so heißt das, daß die Person ein schwieriges Leben hatte, sind sie rot, hatte sie ein gutes Leben und kann eine gute Wiedergeburt erwarten.«*

Sun Maya fragte Mani Prasad nach den Buchstaben. Er sagte, er habe nicht danach geschaut, denn er halte nichts von Aberglauben.

Die Sonne war untergegangen, aber die Glut von Aamas Scheiterhaufen schwelte weiter. Die Neffen rechten den immer kleiner werdenden Haufen zusammen. Am Morgen war nur noch Asche übrig.

Nach der Verbrennung betrat der Lama als erster Aamas Haus. Die Verwandten schauten zu, während er sang und einen rituellen Dolch schwang, den *gwiyantar*, der die tantrische Energie, die ihn wie eine Aura umgibt, verstärkt. Das verleiht ihm die Kraft, böse Geister hinauszujagen, die vom Tod angezogen werden und sich im Haus einnisten wollen.

Nach der Auffassung der Gurung verweilte Aamas Seele noch einen Tag im Haus, um sich dort Schritt für Schritt hinauszubewegen: am zweiten Tag auf die Veranda, am dritten auf den Hof, von dort in die Nachbarschaft, das Dorf, die Felder und den Wald, wobei sie auf jeder Stufe bewußter und beweglicher wurde.

In den ersten Tagen nach Aamas Tod kamen jeden Abend Verwandte und Dorfbewohner und setzten sich vor den Eingang, um ihr noch einmal nahe zu sein und ihr Unterstützung für den Übergang zu geben. Die Seele eines Verstorbenen ist schwach. Sie weiß nicht, wo sie sich befindet, und ist deswegen verletzlich. Der Lama kam ebenfalls, um dafür zu beten, daß sie den letzten Ruheplatz, Siminasa, sicher erreichte und ihr eine günstige Reinkarnation als Mensch vergönnt war.

Reinkarnation – intuitiv und logisch ergab es einen Sinn. Pundits, Priestern, Lamas, Schamanen und allen Generationen, die ihnen vorausgingen, ist es nicht gelungen, die Seele dingfest zu machen oder sie voll zu beschreiben. Kann die Seele also, so fragten sie, eine eigene, greifbare Form besitzen? Wenn sie keine Form hat, ist sie dann etwas Geschaffenes? Wenn eine Seele nicht geschaffen werden kann, *dann kann sie auch nicht zerstört werden.* Wenn *Materie* weder geschaffen noch zerstört werden kann, dann muß es noch schwerer sein, etwas Nichtmaterielles zu erschaffen oder zu zerstören. Ich vermochte mir nicht vorzustellen, wie man Reinkarnation wissenschaftlich beweisen oder widerlegen kann, aber das Konzept schien mit wissenschaftlichem Denken vereinbar.

Hinduismus und Buddhismus beschreiben mit gewissen Abweichungen, wie die Seele vom Diesseits ins Jenseits wandert und wieder zurückkehrt. Bei den meisten von uns wird beim Tod das Karma aus früheren Leben zum Karma aus diesem Leben – sei es Verdienst oder Versagen – hinzugezählt, um die Qualität unserer nächsten Wiedergeburt zu bestimmen. Letztlich werden wir alle erleuchtet, sagen die Lamas, und vom karmischen Kreislauf – Geburt, Tod und Wiedergeburt – erlöst, auch wenn das zahllose Inkarnationen dauern kann.

Am Tag, bevor Aamas Seele die Terrasse verließ, verkündete der Lama – der so sang, daß sie es würde hören können – den Termin ihres *arghaun*, der Totenzeremonie, in der sie nach Siminasa geleitet wurde. Das *arghaun* sollte in sechs Monaten abgehalten werden, während des Monsuns im Sommer. Bis zu dieser Zeremonie würde Aamas Seele keine Ruhe finden.

*

Als ich zur festgesetzten Zeit wieder den Pfad zum Dorf hinaufwanderte und mein Weg die Felder am Rand des Dorfes kreuzte, stieß ich auf eine Gruppe Kinder, die dort mit einer Mischung aus Spiel und Unkrautjäten beschäftigt waren. Die älteren Buben flüsterten lachend miteinander, dann rief einer: »Deine Aama ist gerade unterwegs in ein anderes Dorf, aber geh nur in ihr Haus und warte – sie wird bald zurück sein.« Feiner, dichter Regen hatte mein Hemd durchnäßt und die rote Erde aufgeweicht. Durch das sarkastische Gejohle der Kinder wurde der Weg noch rutschiger.

Als ich um die letzte Kurve bog, klang mir das rhythmische *TUN-a-ku-toe, TUN-a-ku-toe* einer tablaähnlichen Trommel aus dem Dorf entgegen, begleitet vom langsamen Baß einer größeren Trommel, der *dhön-du*. Die Verwandten und Dorfbewohner wurden zu Aamas *arghaun* gerufen. Zum erstenmal kam ich ins Dorf, ohne daß Aama anwesend war.

Die Terrasse war voll mit Menschen, von denen ich viele nicht kannte. Die Menge breitete sich bis in die Nachbarhäuser und die Büffelställe aus. Sun Maya war im Haus. Mit 58 Jahren sah sie älter aus als Aama zu der Zeit, als ich ins Dorf gekommen war. Ihre Wangen waren ausgehöhlt von der harten Arbeit und wiederkehrender Krankheit. Ihr Haar hing für das *arghaun* lose in graumelierten Strähnen herunter. Deswegen wollte Aama also, daß die amerikanischen Frauen ihr Haar zurückbanden: Wo sie hinschaute, erinnerten sie die Frisuren der Frauen an den Tod.

Sun Maya hatte in der Küche alle Hände voll zu tun, mit ihren Töchtern den Tee für die vielen Gäste zuzubereiten. Sie nickte mir zu und öffnete mir einen Weg durch die zahlreichen Mädchen, die dicht an dicht vor dem Eingang hockten. Regentropfen hingen wie Tränen an den herabhängenden Halmen des Strohdaches. Es roch nach Schweiß und Räucherstäbchen und Haaröl aus Senfsamen.

Sun Maya gab mir einen Platz neben den drei Neffen, welche die Plätze der Söhne einnahmen, da Aama keine eigenen hatte. Wie die anderen Ex-Armee-Verwandten draußen trugen zwei der Neffen dunkle Westen und Röcke aus weißem Baumwollstoff, der mehrmals um die Taille gewickelt war und von einem Munitionsgürtel der britischen Armee zusammengehalten wurde. Sie tauschten Informationen aus, machten laute Witze und erzählten Geschichten, die für diese Art Zusammenkunft reserviert waren.

Sun Maya drückte mir einen Becher mit Hirseschnaps in die Hand. Wir sprachen über ihre Töchter und ob der Reis für die fast zweihundert Verwandten und Gäste reichen würde. Ich fragte sie, wo Bujay sei, Aamas ältere Kusine, die im unteren Haus gelebt hatte. Bujay war einen Monat nach Aama gestorben. Damit blieb von ihrer Generation niemand mehr übrig.

Draußen signalisierten das sonore Singen der Lamas und die Stakkatotöne aus ihren Trompeten, die aus menschlichen Oberschenkelknochen bestanden, daß die Totenstatue aufgerichtet sei. Die Neffen gingen zur Terrasse, und ich drängte mich mit auf die Veranda.

In dem Augenblick, als ich die Statue sah, hörte und sah ich nichts mehr von der Menschenmenge und wurde zurückversetzt zu einem Morgen vor mehreren Jahren. Ich hatte genau an derselben Stelle gesessen wie jetzt, und Aama hatte auf den leeren Hof geschaut und ihre Todeszeremonie vorausgesehen mit allen Einzelheiten:

Die Lamas werden kaum Platz haben mit ihren Ritualgegenständen. Sie werden auf Strohmatten hier am Fuß meiner Veranda sitzen, während die Frauen mit offenen Haaren meine Totenstatue, das plah, *umschreiten. Das* plah *steht auf einem Sockel, den sie aus dem Holzbett gebaut haben, in dem ich schlafe. Er ist mit Butterlampen geschmückt. Nahrungsmittel stehen darauf, Räucherstäbchen, Baumwollstoff und Blumen. Meine Verwandten bringen Opfergaben, und meine Gurkha-Neffen aus weit entfernten Dörfern werden dasein, die ich jahrelang nicht gesehen habe. Sie werden meistens an der Seite stehen, außer wenn sie drinnen trinken und Geschichten erzählen oder wenn sie von den Lamas oder Schamanen nach draußen gerufen werden...*

Aamas Prophezeiung schien die Zeremonie, die sich vor uns entfaltete, zu leiten. Mani Prasad hatte das *plah* aus zwei Meter hohen Bambusstangen errichtet, über die ein weißes Tuch gebreitet war. Die Brille, die wir Aama in San Francisco gekauft hatten, saß über der Gold- und Korallenkette. Unter das Tuch wurde die Bambusröhre mit den Fingernägeln und der Haarsträhne gelegt, zusammen mit einem *jantar*, einem zusammengefalteten Blatt Papier, auf dem Aamas Name und ein geweihtes mystisches Symbol, das bildliche Gegenstück zu einem Schutzmantra, standen. Über dem *plah* wurde ein symbolisches Dach aus Bambusblättern errichtet und mit den Blüten von Weihnachtssternen geschmückt. Aamas grauhaarige Kusinen und Nichten zweiten Grades brachten immer neue Essensgaben, um ihr zu zeigen, daß sie sie nicht vergessen hatten. Sun Maya legte noch Eier dazu und eine Flasche Rum, die ich mitgebracht hatte, nicht ohne sie vorher zu öffnen, damit Aama daraus trinken konnte.

Die Frauen, die das *plah* umkreisten, warfen ihre Köpfe zurück, weinten und flehten laut singend, Aamas umherschweifender Geist möge kommen und ihre Opfergaben annehmen, um sich sodann für immer nach Siminasa zurückzuziehen und niemals mehr ins Dorf zurückzukehren. Nach jeder Umkreisung hielten sie an, wärmten ihre Handflächen an den Butterlampen und hoben die Hände in Richtung des *plah*, um der Toten Energie zuzuführen.

... *Und mein Schwiegersohn wird auch da sein, dieser Halunke. Er wird rauchen und trinken und sich als Ex-Armeeoffizier aufführen und meine Tochter in Verlegenheit bringen ...*

Mani Prasad saß respektlos mit dem Rücken zum *plah* am Boden. Er rauchte eine Zigarette nach der anderen, die er zwischen die ersten beiden Finger seiner rechten Faust klemmte. Die Adern an der Stirn traten hervor, wenn er mit einem pfeifenden Geräusch an der Öffnung seiner Faust sog, dann ließ er die Hand wie einen Stein fallen. In der anderen Hand hielt er eine alte Glasflasche, die noch halbvoll mit Schnaps war. Er nahm einen tiefen Schluck aus der Pulle, warf den Kopf herum und schleuderte den Arm zur Seite, so daß die Kinder, die in der Nähe saßen, erschreckt zusammenfuhren. Dann klopfte er sich grinsend auf die Schenkel. Die umstehenden Verwandten lächelten halb mitfühlend, halb peinlich berührt, als sei er nicht ganz zurechnungsfähig. Mani Prasad war eine

Karikatur seiner selbst geworden und genoß es, auf diese Weise die Aufmerksamkeit auf sich zu ziehen. Ein befriedigtes Lächeln huschte über seine Lippen, wenn es ihm wieder gelungen war, jemanden zu schockieren.

»Über Sun Maya bekommt er vielleicht doch noch Aamas Haus«, meinte der zweitälteste Neffe zu mir. »Aber bei seinem Gesundheitszustand wird er Aama vielleicht schneller nachfolgen, als er glaubt.« Die meisten Verwandten beachteten Mani Prasad kaum. Er würde Aamas Seele nicht daran hindern, in den *plah* einzufahren.

Einer der Schamanen schlug vorsichtig ein rohes Ei auf und schüttete es in eine Messingschale. Das unverletzte Eigelb würde einen Hinweis darauf geben, in welcher Form Aamas Seele zurückkehren würde: ob als Vogel, als Maus oder als ein anderes Tier. Der Schamane stellte die Schüssel auf eine Bambusmatte und streute Asche außen herum, um Spuren feststellen zu können. Ein anderer Schamane hängte ein Huhn an einem Fuß an einem niedrigen Bambusbogen auf, um genau den Augenblick zu markieren, an dem Aamas Seele in das *plah* einfuhr. Das Tier blieb bewegungslos für einige Minuten hängen.

Plötzlich flatterte die Henne heftig mit den Flügeln, was bedeutete, daß Aamas Seele nun das *plah* bewohnte. Augenblicklich fielen die Frauen laut klagend auf die Knie und warfen ihre Arme nach vorne zum Fuß des *plah*.

Aama war hier. Sie war noch einmal ins Land der Lebenden zurückgekehrt. Vor Schreck und Verwirrung wurde ich über und über rot, dieser Zustand wich jedoch allmählich einem Gefühl der Ehrfurcht und Zuneigung. Sie sah genauso aus wie damals, als sie in Amerika neben uns im Auto saß, still beobachtend und bereit zu sprechen, wenn sie die richtigen Worte, oft in Form eines Sprichworts, gefunden hatte. Sie schien glücklich zu sein, daß sie bei uns war.

Die Verwandten können eine Seele vielleicht anlocken, aber nur ein Schamane vermag sie weiterzuleiten. Die Schamanen teilten sich in zwei Gruppen, und beide umschritten das *plah* entgegen dem Uhrzeigersinn, so daß sich die Totenstatue zwischen ihnen befand. Sie gingen im Gleichschritt und schlugen die Trommel im Einsekundentakt. Dabei sangen sie eine Ballade, die *shyerga*, welche die Gefahren auf dem Weg beschrieb, um Aama sicher zum Ziel zu geleiten.

Eine Gruppe der Schamanen ahmte Aamas Stimme nach. *»Was geschieht mit mir?«* riefen sie über das *plah*.

Die andere Gruppe antwortete mit der Stimme der Schamanenführer.

»Du bist tot, du bist gestorben.«

»Wie bin ich gestorben?« fragte Aamas Seite.

»An Altersschwäche nach einem langen, fruchtbaren, spirituellen Leben.«

»Warum macht ihr dieses arghaun?«

»Du bist vom Gott des Todes genommen worden, aber wir, die Lebenden, haben dich ihm entwunden und dir den Weg freigemacht, damit du Siminasa erreichen kannst. Du wirst dort bei deinen Vorfahren verweilen, und von dort wirst du wiedergeboren.«

Die Christen sind unentschieden, welchen Weg die Seele einschlagen wird, aber im allgemeinen glauben sie, daß sie bis zum Tod im Körper wohnt und unmittelbar danach für immer in den Himmel oder die Hölle kommt. Mit der Totenfeier ist für Christen der Übergang der Seele abgeschlossen. Ich habe mich immer gefragt, ob der Tod ein so einfacher und kurzer Prozeß ist. Hindus und Buddhisten glauben, daß nur weit Fortgeschrittene im Nachtod-Zustand fähig sind, den massiven Ablenkungen zu widerstehen und sich nicht verwirren zu lassen.

Es ist klar, daß Menschen, die zu Lebzeiten nicht geübt haben, nach dem Tod Führung brauchen. Diese Periode ist überaus schmerzvoll, weil die Seele sich nicht leicht zurückzieht. Sie klammert sich ängstlich an das verlorene Leben oder sucht sogleich nach einer Wiedergeburt. Wenn sie nicht erkennt, daß sie gestorben ist, dann lungert sie vielleicht im Dorf herum, ist den Einwirkungen anderer herumschweifender Geister ausgesetzt und widersetzt sich der Rückreise nach Siminasa. Nur ein kundiger Schamane kann solch eine rastlose Seele weiterführen. Es heißt, daß die Seelen von Menschen, die einen frühzeitigen Tod erlitten haben, den Lebenden die größten Schwierigkeiten machen und sich am meisten der Rückführung widersetzen.

Frühzeitiger Tod. Ich atmete heftig ein. *Meine Mutter.* Eine Flut der Erinnerungen und Visionen stieg angesichts des *plah* in mir auf, das mit Aamas Brille und Halsketten geschmückt war.

Meine Mutter war 42 Jahre alt gewesen und bei guter Gesundheit. Sie war nicht auf den Tod vorbereitet, und sie wäre nicht freiwillig gegangen.

Bilder eines Traums tauchten auf, der seit zwei Jahren in konsequenter Regelmäßigkeit wiederkehrte. Graphische Fragmente, sonst zu flüchtig, um im Gedächtnis haftenzubleiben, begannen nun, sich zu einem lebendigen Bild zusammenzufügen: In der Dichte aufgehobener Zeit irrte ich durch ein verdunkeltes, fremdes Haus. Meine Bewegungen wurden langsamer, mein Atem stockte, meine Zunge war wie gelähmt. In jedem Raum war etwas Bösartiges. Ich fühlte mich besonders zu einem Zimmer hingezogen, konnte mich aber nicht überwinden, es zu betreten.

Ich erwachte von diesem Traum erst, nachdem ich ihn in die Verliese des Unbewußten verdrängt hatte. Eine vage Lethargie und Kopfweh waren die einzigen Spuren dieser langen Nächte.

Jetzt, auf der Terrasse von Aamas Haus, war ich zum erstenmal fähig zu sehen, was sich in dem Zimmer befand: der in ein schwarzes Gewand gehüllte, enthauptete Körper meiner Mutter. Sie versteckte sich, suchte aber nach mir und sprang hervor, um mich zu erschrecken oder zu halten – meine Angst ließ mich im Ungewissen.

Ich konnte die Vision nicht verscheuchen. Ich stellte Fragen, suchte nach Einzelheiten, analysierte. Auf Logik hatte ich mich bisher immer verlassen können. Hatte ich die Zimmer betreten wollen? War sie ein böser oder ein guter Geist? Hatte ich sie enttäuscht oder schlecht behandelt oder nicht richtig angesprochen? War sie jetzt hier bei uns?

Ich versuchte mich zu entspannen und wartete. Die Lamas richteten ihre Schenkelknochentrompeten zum Himmel und bliesen aus vollen Backen hinein. Von den Räucherstäbchen und Butterlampen stieg reinigender Rauch an Aamas Totenstatue empor. In hypnotischer Trance umkreisten die Schamanen weiter das Standbild.

Da war sie – meine Mutter. Sie hatte ihren Platz neben Aama auf dem Sockel der Totenstatue eingenommen. Beide hatten den Weg gefunden, und die Schamanen führten sie.

Meine Mutter fixierte mich mit ihrem schiefen, charmanten Lächeln. Ihr Gesicht war von alterslosen blonden Locken eingerahmt. Es schien ihr gutzugehen. *Du hast mich gefunden.*

Ich wollte ihr Bild dort festhalten, wollte die Wärme ihres Gesichts mitnehmen und in einem Schrein bewahren. Ich sah mich in ihren Gesichtszügen und erkannte ihre Gesten als Teil von mir – als jenen, der Liebe war: jener Liebe, die sich nach innen zurückgezogen hatte aus Angst, sich auszudrücken, weil sie dann weggenommen werden könnte, so wie es mit meiner Mutter geschehen war. Diese Liebe war die gefährliche und mächtige Kraft, die zusammen mit meiner Mutter die Räume bewohnte, die ich nicht zu betreten gewagt hatte.

Ich schaute zu Aama. Sie erwiderte meinen Blick mit einem Strahlen, das *ja* sagte. *Wir sind die, die du glaubst, daß wir sind. Jetzt siehst du, Nani, daß ich nicht anders bin als deine Mutter, und sie ist nicht anders als ich. Im Tod sind wir alle verwandt.*

Die Toten dürfen nicht im Reich der Lebenden verweilen. Die Schamanen blieben stehen und richteten sich gerade auf, um Aamas Seele in aller Form anzusprechen. Sie erklärten, daß sie die Schwelle zu Siminasa erreicht hätten.

»Aama, bitte, erkenne die Grenzen: Menschen betreten nicht das Land der Ahnen. Bitte, kehre also nicht zum Land der Lebenden zurück. Laß deine Begierden los, löse deine Verhaftung an deine Tochter, deinen adoptierten Sohn, an dein Haus und deine Tiere, an dein Vermögen und auch an deinen Körper, denn du besitzt keine Körperform mehr, an der du festhalten könntest. Das ist dein Ruheplatz. Du mußt dort bleiben, während wir, die wir leben, dich jetzt verlassen und zurückkehren ...«

»Aber wie werde ich überleben, was soll ich essen und trinken?« fragte ihre Seele.

»Du wirst in der Fülle der Gaben deiner Vorfahren und Verwandten schwelgen, und das Tuch, das sie dir großzügig geschenkt haben, wird dich warmhalten.« Inzwischen war der Sockel des *plah* mit Lebensmitteln, Stoff und Alkoholflaschen bedeckt. Die Gurung wußten, daß die Fülle der Gaben Aamas Seele zufriedenstellen und sie sich vom Dorf entfernt halten würde.

Aber die Tore nach Siminasa waren versperrt. Geister hatten ihr den Eintritt verstellt, um sie unter den Lebenden festzuhalten, damit auch sie herumirren mußte. Böse Geister vermögen ausschließlich im physischen Umkreis des Dorfes zu überleben, denn nur hier können sie Unglück bewirken.

Aamas Verwandte waren jetzt verpflichtet, die Tore gewaltsam zu öffnen. Sun Maya und Mani Prasad und die Neffen und Nichten versammelten sich neben dem Büffelstall. Der älteste Neffe ergriff einen symbolischen Speer, eine Art Spaten mit langem Griff, wie er zum Unkrautjäten in den Reisfeldern verwendet wird. Er balancierte ihn auf der Schulter. Die Anwesenden machten Platz. Drei Meter von ihm entfernt war das Tor nach Siminasa, versinnbildlicht durch ein *taar*, ein flachgedrücktes Bambusrohr, auf das mit Holzkohle geometrische Symbole gezeichnet waren. Er zielte und warf den Speer, verfehlte aber das Ziel.

Mani Prasad hob den Speer vom schlammigen Weg auf und reichte ihn dem zweitältesten Neffen. Wie sein Bruder sammelte er sich und warf. Er traf mitten auf das *taar*, das vom Weg auf die darunterliegende Terrasse fiel, hinter Bujays Haus.

Die Verwandten stürzten auf den zweitältesten Neffen zu und reckten die Arme, um seine Schulter zu berühren. Sobald sie ihn mit den Fingern berührt hatten, verfielen sie in lautes Singen, *shaaai, shaai, shaai*, um den Augenblick zu heiligen und seine Seele daran zu hindern, seinem Körper zu entweichen, was in diesem verletzlichen Zustand möglich ist. Ihre Arme wanden sich wie Schlangen um seine Brust und seine Schultern, und sie banden ihm Schnüre mit neun Knoten um den Hals, um ihn wieder mit den neun schützenden Planeten und den neun Elementen seiner Seele zu verbinden.

Die Tore nach Siminasa standen jetzt offen, und Aamas Seele konnte friedlich, aus eigenem Entschluß, eintreten. Die Seele meiner Mutter war mit ihr, und sie erschienen wie Schwestern. Im nächsten Moment waren sie verschwunden.

Die Lamas schlossen und sicherten die Tore.

Um zum Land der Lebenden zurückzukehren, wechselten die Schamanen die Richtung und umschritten das *plah* jetzt im Uhrzeigersinn. Die Frauen flochten wieder ihre Haare.

Nach mehreren Stunden wurde das langsame *Dum-da-dum* der Trommel, das gelegentlich vom Ton des Muschelhorns übertönt wurde, schneller. Die Schamanen kehrten in die Dorfgemeinschaft zurück.

Nun traten zwei Lamas in prächtigen Gewändern aus Samt und bunten Streifen aus dem Büffelstall heraus. Paneele mit Ikonen der wichtigsten Gottheiten zierten ihren Kopfschmuck. Die Menge wich zurück, um Platz zu machen für ihren Wirbeltanz um die Totenstatue, den die Zimbeln zu einem wilden Crescendo steigerten. Die Neffen entfernten die Opfergaben und Butterlampen und stellten sie für die Lamas und Schamanen zur Seite. Einer der Lamas entfaltete vorsichtig das *jantar*, auf dem Aamas Name stand, wickelte die Fingernägelschnipsel und die Haarsträhne hinein, verbrannte alles und verknetete die Asche mit rotem Ton. Daraus formte er eine Statuette von Avalokitesvara, dem Buddha der Barmherzigkeit, die später auf den Kraftplatz am Bergkamm gebracht werden würde. Der Hauptteil des *arghaun* war vollendet.

Die Lamas nahmen die Totenstatue samt den Dekorationen ab und legten alles auf einen Haufen. Mani Prasad hockte in seinem schmutzigen T-Shirt und Baumwollrock auf dem Boden und versuchte seinen Sinn für Konvention zu demonstrieren, indem er alle Überbleibsel des Rituals vom schlammigen Boden aufsammelte; es durfte nichts liegenbleiben. Es schien, als wolle er die schädlichen Auswirkungen seines Verhaltens wiedergutmachen und Aamas Neffen, den Armee-Pensionären, zeigen, daß er in all den Jahren, die sie draußen in der Welt gewesen waren, im Dorf die Gurung-Tradition hochgehalten hatte. Die Neffen schauten spöttisch schmunzelnd auf ihn herab und waren erleichtert, als vom *arghaun* keine Spur mehr auf der Terrasse übrig war. Das war das mindeste, was Mani Prasad für seine Schwiegermutter tun konnte, die ihn trotz allem akzeptiert, ja, ihm sogar immer wieder Geld geliehen hatte, das zum Teil von ihrem Dharma-Sohn stammte.

Schau nur meine Tochter an, hatte Aama gesagt, *voller Sorgenfalten und beschämt.*

Sun Maya und die Neffen organisierten den Zug der über hundert Verwandten in einer langen Reihe. Alle drei Sekunden ertönte ein Trommelschlag, und eine Person nach der anderen verließ den Hof. Die Prozession schlängelte sich am Büffelstall vorbei, duckte sich unter dem auf Stelzen stehenden Heuschober, stieg über den Zauntritt auf den Pfad, der aus dem Dorf hinausführte. Kinder klammerten sich an die Röcke ihrer Mütter, da sie offenbar die Gegenwart von Geistern fühlten.

Sieben männliche Verwandte trugen ein zehn Meter langes Banner aus weißem Tuch, das zwischen dünnen Bambusstäben befestigt war. Dieses *gyam-bal* bewegte sich wie eine Raupe den Pfad entlang und hatte die Aufgabe, böse Geister abzuwehren, ähnlich wie das sogenannte »Schlagtuch«, das man im Dschungel zur Abwehr von Tigern benutzt.

Der Pfad führte unterhalb eines einsamen Hauses vorbei. Der Dorfschmied stand mit seiner Familie am Rand seiner Maisterrasse und schaute schweigend auf die Prozession. Die Erinnerung an Sun Mayas Mutter erfüllte ihre Gesichter; die Regel der Unberührbarkeit vermochte nicht zu verhindern, daß sie Aama nahegestanden hatten.

Die Karawane wand sich die Steintreppe hinauf bis zu dem Steilhang, der die Peripherie der Dorffelder markiert. Hier werden die Kleider der Toten auf Dornenbüsche geworfen, damit sie für die Zaubereien von Hexen untauglich werden. Über dem entferntesten Bergkamm, unterhalb der pastellfarbenen Wolken, ging ein Regenschauer vor der Abendsonne nieder.

Die Verwandten sammelten sich neben dem Pfad. Sun Maya rollte Strohmatten für die Neffen, den Schwiegersohn und mich aus. In der Nähe schichteten die Lamas die Einzelteile der Totenstatue zu einer groben Pyramide auf. Einer zündete sie an. Sun Maya reichte ihm eine Messingurne. Singend goß er einen feinen Strahl flüssige Butter ins Feuer. Er gab die Urne an den ältesten Neffen weiter, der das gleiche tat. Seine Silhouette zeichnete sich dunkel vor den Flammen und der orangeroten Sonnenscheibe ab. Die anderen Neffen folgten.

Der älteste Neffe saß neben mir auf der Matte und flüsterte mir zu: »Es ist vorbei. Das ist das Ende. Wenn du deine Opfergabe darbringst, verabschiede dich von Aama und gib ihr deine besten Wünsche mit auf den Weg.«

Wie die Neffen vor mir, nahm ich die Urne in die Hand und goß flüssige Butter in die erlöschende Glut der Totenstatue. Tränen stiegen mir in die Augen. Ich fühlte mich verloren und wertlos, aber aufrichtig – der Mann-Junge, als den mich Aama und meine Mutter gekannt hatten. Ich sprach die Worte der Neffen nach, so gut ich konnte, aber der hohle Ton der Schwäche war nicht zu verbergen, mehr ein Hilferuf als ein Ausdruck der Trauer. Ich versuchte loszulassen.

»Ich mache diese Opfergabe in Aamas Namen.«

Aama – das Kinderwort für Mutter. Auch meine eigene Mutter war Aama.

Die Trauerzeremonie war zu Ende. Der Lama stieß die schwelenden Reste von Stoff und Bambus vom Pfad herab. Sie hatten nicht mehr Vitalität in sich als der Müll und die verwelkten Blumen, die auf dem Boden herumlagen. Als zwei Leute um die Kurve kamen, winkten die Lamas sie zu uns auf die Terrasse herauf. Immer noch lungerten böswillige Geister über den

Resten der Totenstatue herum wie Räuber, die leer ausgegangen waren.

Ich setzte mich wieder zu den Neffen auf die Strohmatten. Unsere Stellung in der Verwandtschaftshierarchie mußte bekräftigt werden. Wir sollten als Älteste geehrt werden.

Sun Maya als einzige Tochter hockte sich vor jeden und goß sich Senföl in die Hände. Sie rieb uns damit Gesicht, Haare und Hals ein. Dann wickelte sie uns lange, weiße Stoffbahnen als Turban um den Kopf. Der Turban fühlte sich wie ein schützender Helm an, tröstlich wie ein Verband.

Langsam gingen wir den Pfad zurück ins Dorf. Ein qualvolles Ritual war zu Ende. Es wäre unzureichend gewesen, über den Tod Aamas und meiner Mutter nur zu sprechen und den Verlust irgendwie durchzustehen. Der Tod, wie das Leben, kann von der Wissenschaft oder einfachen Predigten nicht weggeredet werden. Für die Hinterbliebenen ist eine rituelle Loslösung notwendig, ein Durchtrennen der Verwandtschaft wie im *arghaun*. Ohne ein solches Ritual wird der Lebenskreislauf unterbrochen.

Unter den Gurung hatte ich Aama kennengelernt, und unter ihnen würde ich meine Verhaftung an sie wieder lösen. Und das war auch der Ort, an dem ich endlich lernen mußte, meine Mutter loszulassen.

Indem die Gurung die Seele im Übergang begleiten, stärken sie die Bande an ihre Familie und Clanmitglieder, an die Gurung-Bräuche und ihre Kosmologie und werden vertraut mit dem Pfad, den auch sie nach dem Tod beschreiten werden. Die Gurung sagen nicht »ich denke . . .«, sondern »wir glauben« – wir, das heißt die Familie, der Clan, der Stamm. Ihre Religion ist keine Meinung und keine Position. Sie ist eingeprägt in jede Faser des Lebens – und des Sterbens.

In dieser Nacht war das Dorf in einen anhaltenden, reinigenden Monsunregen getaucht, ein glückverheißendes Zeichen nach einem *arghaun*. Mehr als zwanzig Verwandte saßen schwatzend auf der Veranda und beobachteten die schlammigen Sturzbäche, die sich neben dem Haus bildeten.

Sun Mayas große Töchter kochten Tee und schenkten Alkohol aus. Sie waren ungewöhnlich ruhig, verglichen mit den Kindern, mit denen ich auf Aamas Terrasse gelacht und gespielt hatte. Aamas Urgroßenkelin krabbelte neben ihrer Mutter auf dem Boden herum, ein Bild, das ich vor achtzehn Jahren, eine Generation vorher, genauso gesehen hatte. Wenn dieses Kind eine Frau sein wird, wird sich das Dorf nicht wesentlich verändert haben. Und sie, wie ihre Mutter, wird in Aamas Form hineinwachsen.

Sun Maya setzte sich neben mich, sie seufzte tief und lächelte dann. »Dieses *arghaun*, jüngerer Bruder, ist der Grund, warum auch du Kinder haben mußt – damit es jemand für dich ausführen kann, wenn du stirbst.«

Es war, als habe Aama gesprochen.

Kapitel 18

Das Telefon klingelte. Es war Didi. Zum erstenmal seit fast zwei Jahren klangen meine Worte merkwürdig frei von Begehren. Meine Wahrnehmung von ihr war geschrumpft; sie war ein Mensch von normaler Größe und mit normalen Fähigkeiten. Die innere Stimme, die mich gedrängt hatte, mich in die Privatheit meines Zimmers zurückzuziehen und mich meinen gewohnheitsmäßigen Selbstzweifeln zu überlassen, hatte an Kraft verloren.

Didi fragte, wie es mir gehe und wer die Frau sei, mit der mich gestern einer ihrer Freunde gesehen habe.

»Sie ist neu in der Stadt und arbeitet im Gesundheitsbereich. Ich habe sie letzte Woche kennengelernt. Warum?« Mein Verlangen nach Didi war so weit abgekühlt, daß ich es berühren konnte.

»Du warst irgendwie seit einer Weile verschwunden. Ich bin froh, daß sich etwas bei dir tut.«

Ich erzählte Didi von Aamas *arghaun*.

»Ich habe etwas, das ich dir für ihr *arghaun* schicken wollte. Leider habe ich es vergessen. Warum kommst du nicht vorbei und holst es heute abend nach der Arbeit ab?«

Wir saßen an Didis Eßtisch. Es schien nur wenig Zeit vergangen zu sein, seit wir das letzte Mal zusammen waren, obwohl es mehr als zwei Jahre her war. Am Ende des Abends standen wir in einer langen und behutsamen Umarmung beieinander, und Hoffnung und Aufrichtigkeit keimten zwischen uns auf. Unsere Körperwärme führte unsere Lippen zu einem flüssigen Kuß zusammen – einem Kuß, wie ich noch keinen erlebt hatte. Ein Gefühl von Vertrauen stellte sich ein. Wir waren beide, unabhängig voneinander, gereift und wurden vom heiligen Bobaum gepflückt, der Inkarnation Vishnus im Pflanzenreich, unter dem Männer und Frauen zu einem Paar fürs Leben zusammengefügt werden – manchmal bis in den Tod.

Sie vergaß, mir die Dinge zu geben, die Aama gehörten: eine Halskette, ein T-Shirt und noch weitere Schneckenmuscheln, die bei Didis Sachen geblieben waren, als Aama ins Dorf zurückgekehrt war. Ich mußte lächeln, als ich mir Aamas Tom-und-Jerry-T-Shirt auf dem *plah* vorstellte.

Ein paar Tage später fragte ich Didi nach der Vergangenheit und der Amerikareise.

Sie schaute mich mit einem durchdringenden, amüsierten Stirnrunzeln an, als müßte ich inzwischen doch wissen, was sie darüber dachte – und wenn nicht, dann würde ich es wohl auch nicht wissen wollen. Sie nahm sich Zeit, um ihre Erfahrung ehrlich zusammenzufassen.

»Vor unserer Abreise bin ich zu einem Morgenteaching von Chyöki Nyima Rimpoche über buddhistische Philosophie gegangen. Danach habe ich ihn allein sprechen können und ihn nach meiner Zukunft mit dir befragt. Er sagte: ›Didi, dieses Leben ist ein Witz: Alles ist Illusion. Ob du mit deinem Freund zusammenbleibst oder ob ihr euch trennt, spielt keine Rolle. Wenn das Eheglück für dich bestimmt ist, dann wirst du heiraten.‹ Ich erinnere mich, daß ich lächelnd weggegangen bin. Irgendwie fühlte ich mich erleichtert.«

»Und auf dem Weg mit Aama in die Staaten, was hat die Hellseherin in Hongkong dir gesagt?«

»Teddi meinte, sie sei ziemlich verläßlich. Die Frau schaute sich die Tarotkarten an und meditierte, während ich dahockte und Angst hatte. Nach mehreren Minuten erklärte sie, sie bewege sich wie in einem Trichter spiralförmig in die Tiefe, und es sei offensichtlich, daß die Verbindung zu dir mich sehr viel Energie koste. Sie sagte: ›Dein Parnter hat dir sehr viel Schmerz zugefügt, und es wäre am besten, die Beziehung zu beenden – außer die Situation verbessert sich dramatisch. Er ist vielleicht nicht fähig, dich zu lieben, und du mußt raus, damit du dich rettest.‹ Es machte mich traurig, von der Hellseherin das zu hören, was ich mir selbst nicht hatte eingestehen wollen.«

Konnte ein völlig fremder Mensch in Didi und mir sehen, was ich selbst nicht zu erkennen fähig war? Ja, vielleicht. Vertrautheit und eine unaufgelöste Vergangenheit hatten meine Wahrnehmung getrübt. Aus den gleichen Gründen war Didi nicht imstande gewesen zu handeln.

»Deswegen warst du also in der Transithalle in Tokio so frostig.«

Sie schaute mich freundlich, aber ernst an. »Als du da vor mir gestanden bist, konnte ich kein Zeichen entdecken, daß du mir irgendwie liebevoll begegnen würdest. Du warst völlig vernagelt und dabei noch eingebildet, völlig mit dir selbst beschäftigt, einfach unreif. Wie du gefragt hast: *Was ist los?*, da hat es bei mir geklickt, und ich wußte, daß ich dem Rat der Hellseherin folgen würde. Ich sagte mir: ›Im Augenblick muß ich den Gedanken beiseite lassen und ins Flugzeug steigen.‹«

Didi war mitteilsam wie selten, und jeder Gedanke fand seinen Platz in ihrer Geschichte. »Nach unserer Reise ging ich wieder zu einem Vortrag von Rimpoche. Danach blieb er bei mir stehen, drückte meine Hand und sagte: ›Ich habe deinen Freund gesehen, und er hat mit mir über dich gesprochen.‹ Augenzwinkernd fügte er hinzu: ›Es ist Karma‹, drehte sich um und ging weiter. Dieses Zwinkern konnte Verschiedenes bedeuten. Von dem ganze Schmerz, den du mir zugefügt hast, war etwas zu dir zurückgekehrt, wie es unweigerlich geschieht. Aber vielleicht hieß es auch, daß das Schicksal und unser Karma uns dazu bestimmte, wieder zusammenzukommen.«

Jetzt war es an Didi, auf einer Spirale in die Tiefe zu gehen. Sie strich sich die Haare aus der Stirn. »Inzwischen weißt du wahrscheinlich, daß Aama deine Ersatzmutter war. Solange sie am Leben war, mußtest du dich nicht mit dem Tod deiner eigenen Mutter auseinandersetzen. Und Aama, die ja keinen eigenen Sohn hatte und dich als Gottesgeschenk annahm, hatte auch kein besonderes Interesse daran, daß du das tust. Ihr war es recht, daß du ein Sohn geblieben bist, der seine Mutter braucht. So bist du in einer zweiten Adoleszenz steckengeblieben – diesmal mit Aama – und wolltest nicht der Realität ins Auge sehen, daß dich eine Frau verlassen würde, wie es deine Mutter getan hat. Und dann ich, und dann noch Aama. Jetzt, nach der ganzen Qual, siehst du vielleicht, daß keine von uns die Liebe zu dir über Bord geworfen hat, als wir gingen.«

Didi machte sich einen Drink, dann schaute sie mir offen ins Gesicht. »Trotz all der Jahre, in denen ich gehofft habe, wir würden heiraten, weiß ich jetzt, daß unsere Ehe damals nicht gutgegangen wäre.«

»Du hast recht«, sagte ich still. Ich hatte Didi meine Entdekkung mitteilen wollen, aber sie hatte schon alles gesagt.

Die Leere, die Aamas Tod hinterlassen hatte, sollte in der Tat von Didi gefüllt werden, aber nicht nach meinem Zeitplan. In all den Jahren war meine Liebe in der Verhaftung ertrunken. Didi hatte in ihrer Nachsicht darauf gewartet, daß sie wieder auftauchen würde.

In Amerika hatte ich gehofft, meine Wahrnehmung zu erweitern, ja vielleicht sogar Weisheit zu erwerben, indem ich unser Land durch Aamas Augen betrachtete. Ich hatte erwartet, daß es mir in der physischen Landschaft entgegenscheinen würde. Aber die Boten dieses Verstehens waren in Wirklichkeit immer neben mir gewesen und haben geduldig darauf gewartet, daß ich sie sehen und ihre Gegenwart anerkennen würde: Aama, Didi und der Geist meiner Mutter. Meine Mutter war nicht mehr meine Mutter. Aamas Dorf war nicht mehr mein Zuhause. Das Zuhause ist das eigene Herz, das sich offenbart, wenn es sich aus Bindungen löst und neue Bindungen eingeht.

Die Pilgerreise, die Aama und Didi vollendet hatten, schien für mich erst zu beginnen, eine innere Reise, von der ich annahm, daß sie lang und schwer sein würde. Aber Aamas Vetter, der Schamane, hatte betont, daß spiritueller Verdienst durch die Reise als solche erworben werden kann, indem man die unvermeidlichen Beschwernisse auf sich nimmt, die einem auf dem Weg zu einem unbekannten Ziel begegnen.

Didi und ich räkelten uns unter den Leintüchern, zusammen und doch allein, wie wir das immer sind. Ich lag auf dem Rücken, und mir war, als hörte ich Aama singen, so wie sie das allabendlich tat, und als würde sie mit ihrem ironischen, zur Vorsicht mahnenden Lächeln zu mir heraufschauen und durch mich hindurch. Sie sang auch für Didi, für die Amerikaner, für ihre Ahnen und Nachkommen und badete uns alle in Liebe.

»Wir kommen nackt und gehen nackt –
Ein Leben, nicht länger als zwei Tage.
Die Erde ist unsere Wiege.
Die Erde ist unser Kissen.
Und die Erde ist unser Leichentuch:
Ja, es ist, wie es ist…«

Durchs offene Fenster sah Didi eine Sternschnuppe. Sie sagte, sie habe sich etwas gewünscht. Ihr Lächeln schien auszudrükken, daß sie mich in diesen Wunsch eingeschlossen hatte. Ich erzählte ihr, daß die Gurung glauben, eine Sternschnuppe sei eine Seele, die zur Erde zurückkehrt und wiedergeboren wird. Sie schießt in dem Augenblick über den Himmel, wenn sie eine Frau gefunden hat, die bereit ist zu empfangen.

Phoebe Thunder-Coburn kam am 2. Januar 1993
als Tochter von Didi Thunder und Broughton Coburn
zur Welt.

Danksagung

Die außerordentliche und unerwartete Großzügigkeit von Vishnu Maya Gurung (»Aama«), ihren Verwandten und allen Gurung-Bewohnern ihres Dorfes in den Bergen des Syangja-Distrikts in Nepal schenkte mir die frühe Inspiration zu diesem Buch. Ihre reiche Gastfreundschaft und Freundschaft in vollem Umfang zu erwidern wäre schwierig. Aama mit nach Amerika zu nehmen, stellte nur ein unzureichendes Dankeschön dar.

Bevor meine Freundin Didi und ich mit Aama aus Nepal abreisten, hatte ich die Idee, Aamas Reaktionen auf Amerika zu dokumentieren. Ich hatte mir allerdings Sorgen gemacht, daß Aama angesichts der irrwitzigen Zirkusnummern unserer Kultur nicht viel mehr als Schock und Mißvergnügen zum Ausdruck bringen würde. Anfangs hatten Didi und ich nur grobe Anhaltspunkte für diese Reise; dazu gehörte die Westküste, die wir beide liebten. Wir waren darauf eingestellt, jederzeit nach Nepal zurückzukehren, falls Aama es wünschte. Daß dies erst nach drei Monaten und zwölftausend Autokilometern der Fall sein würde und nach Überwindung aller möglichen Hindernisse, wie sie hinduistische und buddhistische Pilger selbstverständlich erwarten – damit konnten wir nicht rechnen.

Wir hatten es uns selbst ausgesucht – vielmehr ich hatte mich dazu entschieden und Didi mitgezerrt –, als Aamas Chauffeur und Begleiter zu fungieren. Auf dem Vordersitz unseres Kombis zusammengepfercht wie Apolloastronauten ließen wir drei uns über den Kontinent treiben. Unter der eintönigen, kommerziellen, von Menschen geschaffenen Epidermis unseres Landes entdeckte Aama eine Kultur und Landschaft, die lebendig und heilig war, und lenkte uns zu dieser Wahrnehmung.

Didi und ich ließen uns von Aamas Suche leiten, wir teilten ihre Entdeckungen ebenso wie ihre Enttäuschungen und wurden Zeugen der Konfrontation ihrer alten Weltsicht mit unserer modernen Zivilisation. Ich hatte lange genug in Aamas Haus und dem Dorf gelebt, um mich in ihre Empfindungen hineinversetzen zu können, aber Amerika forderte mich ständig dazu heraus, die beträchtliche kulturelle und altersmäßige Kluft zu überbrücken, ihre manchmal bizarren Assoziationen zu entwirren und ihre Erwartungen an uns Amerikaner als Menschen zu erfüllen.

Mit der Zeit gab ich den Versuch auf, Aamas Wahrnehmungen zu definieren oder zu interpretieren, und beschränkte mich darauf, sie einfach aufzuzeichnen. Ich nahm an, daß hierzu Kamera, Stift und Kassettenrecorder vollauf genügten. Aber das, was Auge und Ohr registrieren, kommt im Gedanken und in der Analyse nur selektiv zum Ausdruck. Im zeitlichen Abstand der Erinnerung gewinnen Ereignisse oft eine größere Tiefe, als es bei detailliertester Beschreibung ihres ursprünglichen Auftretens möglich ist, festzuhalten. Die Reise war zu einem Prozeß geworden und dieser Prozeß zu einem Katalysator – um mehr zu entdecken, als wir erwartet hatten.

Ich war davon ausgegangen, daß es nur wenig mehr als ihr Flugticket kosten würde, Aama auf diese Autoreise durch die Staaten mitzunehmen. Wir behielten unseren anspruchslosen Lebensstil zwar bei, dennoch rann uns das Geld wie Sand durch die Finger. Ich verknipste 380 Filme mit drei älteren Nikon-Modellen und nahm mehr als fünfzig Stunden Unterhaltung auf Tonband auf.

Ich bin Aamas Tochter Sun Maya Gurung zu Dank verpflichtet. All jenen, die uns auf dieser Reise durch die Vereinigten Staaten beraten, geleitet und ermutigt haben, und jenen, deren Gastfreundschaft uns zuteil wurde, möchte ich meinen aufrichtigen Dank ausdrücken. Die Liste wäre zu lang, um alle aufzuführen, aber ausdrücklich nennen möchte ich Randy Bell, Chad und Darlene Broughton, Anita Byock, Kanak Dixit, Ronnie

Egan, Deborah Flanders, Lisette Gunther, den verstorbenen Kurt Gunther, Nar Bahadur und Kushi Gurung, Raine Hall, den Hanuman-Ashram von Taos, Nancy Hawver, Bill Kite, Jeff Long, Efale McFarland, Tom McMackin, Don und Kareen Messerschmidt, die Milford-Kolonie, der Hutterer-Bruderschaft, Stephanie und Michael Nadeau, Kathleen Peterson, Cecilia Pleshakov, Chuck und Joan Pratt, Tom Pritzker, Geoff und Janet Rockwell, Dan Rotrosen und Liz Dugan, David Sassoon, David Shlim, Larry Shlim, Florence und Lawrence Singer, Minu Singh, Todd Stuart, Christian Swenson und Abigail Halperin, die Bevölkerung von Taos-Pueblo, Caroline Tawangyma, Hilda und den verstorbenen Austin Two Moons, Mary Ellen Valyo, Thekla von Hagke, Nevada Wier, Maria Wilhelm und Richard Wiswall.

Ich bitte diejenigen um Nachsicht, die nicht erwähnt sind.

Während das Manuskript und die Fotografien bearbeitet wurden, waren folgende Freunde äußerst hilfreich: Scott Andrews, Dick Dorworth, John Frederick, Paul Gallagher, Jeff Greenwald, Mary Gurdy, Ashok Gurung, Chandra Prasad Gurung, Dil Bahadur Gurung, Jagman Gurung, Nancy Jo Johnson, Ella Laub, Lobsang Lhalungpa, Hemanta and Sushma Mishra, Laura Nolan, Stephen Olsson, Gajendra Nath Regmi, Jamuna Gurung Shrestha, Eric Valli und Melissa Walia.

Insbesondere möchte ich Misty Haley, Sandra Lambert sowie Dotty und Palmer Smith für ihr sorgfältiges Korrekturlesen, ihren Rat und ihre Wärme danken.

Meine Agentin Sarah Lazin erwies sich als Expertin im Gleichgewicht zwischen Kritik und Ermutigung. Sie erkannte das Ende der Geschichte zu dem Zeitpunkt, an dem es sich ereignete: lange nach Aamas Rückkehr nach Nepal und bevor es niedergeschrieben war. Manchmal lernen wir die Lektionen schwieriger Lebensphasen erst später und unerwartet.

Charlie Conrad, mein Lektor bei Anchor Books, begleitete das Buch bis zu seiner endgültigen Fassung mit Vertrauen und Geduld; Jon Furay und Kevin Lang kümmerten sich um wichtige Einzelheiten und verrichteten etliche sorgfältige und zähe Kleinarbeit.

Ein ganz spezielles Dankeschön möchte ich meinen Eltern Alex und Lunette Coburn für ihre Liebe, Hilfe und Unterstützung aussprechen. Des weiteren geht mein Dank an Doug und Karen Chadwick, David Larkin und Susan Cochran, Ann und Greg Lyle, William Thompson und Tori Withington, Genna Thunder, Barbara Thunder und Betsy Withington, die ihre Heime und Herzen weit über jeden konventionellen Rahmen hinaus geöffnet haben. Sie waren wie eine große Familie für uns.

Mein größter Dank gilt jedoch Didi Thunder für ihre Gelassenheit, ihre Liebe und ihr Mitgefühl. Didi machte die Reise mit all ihren Hindernissen und Segnungen überhaupt erst möglich.

Vielleicht können, wie das Reisen mit Aama nahelegt, anfängliche Fehlwahrnehmungen eine schmerzhafte und oft komische Stufe zum Verständnis sein.